ソーシャルインクルージョンのための
障害児保育

堀 智晴／橋本好市／直島正樹
[編著]

ミネルヴァ書房

　　　　　　　　は　じ　め　に

　本書は，保育者をはじめ，保育者養成にかかわる関係者に「インクルージョンをめざす保育」について理解を深めてもらうことを目的に編集した。
　タイトルにある「インクルージョン」とは，一人ひとりの子どもや大人，そして各民族や人々が，それぞれの「ちがいを尊重しながら共に生きていこう」という理念と実践を指している。保育領域においては「インクルーシブ保育（共に育つ保育）」，教育領域では「インクルーシブ教育（共に学ぶ教育）」，社会福祉領域では「ソーシャルインクルージョン（社会的包摂）」といった概念による取り組みが近年試みられるようになってきた。
　インクルーシブ保育は本来，子どもたちを何らかの理由で分断せず，違いがあるからこそ豊かに育ち合える，との考えに基づき支援していくことを意図している。男の子・女の子も，いろんな年齢の子どもも，外国の子ども・日本の子どもも，病気がちな子ども・健康な子どもも，障害の有無にもかかわらず，さまざまな社会的身体的状況の中で生きている子どもたちが，各自の尊厳を認め合い育ち合いながら生きて人間力を培うという理念において実践されていくものと考える。しかしながら，わが国ではこれらの実践は，まだ始まったばかりであると言える。
　本書では，このようなインクルーシブ保育をあるべき障害児保育の姿としてとらえ，障害児と共に子どもたちが育ち合える実践を創造していくための留意点，配慮点にも焦点を当てた内容とした。
　そして，インクルーシブ保育の実践を通して育った子どもたちが，将来共に支え合いながら生きていく社会を担ってくれることを期待してやまない。ただし，歴史的にも浅いこの理念と実践であることから，本書には不十分な点が多くあることは承知している。本書を通して，建設的なご教示をいただけると幸いである。
　さて，ここでお断りとご了解をお願いしなければならない。

「障害」という表現について，上記の理念と近年の動向と合わせてから鑑みた場合，「害」と言う文字だけでも「がい」との方が表記から受けるマイナスイメージを軽減することができるという考えがある。また，「障」も「しょう」と表記すべきでないかとの考え方もある。

加えて英語表記で見た場合も，"a disabled child"は「障害児」であり文字通り障害の視点から子どもを見ている。これに対して"a child with a disability（disabilities）"は，まず，一人の子どもとしての視点から付随する障害を認識する。平易な言い方をすれば「一人の子ども，障害があるけどね」というとらえ方である。このように日本語の「障害児」や英語表記でも感じる語感的差異は，子どもをどう見るかという子ども観の違いにもよるのであろう。執筆陣は，まず一人の子ども，障害があっても一人の子ども，とする考え方に異論は無く，その観点に立脚しているのである。

しかしながら，わが国の法的・制度的，また福祉・保育系の資格養成課程カリキュラムのシラバス等において，「障害」「障害児・障害者」「障害児保育」といった用語を適用している。したがって，保育関係をはじめとした社会福祉関係資格養成課程も視野に入れている本書ではこの点を顧みないわけにはいかないため，これら矛盾に頭を抱えることとなる。

換言すれば，わが国における障害福祉領域の実践現場や行政において，理念・思想的に統一した見解の基での適切な表現を導き出せていない現状と関連しており，今後の大きな課題の一つとして認識すべきであろう。「健常児」という表現もまた然りである。

このように「障害・障害児・障害者」の表現方法について，さまざまな解釈と議論の余地が残されている。現在はその渦中にあり，用語に関するご批判を覚悟の上で，本書では理念・思想的に不本意ながらもあえて「障害・障害児・障害者・健常児」等の表現を使用している点をご理解いただきたい。

執筆陣が甘んじて「障害」「障害児・障害者」という用語をそのまま活用していることには，社会的な用語の改善とそのためのソーシャルアクションへの姿勢のもとで使用していることも併せてご理解いただけると幸いである。

はじめに

　最後に，インクルーシブ保育のさらなる発展と充実のために，本書が活用されることを心より願っている。

2014年3月

編　　者

目　　次

はじめに

序　章　インクルーシブ保育の理論と実践……………………………………………1
　　1　インクルージョンとは………………………………………………………1
　　2　インクルーシブ保育・教育を………………………………………………2
　　3　連動する四つの手だて………………………………………………………3
　　4　日々の保育実践の見直し……………………………………………………5
　　　　（1）「子ども理解」について　5
　　　　（2）「子どもへの願い」について　8
　　　　（3）「手だて」について　9
　　5　インクルーシブ保育から保育全体を問い直す……………………………9

第Ⅰ部　理　論　編

第1章　障害の概念ととらえ方………………………………………………………16
　　1　「障害」を考えるにあたって………………………………………………16
　　2　障害児・者をどのように見てきたか………………………………………17
　　　　（1）障害への意識　17
　　　　（2）障害の理解に向けて　18
　　3　障害の概念と定義──障害の考え方………………………………………19
　　　　（1）同じ市民としての座標　19
　　　　（2）ICIDHから見た障害の概念　19
　　　　（3）ICIDHからICFへ　22
　　　　（4）ICFから見た障害の概念　23
　　4　インクルーシブ保育に携わる人の実践的視点……………………………27

目　次

　　　　（1）インクルーシブ保育から見る障害　27
　　　　（2）インクルーシブ保育の実践的意義と課題　28

コラム／世論調査から見た障害者への意識……29

第2章　障害の特性理解と配慮………………………………………32
　　1　知的障害………………………………………………………33
　　　　（1）知的障害とは　33
　　　　（2）知的障害の原因　34
　　　　（3）知的障害の分類　34
　　　　（4）日常の配慮　35
　　　　（5）ダウン症候群　35
　　2　発達障害………………………………………………………36
　　　　（1）発達障害とは　36
　　　　（2）広汎性発達障害（自閉症スペクトラム）　38
　　　　（3）注意欠陥多動性障害（ADHD）　40
　　　　（4）学習障害（LD）　41
　　3　身体障害………………………………………………………43
　　　　（1）肢体不自由　43
　　　　（2）視覚障害　46
　　　　（3）聴覚障害　47
　　　　（4）話し言葉の障害　49

コラム／DSM-5による診断名等の変更……51

第3章　障害児の生活理解に求められる視点……………………54
　　1　障害児保育の現状……………………………………………54
　　　　（1）インクルージョン理念の現われ　54
　　　　（2）障害児保育の経緯　55
　　　　（3）障害児保育の動向　56
　　　　（4）障害児保育の今後の課題　58
　　2　生活を考える…………………………………………………60
　　　　（1）生活とは何か　60
　　　　（2）生活のしづらさ　62
　　　　（3）生活におけるさまざまな障壁　64

v

3　保育者の視点——障害児の生活のしづらさをとらえる……………65
　　（1）ライフステージと発達課題の理解　65
　　（2）ニーズの把握　67
　　（3）障害の理解　69
　　（4）関係論への転換——「自立」を例に　70
　　（5）子どもは育てられて育つ存在——家族の視点　71

4　障害児の理解から支援に向けて……………………………………72
　　（1）子どもの視点に立つ　72
　　（2）自己肯定観・自尊感情の向上　73
　　（3）家族への支援　74
　　（4）「多」職種連携——「横」の連携　74
　　（5）特別支援教育との連携——支援の継続性（「縦」の連携）　75
　　（6）発達障害と虐待の関連性——ペアレントトレーニングへの関心　76

コラム／理解は経験から考えることで始まる……77

第4章　障害児保育に関する理念と動向……………………………81

1　障害児保育に関する基本理念と今日的意義………………………81
　　（1）ノーマライゼーション理念の誕生と発展　81
　　（2）インテグレーション理念の特性と統合保育の問題点　84
　　（3）インクルージョン理念の意義と今後の課題　85

2　障害児保育に関する権利宣言・条約——基本理念と意義………88
　　（1）児童の権利に関する条約（子どもの権利条約）に見る基本理念と意義　89
　　（2）サラマンカ宣言に見る基本理念と意義　90
　　（3）障害者の権利に関する条約（障害者権利条約）に見る基本理念と今後の役割　91

3　わが国における障害児保育に関する理念の動向…………………93
　　（1）発達障害児・者支援をめぐる動向　93
　　（2）特別支援教育・学校をめぐる動向　95
　　（3）社会的養護をめぐる動向　98
　　（4）保育・教育現場に求められること　99

4　インクルーシブ保育・教育の実現に向けて
　　——これからのわが国の保育・教育のあり方……………………100

目　次

コラム／東京ディズニーランドから障害児保育のあり方を学ぶ⁉……102

第5章　障害児保育に関する法・制度……………………………………106

1　障害児保育の歴史………………………………………………106
（1）　戦前の障害児保育　106
（2）　戦後の障害児保育　107

2　障害児保育制度（特別保育事業），関連法規・制度……………109
（1）　障害児保育に関わる利用システムの動向　110
（2）　保育所における障害児保育　111

3　保育所保育指針・幼稚園教育要領に見る障害児への対応………113
（1）　保育所保育指針　114
（2）　幼稚園教育要領　115

4　障害児保育に関わる諸機関・施設……………………………115
（1）　障害児の生活に関する行政機関　115
（2）　障害児が利用する施設・事業　116
（3）　障害児を対象とした障害者総合支援法に基づくサービス　120

5　経済的支援・手帳制度…………………………………………120
（1）　各種手当　120
（2）　障害者の手帳制度　121

6　障害児保育と母子保健サービス………………………………123
（1）　乳幼児健康診査　124
（2）　1歳6か月児健康診査　124
（3）　3歳児健康診査　125
（4）　新生児マス・スクリーニング　125

コラム／健診を受ける手順……125
スウェーデンの障害児保育・教育1　"就学前教育" 制度とは……129

第Ⅱ部　実　践　編

第6章　障害児保育の実際——保育所に見る実践から……………………132

vii

1. 障害児保育の実践 …………………………………………………… 132
    （1） 障害児と一緒にいる保育こそ本当の保育である　132
    （2） 保育士がまず受け止める　132
    （3） 違いをおもしろいと思える子どもに　133
2. 入所時の配慮 ………………………………………………………… 134
    （1） 保護者への配慮　134
    （2） 子どもへの配慮　135
    （3） 保護者のしんどさに共感し保護者と一緒に育てていく姿勢をもつ　135
3. 保育における育ち――発達の観点と育ち合う視点 ………………… 136
    （1） 積み木積みよりも子どもの声の方に興味をもつ　136
    （2） 子どもたちは確かに育ち合っている　137
4. 保育所における1日の具体的流れ …………………………………… 138
    （1） 通所時の視診から日中活動まで　138
    （2） 給　食　138
    （3） 午　睡　139
    （4） 降　所　139
5. 保育の計画・記録・評価とケースカンファレンス ………………… 140
    （1） 保育の計画の作成と意義　140
    （2） 保育の計画作成の事例　142
    （3） ケースカンファレンスの必要性――保育所全体で問題を考える　143
6. 環境整備 ……………………………………………………………… 144
    （1） 教　材　144
    （2） ティーチプログラム　145
    （3） バリアフリー　145
    （4） エレベーターの必要性　146
    （5） 手すりの必要性　146
7. 保育士等の配置と関わり方 …………………………………………… 146
8. 連　携 ………………………………………………………………… 148
    （1） 保育士間の連携　148
    （2） 「共に学ぶ」視点での教育・福祉の専門家との連携　149
    （3） 専門の医師との連携　149

　　　　（4）小学校との連携 149
　　9　障害児を含むクラスづくり………………………………………………150
　　　　（1）受け入れの時期 150
　　　　（2）優しい関係 150
　　　　（3）障害児が健常児の「すき！」「きらい！」を選ぶ 151
　　　　（4）問題を解決しようとする 151
　　10　障害児保育から健常児を含む普通の保育への気づき………………152
　　　　（1）みんな違っていい 152
　　　　（2）保育所で子どもたちに身に付けていって欲しい力とは 152
　　　　（3）障害児がいて当たり前のインクルーシブ保育を目指して 153
コラム／みんな悩んで大きくなる……154
スウェーデンの障害児保育・教育2　多重障害児のためのスレンダン就学前学
　校……156

第7章　保育所における保護者との連携……………………………………157
　　1　保護者との連携における保育者の基本姿勢……………………………157
　　　　（1）保育所の特性 158
　　　　（2）保育士における価値観と倫理観 158
　　2　保護者理解…………………………………………………………………161
　　　　（1）保護者と障害受容 161
　　　　（2）障害受容 162
　　3　保護者との関わりの基本…………………………………………………165
　　　　（1）信頼関係の形成 165
　　　　（2）受容的な関わり 167
　　4　保護者との連携を円滑にするための実践例……………………………168
　　　　（1）多忙な保育業務の中での保護者支援 168
　　　　（2）解決志向アプローチ 168
　　5　「質の高い保育」を行うために……………………………………………172
コラム／山本五十六から学ぶ「しつけ」の四つのポイント……173
スウェーデンの障害児保育・教育3　特別クラスのあるガムレビィプラン就学
　前学校……176

第8章　障害児保育実践における関係機関との連携……………177
　　　──ネットワークとその重要性
　1　共生社会におけるネットワークの重要性………………………177
　2　連携の際に保育者に求められる基本的な考え方……………178
　　　（1）子どもや家族にとって連携することの意義や必要性　178
　　　（2）保育者の基本的な姿勢　178
　3　関係機関との連携の実際……………………………………………182
　　　（1）障害児通所支援との連携　182
　　　（2）保健・医療機関との連携　184
　　　（3）小学校との連携　185
　　　（4）園・保護者・関係機関の連携の実際──巡回相談の事例を通して　189

コラム／機関連携のカギを握るコーディネーターの養成………196
スウェーデンの障害児保育・教育4　手話も母語教育──ビョルクバッカ就学前学校……198

第9章　障害児・保護者への支援機関とその実際………………199
　　　──その概要と相談面接に見る児童発達支援
　1　障害児施設における支援の実際…………………………………199
　　　（1）障害児関係施設種別の統合　199
　　　（2）障害児入所施設　200
　　　（3）児童発達支援センター（通所型施設）　201
　2　児童相談所における支援の実際…………………………………202
　　　（1）児童相談所における役割と機能　202
　　　（2）児童相談所における相談内容　203
　　　（3）児童相談所における一時保護及び措置　205
　3　児童家庭支援センターにおける支援の実際──その機能と役割………207
　4　相談支援事業所等における支援の実際…………………………209
　　　（1）障害児相談支援　209
　　　（2）相談支援事業所・基幹相談支援センター　210
　5　保護者支援と相談面接………………………………………………211

　　　　（1）保護者支援　212
　　　　（2）相談面接　214
　　6　環境調整としての保護者支援——エコロジカル（生態学的）・アプローチ
　　　　………………………………………………………………………………217
コラム／時が過ぎてもブレない！　本人支援・保護者支援双方の実践から学ぶ
　　……218

おわりに——インクルーシブ保育への広がりと期待

索　　引

序章　インクルーシブ保育の理論と実践

1　インクルージョンとは

　現代社会を方向づける重要な原理，その一つにインクルージョンがある。インクルージョンとは，色々な人と共に生きていこうという思考性であり，共生社会を目指すアクションと言える。つまり，一人ひとり異なる人間が，支え合い助け合って生きていこう，歴史と文化の異なる民族が共に協力し合って生きていこう，という理念である。ソーシャルインクルージョン（Social Inclusion）と表現することもある。

　このような原理を私たちが目指そうとする理由には，この原理に反する現実が，まだこの社会に根強く存在しているからである。つまり，同じ人間同士が，排斥し合い敵対し合い，同じ人間であるのに協調して生きていくことが難しく，お互いに尊重し合って生きていくことが容易ではない状況が多々見受けられるからである。人間は誰しも生きていく上で人間関係等のトラブルが起きる。民族間では各々異なる歴史と文化をもっているために理解し合えず，それぞれ異なる歴史と文化をもつ民族が対立と抗争をくり返し，現在もそれは続いている。共に生きることは至難の業と言ってもいいのである。

　だからこそ，私たちはこのような困難をのりこえ，共に生きていこうという理念を掲げて努力しようと決意したのである。

　今日，環境問題が国際的政策として取り組まれてきているように，この地球に存在する人間が共に生きていくというインクルージョンの取り組みも必然となる。インクルージョンの実現は，環境問題の改善という課題に並ぶ人類にとっての最重要課題の一つなのである。

インクルージョンは，Inclusion と書き，エクスクルージョン（Exclusion〔排除〕）の反対である。つまり，インクルージョンとは，「排除しない」「どの人も受け入れる」という意味である。したがって，社会的観点からのインクルージョンとは，障害者を排除しないで受け入れ，共に生きていこうという意味にのみ限定されるものではない。男の人も女の人も，外国の人も自国の人も，少数民族の人も「色々な人が共に」が本来の意味となる。本書では，障害児保育の観点から「障害児・者も共に」という意味で使用する点に留意してほしい。

２　インクルーシブ保育・教育を

　残念ながら依然としてわが国では，障害児が保育所や幼稚園・小学校から排除される傾向にあり，障害児の保護者が一緒に保育・教育してほしいと要求すると断られる現状が見られる。障害児と健常児が共に保育を受けたり学んだりする体制になっていない。2007（平成19）年度から始まった特別支援教育の制度のもとで，共にではなくむしろ分離が一層進行し，完全な分離にならないようにと付加的に「交流と共同学習」が行われているのが現状である。
　特に知的・発達障害児たちが健常児たちの学ぶ通常の学校から排除されているという傾向がある。2006年に国連総会で採択された「障害者の権利に関する条約」[1]では，世界のこういった現状を変えていくために，インクルーシブ・エデュケーション・システム（inclusive education system）という概念で障害を理由に子どもを分けるのではなく共に育ち共に学ぶ保育・教育への転換を謳っている。
　したがって，インクルージョンを実現していくには，障害のあるなしにかかわらず子どもたちが幼少期から「色々な子どもがいて当たり前」という保育を取り組んでいく必要がある。それが，インクルーシブ保育（共に育つ保育）であり，その意図するところである。
　確かに色々な子どもがいるから多様な問題が起きる。しかし，互いがその問題解決を通して理解を深め合い，共に生きる仲間として育ち合っていくことが

できる。インクルーシブな社会(2)とは，共生社会と言えるのであるが，これはインクルーシブ保育・教育を通して実現可能となるのである。

「インクルーシブ」という用語は分かりにくいが国際的な潮流をも見据えて考えると，インクルーシブ保育を「共に育つ保育」，インクルーシブ教育を「共に学ぶ教育」と表現することができる。

本書では，このような歴史的な背景と理念をもつインクルーシブ保育について，その具体的な実践を創り出していくために，インクルーシブ保育からインクルーシブ教育（共に学ぶ教育）への連携と，さらに，共に生きる社会（共生社会：ソーシャルインクルージョン）の構築へとつながるような理論と実践のあり方について考えていきたい。

3 連動する四つの手だて

これまでの保育では障害児の排除が行われていたが，インクルーシブ保育の実践は，まさに子ども同士が育ち合えるような状況を創り出していく。インクルーシブ保育については，新たに「創り出していく」という姿勢で取り組む必要がある。

筆者は，これまで現場の実践から多くを学んできた。その中で，保育者は次のような「四つの手だて」を行っているととらえるようになった。そして，この四つの手だてを連動させて実践することが重要だと考える。インクルーシブ保育の眼目は，「幼いときから，共に生活し共に育ち合う経験をする」という点にある。そのためには，保育者は子ども同士の「育ち合いを育てる」必要がある。そして，この育ち合いを育てるためには，四つの手だてのどれもが重要な手だてとして実践される必要があるのである。

育ち合いを育てるという理由で，1人の子どもの思いが軽視され後回しになってはいけない。子ども同士が育ち合うためには，すべての子どもの思いが尊重される必要がある。また，同時に自分さえ良ければいいという自己中心的な思いにとらわれていてはいけない。他者が犠牲になったり放置されたり我慢を

図序-1　連動する四つの手だて

［図：「この子」①↔保育者④→保育環境の整備（人的環境／物的環境）、保育者②↔仲間づくり、保育者③↔クラスづくり、仲間づくり↔クラスづくり、保育の場］

参照：堀智晴『保育実践研究の方法——障害のある子どもの保育に学ぶ』川島書店，2004年，76頁。

強いられてはならないのである。

　保育者は目の前の具体的な，世界に1人しかいない①「この子」（筆者は固有名詞で呼ばれる子どものことをこのように表現する）を大事にして保育すると同時に，「この子」と「この子」との関係づくり，つまり，②仲間づくりが必要である。また，さらに「この子」のいる③クラスづくりが取り組まれることも必要なのである。また，このような実践が展開されるような④環境条件が整備されることも欠かせない。

　この四つの手だてが連動して相互に影響し合って良循環していくように保育実践に取り組むことが大事である。実際にはなかなか難しいが，この良循環をイメージして実践していくのである。繰り返すが「個の成長を大事にする手だて」「個と個の関係を作る仲間づくりの手だて」「クラスづくりという手だて」，そして，このような実践が展開できる「保育環境を整備する手だて」，この四つの手だてを連動させながら実践していくように配慮していくのである。これを図示すると図序-1のようになる。

序 章　インクルーシブ保育の理論と実践

4　日々の保育実践の見直し

　筆者は現場での実践研究を通して，日々の実践を「子ども理解」と「子どもへの願い」と「手だて」の三つの視点から見直すのが新たな実践を創り出していく上で重要な方法であると考えるようになった。[3]

　「子ども理解」とは保育者が子どもをどう理解しているか，ということである。保育者が目の前の子どもをどう理解しているかによって，保育実践（手だて）も変わってくる。また，子ども理解に基づいて，子どもにどのような願いを託して手だてを行うのかも異なってくる。

　「子どもへの願い」とは，保育実践が「子どもへの願い」を託して行われているということを意味する。この願いには，まず子ども自身が「たのしくすごしたい」と思うといった本人の願いに加えて親の願いも考えられる。さらに保育者個人の願いと保育所など専門機関としての願い，保育所などがある自治体や国としての願い，つまり，子どもが将来の社会を担う視点からの「現代社会の子どもへの願い」としても考えられる。

　「手だて」とは保育実践として行われる具体的な関わり，働きかけを意味する。手だては先に述べた「子ども理解」「子どもへの願い」に基づいて行われる。そして，手だてを行ってみて「子どもへの願い」が適切であったのかと再検討する必要も出てくる。また，子どもへの手だてをしてみて「子ども理解」が的確であったのかどうか，子どもを見直すということも必要になる。

　この三つの視点は，実践を見直す視点である。特に障害児保育の実践研究を重ねる中で，明確になってきた実践研究の方法である。この三つの視点は図序－2のように相互に関係し合っている。

（1）「子ども理解」について

　保育実践を見直す三つの視点の中で「子ども理解」が最も重要な視点と考える。子どもをどう理解するかが，子どもへの願いや手だてに大きく影響するか

5

図序-2　実践研究の三つの視点

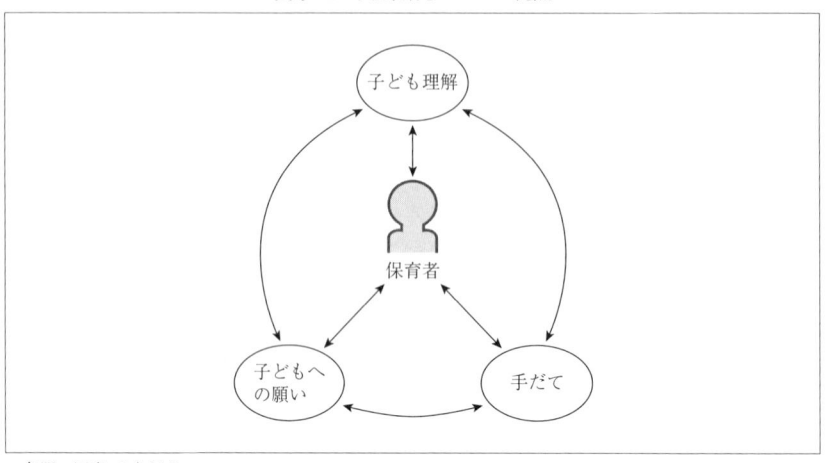

参照：図序-1と同じ。

らである。「保育は子ども理解に始まり子ども理解に終わる」と言っても過言ではない。

　したがって，「子ども理解」は保育実践を考える上で不可欠となる。子どもは一人ひとり異なる存在である。保育者はまず目の前の「この子」は，どのような子どもなのかと理解を深めようと努力する。保育実践の対象をよく知らなければ，適切なはたらきかけはできないからである。

　「子ども理解」が不十分なまま保育者が子どもへの願いを託して，子どもに対して手だてを行っても，かえって子ども自身にとっては苦痛であり負担になることがあり保育実践が逆効果になる。

　1）　仮の「子ども理解」

　このような「子ども理解」は，保育者自身の人間観（つまり「人間」についての見方，考え方）に基づいてなされる。もちろん，完全な子ども理解というものはありえない。自分の子ども理解が保育者の独りよがりになっていないか，つねに自己覚知を重ねる必要がある。自分1人で子ども理解を深めるのは困難である。そこで「子ども理解」には他の保育者をはじめとする共同研究者と率直に意見交換のできる子ども研究が必要になる。

また，「子ども理解」をすすめる上で忘れてならないのは，「子ども理解」はいつも仮の「子ども理解」であるという点である。筆者はそもそも「正しい他者（子ども）理解」ができるとは考えていない。言い換えれば，いつも「不十分な子ども理解」になっていると言っても過言ではない。だからこそ「子ども理解」を深める必要があるのである。さらに「子ども理解」は，「子どもへの願い」と「子どもへの手だて」と連動してはじめて深化していく実践的なものであると考える。

　２）「子ども理解」は「『この子』理解」

　筆者は保育実践研究と並行して，小学校での授業研究をすすめてきた。これら研究会では授業を録音し，それを記録にして資料とする。研究会はこの資料を丹念に考察する。子どもについても，T＝教師，C＝子ども，と安易に一般化せず，子どもの発言を一人ひとりその子の名前を特定して検討するのである。同じ子どもの発言をつないで，その子のノートや日ごろの教師のメモを参考にして，その子の学びのプロセスを追いかけながら学びの深まりを読み取ろうとする。つまりこの研究会では，子どもを「このクラスの子ども」とか，「3年生の子ども」とか「現代の小学生」などと一括りにして論じるのではなく，固有名詞で特定しながら「この子」はどんな子どもなのかを考察していくのである。

　３）マイナスイメージの障害児理解

　障害児には色々なレッテルがはられる。「自閉的」「多動」「ことばがない」「他の子どもと遊ばない」など，否定的に見られることがほとんどである。

　「自閉的」と言われても，その子どもなりにまわりの世界に強い関心を持っている。その子どもは周囲をよく見，よく聞いている。まわりの人を強く意識してもいる。

　「多動」とみえる子どもでもゆったりとしている時や落ち着いている時もある。「ことばがない」といっても，例えば「いやっ！」という拒否をあらわすことばは，ほとんどの子どもがもっている。仮に話しことばを使わなくても，よく見るとからだ全身で自分の気持ちを表現しているのが分かる。

つまり，子どもを見る大人の側が「そのよう見るから，そう見える」のではないだろうか。「自分から他の子どもに関わろうとしない子どもだ」という考えに基づいて，このような子どもだと見なしているために，その子どもが近くで遊んでいる子どもに視線を投げているのが見えず，気づかないのだ。子どもの真の姿を見るためには，今一度，子どもを見る自分の目を見直してみる必要がある。

　障害児は，「ないないづくし」で否定的にみられる。これは，おかしいことだと多くの人が指摘してきたことなのだが，依然として保育・教育現場ではそのようなマイナスイメージで障害児を見るという現状は改善されていないのではないだろうか。

（2）「子どもへの願い」について

　保育実践は子どもに将来このように育ってほしいという願いを託して行われる。この「子どもへの願い」は，当の子ども本人の願い，親の願い，さらに自治体や国の願い等さまざまである。ここでは保育者自身の願いについて考えてみる。

　保育実践は保育者によって行われる。保育者も一人の人間であり，それぞれ自分の人生を歩んできてその人なりの自分史をもっている。それゆえ，保育実践に保育者のこれまでの人生経験が反映するのは当然である。ある保育者は自分の保育実践について次のように書いている。これは自分のこれまでの生き方に基づく自分の保育観と言ってもいいものである。

　　「私は，今とちがって小さい頃は『おとなしい子』で通っていた。友達がやりとりをしているのを黙って聞いて，自分はそれに動きを合わせていた。「強い者にまかれる」，この事なかれ主義が私のすべてだった。中高生ころからそんな自分が嫌になり，保育者になった。そして保育をする中で自分の思いが出せない子どもに対して気にとめるようになり，子どもが生き生きと自分を出せるようになった時は大きな喜びを感じるようになっ

た」。

　これは自己表現できる子どもに育って欲しい，というこの保育者の切実な「子どもへの願い」と考えられる。このように「子どもへの願い」は，保育者自身の人生と保育観と深いところでつながっている。このことも自己覚知して実践していく心構えが求められる。

（3）「手だて」について
　保育実践は具体的な「手だて」によって行われる。「手だて」は現場ではとっさの判断で臨機応変に行われる。しかしながら「手だて」は思いつきで良いというものではなく，用意周到に計画された「手だて」を行うことが重要である。準備が整っているからこそ，柔軟な対応が可能となる。
　保育実践における保育者の「手だて」としては，子どもへの直接の関わりから，保育者同士の関係，親との関係，地域社会との関係まで，保育実践を少しでも良くするための活動のすべてを含めて考えている。このような「手だて」は，図序-3のような「手だて」の構造図となる。
　保育士から子どもへの手だてとしては，「『この子』への手だて（「この子」への関わり）」，「グループ（仲間関係）への手だて」，クラス全体あるいは保育所全体という「クラスへの手だて」の三つを考えることができる。
　さらにこの三つの手だてに加えて，四つ目の手だてがある。それは保育実践を行なう「環境への手だて」である。保育環境には人的環境と物的環境の二つが考えられる。この二つの環境を整えていくのも保育者の重要な手だての一つである。これらの手だては連動し図序-4のような構造となる。

5　インクルーシブ保育から保育全体を問い直す

　インクルーシブ保育に取り組むことは，これまでの保育を問い直すことになる。それは障害児という「この子」に出会うことによって，これまでの保育が

図序-3 手だての構造図

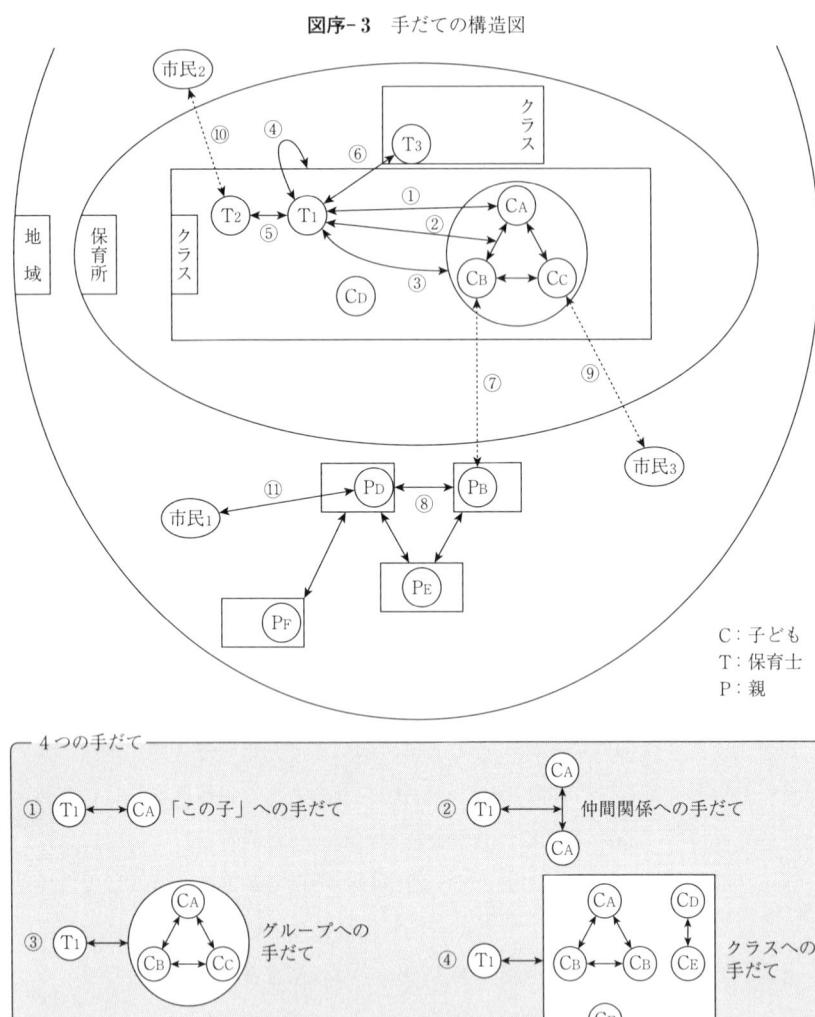

出所：図序-1と同じ，73頁。

序 章　インクルーシブ保育の理論と実践

図序-4　保育者の手だての構造

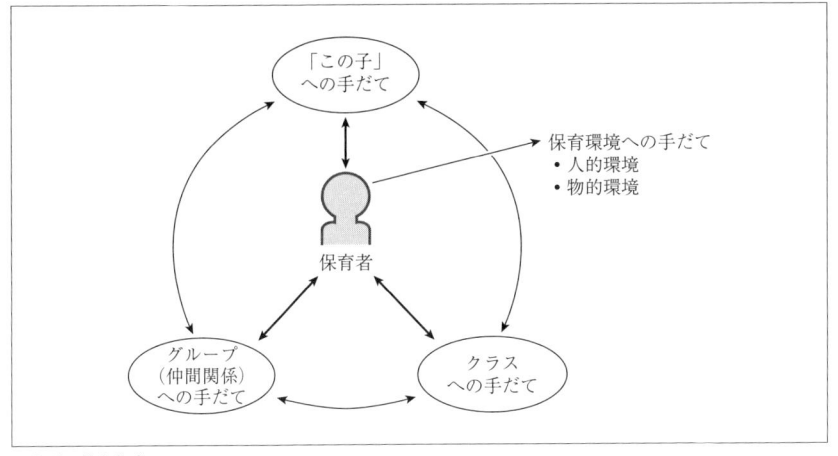

出所：筆者作成。

通用しなくなり，そのことから今まで通用していると思いこんでいた保育全体を省察せざるを得なくなるからである。ここで保育者は自分の保育観を原点に戻って問い直し始めることになる。ある保育者は次のように語っている。

　「普通の子ども集団を見ていた時には，教える側教えられる側，ある意味では，一方通行でもこちらの思いが通った。ところが，障害児と言われる子どもが入ってきた時，こちらの思いが通らない。保育者として，これまでと違った経験にぶつかり，とまどう。何でだろうと，まず，押しつける。そして，いくら押しつけようとしても，どうにもならない問題に気がつく。試行錯誤する中で，無感動で，反応がなかったように見えていた子に，反応が見られたとき，『あれっ！　押しつけるだけではあかんのか』，と今まで持っていた概念というか，ものの考え方が変革させられた。障害児保育をやってきて，非常によかった点は，障害児との出会いを通して，今までの保育の概念を崩さざるを得ない所にきているんだということに，気づかされたということだと思う」（傍点筆者）。

表序-1 四つの手だて：「この子」への手だて，グループへの手だて，クラスへの手だて，保育環境への手だて

「この子」への手だて	グループへの手だて	クラスへの手だて	保育環境への手だて
(1)保育所に受け入れる ・保育所に通う 　集団生活を体験する 　保護者を支える (2)場を共にする ・場づくり 　場の空気がある 　　あったかい 　　落ち着いている 　　落ち着かない 　　騒々しい ・居場所を知る 　どこが好きな場なのか 　それはなぜか (3)何をしているのか ・探検する ・一人遊び ・安心，落ち着いている ・不安，落ち着かない ・なぜそうするのか (4)保育者のかかわり ・一対一で関わる ・介助する ・一緒に過ごす ・一緒に遊ぶ ・他児との仲介役になる ★保育者の「この子」への 　かかわりを，まわりの子 　どもはその子なりによく 　見ている ★多様な経験をする。 　豊かな喜怒哀楽を経験す 　る 　一人の子どもとして育つ 　友だちとの関係を学ぶ 　仲間関係を経験する ★加配の位置づけ ・「この子」への加配 ・クラスへの加配とみなす ・加配の役割を見直す ・付き添いから見守りへ ・離れて育てる	(1)障害児から健常児へ ・一見無関心のようにみえ 　る ・一人遊びで，他児の近く 　にいる ・他児をよく見ている ・他児にはたらきかける 　いろいろな形がある 　　一緒に遊ぶ 　　たたく，かむ 　　遊びを妨げる ・特定の子どもとの関係が 　見られる。 (2)健常児から障害児へ ・障害児をどうみているの 　か 　　不思議だな 　　おもしろいな 　　こわいな 　　近づかないで避ける。 ・疑問をもつ 　　なぜ話さないのか？ 　　なぜ歩かないのか？ 　　赤ちゃんみたい？ ・かかわる中で自分なりの 　見方をするようになる。 ・健常児の一人一人に，障 　がいのある子に＜かかわ 　るわけ＞がある ・子どもは他児のかかわり 　をよく見ている (3)グループ(少人数)関係 ・グループならではの関係 　が見られる。その中で一 　人一人がどのような位置 　を占め，役割はたしてい 　るのか，よく見る ・特定のグループができる (4)グループ生活を取り入 　れる ・グループでの役割を担う ・グループの一員として相 　互に支え合う ・一人では経験できないこ 　と（我慢，責任感など） 　を経験する ★友だちの大切さに気づく ★人を見る目の基礎を育て ★障害児も一人の子どもで 　あることを体験を通して 　理解する	(1)クラスの雰囲気づくり ・落ち着いている ・ゆったりしている ・活気がある ・にぎやか ・落ち着きがない ・騒々しい (2)一日の集団生活への参加 　が少しずつできる ・朝の挨拶，集会 ・自由遊び ・集団遊び ・給食，午睡 ・帰りの挨拶 (3)集団活動への参加 ・行事 ・遠足，運動会 ・誕生会 ・発表会 ・クラスでの取り組みをやりとげ 　る（集団での達成感） ★問題，トラブルを自分たちで解 　決し，集団での問題解決能力を 　つける ★このような経験を積み重ねて， 　子どもたち一人一人がどのよう 　に育っているのかを読みとる ★「この子」の育ち， 　仲間関係の育ち， 　クラス集団の育ちは 　相互に連動している 　　　　「この子」 　　　　　の育ち 　　　　／　　＼ 　仲間関係　←→　集　団 　の育ち　　　　の育ち ★仲間集団のいい点と問題点とを 　考える ★協力することの難しさとすばら 　しさを知る	物的環境 ・保育室づくり ・バリアフリー ・園庭の環境作り 人的環境 ・保育体制 ・保育士の連携 保育形態 ・異年齢保育 　（縦割り） ・同年齢保育 　（横割り） ・事例研究会を行う

ここで指摘している点は非常に重要である。インクルーシブ保育の実践は，これまでの保育観の再検討を迫るものになったというのである。しかも，それは保育の基本姿勢を問うものであった。保育とは保育者が子どもを指導することというこれまでの保育観から，子どもの自主的，主体的な活動を手助けすることという保育観への根本的な転換をせまられるものになっているのである。
　今日までの障害児保育の実践研究を通して，障害児保育という特別な保育があるのではないということに気づかされてきた。本来はインクルーシブ保育として特別に言う必要もなく，インクルーシブ保育で指摘されることは，これまでの保育についても同じようなことが言えるのだということが明確になってきたのである。インクルーシブ保育について考えることによって，保育のあり方について何が問題なのかが見えてきたということである。
　本書を通して，この点について考えてほしいと強く願っている。
　最後に資料として，先に指摘した四つの手だてを表序-1にして整理してみた。四つ目の保育環境の整備への手だては他の三つの手だての中に含めて考えている。

注
(1) 障害者の権利に関する条約（障害者権利条約）の第24条では，次のように明記している。
　「障害のある人が障害を理由として一般教育制度から排除されないこと（Persons with disabilities are not excluded from the general education system on the basis of disability.）」。
　「完全なインクルージョン（full inclusion）という目標に則して，学業面の発達及び社会性の発達を最大にする環境において，効果的で個別化された支援措置がとられること」。2006年12月国連採択，2007年9月日本署名，2008年4月国連発効，2014年1月20日日本批准（140番目の締約国）。
(2) 1994年のスペインのサラマンカで行われたユネスコ主催の国際会議でサラマンカ宣言（「特別なニーズ教育における原則，政策，実践に関するサラマンカ声明」）を採択した。そこには次の一文がある（87頁参照）。
　「特別な教育ニーズを有する人びとは，そのニーズに見合った教育を行えるような子ども中心の普通学校にアクセスしなければならない」。「インクルーシブな方向

性を持つ普通学校こそが，差別的な態度とたたかい，喜んで受け入れられる地域を創り，インクルーシブな社会（Inclusive Society）を建設し，万人のための教育（Education for All）を達成するためのもっとも効果的手段である」。
(3) 堀智晴『保育実践研究の方法——障害のある子どもの保育に学ぶ』川島書店，2004年。

第Ⅰ部

理 論 編

第1章　障害の概念ととらえ方

1　「障害」を考えるにあたって

　国連「障害者の権利に関する条約（以下，障害者権利条約）」には，当事者の権利と尊厳を保護・擁護し，障害を理由とする差別の禁止，障害の有無にかかわらず当たり前に暮らすための施策等を包括的に定めている（序章「注(1)」・第4章参照）。現在，わが国も本条約を批准し，国内法制度の整備と運用に向けた取り組みがなされている。

　障害者権利条約では，締約国に対して障害児保育・教育に関わる条項を明記している。その一部と要点を下記の通りまとめてみる。

- ・障害に基づく差別と合理的配慮の定義。
- ・障害の有無に関係なく平等であり，すべての人権の及び自由の完全な享有の確保。
- ・生命に対する固有の権利を有すること。
- ・地域社会への完全なインクルージョンと参加への効果的な措置を講ずること。
- ・インクルーシブで質の高い教育（保育）制度の確保。子どものニーズに応じた合理的配慮を行い，完全なインクルージョンを目標にすること。

　このように，障害者権利条約において保育・教育に関わる基本的観点を明確化している通り，国連レベルでは既にインクルージョンの観点で教育や保育のあり方に関する基本姿勢を表明している。さらに，「障害」に対する見方・考

え方，つまり，障害（児・者）観についても，WHO（世界保健機関）から概念の提出を受けて久しい。したがって，保育士など子どもの支援に関わる専門職者が障害児保育について考えていくにあたっては，障害に関する国際的概念や観点，国際的動向などの共通理解が必要となる。

しかしながら，子どもに障害があるという理由だけで社会的排除や市民的利益の共有を妨げられるなどの不利益を被る場面は社会生活上に多く見受けられる。保育や教育などの子どもたちの「育ち」「巣立ち（自立）」といった成長・発達に欠かすことのできない専門的支援や場面において格差を生じさせないためには，今なお社会的・教育的努力が要請されることは論を待たない。

そこで，本章では障害児保育の基本とも言うべき障害の概念について，WHO「ICIDH（国際障害分類）」「ICF（国際生活機能分類）」から検討し，子どもの支援に携わる専門職としての障害のとらえ方について言及していきたい。

2 障害児・者をどのように見てきたか

(1) 障害への意識

わが国において，障害を有していたと見なされる人の存在は，縄文時代後期にあたる北海道南西部の入江貝塚から出土した成人の骨格から知ることができる[2]。その人骨の四肢長骨は，全体にわたり著しい異常性を呈しており，正常な力学的構造が完全に失われた形態のために，おそらく身体に重度の障害を有し，長期にわたり寝たきり状態での生活を余儀なくされていたと考えられる。このように，縄文時代から障害のある者と共に長い時代を経てきた関係性があったにもかかわらず，当事者の生活や人生，人間として市民的権利が擁護されてきたかという問いについては，時世や社会的・文化的背景，現代の状況を鑑みると肯定的見解を示すことはできない。

『平成7年版 障害者白書』には，障害児・者が社会生活を送る上において，その当事者の社会生活を阻害する要因を「物理的」「制度的」「文化・情報面」「意識上」の障壁として四分類（四つの障壁）を提起している。その中でも，特

に障害者が社会参加をしようとする時に大きな障壁となり，解決が最も難しいものとしてかねてより指摘され続けている。障害者への無知・無関心・障害に関する誤解や偏った見方としての「偏見」，そして行為としての差別に見られる障害児・者観を指摘している[3]。

　確かに，「神に近い存在」「先祖の祟り」「戒めや教訓（罰）の対象」「社会にとって役に立たない」「迷惑な存在」「好奇・嫌悪・嘲笑の対象」「犯罪と障害とを短絡的な結びつけ」「母親側の遺伝」という誤解や否定的見解，「かわいそう」「気の毒」「不幸」という哀れみ・同情的な見方など，障害を有しない者からの一方的で，しかも証明できないようなとらえ方があることは実体験として理解できる。障害者施設やグループホーム建設反対運動などの地域コンフリクト，障害児の小学校入学時に関わるトラブルなどの教育差別，就職差別，結婚差別，補助犬同伴の障害者の入店・乗車拒否など，今日垣間見られる当事者への不利益につながる行為の一例として知ることができる。

（2）障害の理解に向けて

　現代社会にはびこる障害観について，吉本充賜は「現代は，相対的価値体系のもとにある社会である。障害者は，障害という差異を曲解あるいは，その差異に対する価値づけという形を通して，相対的価値体系の支配を受ける。相対的価値体系は，少なくとも古来以来のものであり，現代においては，一人ひとりを大切にしない歪曲された合理主義と共に，資本主義生産様式によって，助長・強化されている[4]。」と指摘している。障害観の確立に至るには，これら複雑な要因が考えられるが，いずれにしても障害に対する無知・誤った・偏ったとらえ方は，当事者の人生や生活に多大な影響を及ぼすことになる。

　子どもの「育ち」「巣立ち（自立）」に関わる専門職者は，子どもたちの人生に足跡を残すほどの影響力をもつ。また，保護者の良き理解者であり助言者であるべき保育者をはじめとする支援者の障害のとらえ方如何が，子ども本来の姿を見失い，子ども達の最善の利益に向けた支援つまり保育実践に影響を与え兼ねない。

したがって，社会一般の価値観から脱却し，正しい障害の概念を理解することは，対人援助・支援を担う専門職には欠かすことのできない資質であり，共通基盤であると言える。そこで，次節では障害の概念についてWHO「国際障害分類」及び「国際生活機能分類」から整理し，確認していくこととする。

3　障害の概念と定義――障害の考え方

（1）同じ市民としての座標

障害のとらえ方及び社会のあり方について「国際障害者年行動計画（1980年）」（表1-1）は示唆的である。本計画第63項では，「障害という問題をある個人とその環境との関係としてとらえることがずっとより建設的な解決の方法であるということは，最近ますます明確になりつつある」と述べ，「障害は環境との関係」によるものという見方が「近年では当たり前」と，既に約40年以上前に指摘している。

また，社会は「一般的な物理的環境，社会保健事業，教育，労働の機会，それからまたスポーツを含む文化的・社会的生活全体が障害者にとって利用しやすいように整える義務を負っている」とその責任を述べた上で，その取り組みは「社会全体にとっても利益となるもの」であるとの意義を言及している。さらには，「社会がその構成員のいくらかの人々を閉め出すような場合，それは弱くもろい社会なのである」と謳いあげるとともに，障害者は「特別な集団ではなく，その通常の人間的なニーズを充たすのに特別の困難を持つ普通の市民である」とその対等性をも明確に提言している。本計画は，1981（昭和56）年に開催された国際障害者年に向けた行動指針を示すものであり，資料としては古いが，わが国の障害児・者を取り巻く状況を鑑みてもこの言説は色あせてはいない。

（2）ICIDHから見た障害の概念

1980年にWHOは「ICIDH (International Classification of Impairments,

第Ⅰ部 理 論 編

表1-1 国際障害者年行動計画(抜粋,国連総会決議34／158・1980(昭和55)年1月30日採択)

A 序：国際障害者年行動計画の概念構想と主な原則
57. 国際障害者年の目的は，障害者がそれぞれの住んでいる社会において社会生活と社会の発展における「完全参加」並びに彼らの社会の他の市民と同じ生活条件及び社会的・経済的発展によって生み出された生活条件の改善における平等な配分を意味する「平等」という目標の実現を推進することにある。こうした考え方は，すべての国においてその発展の水準いかんにかかわらず，同様に，等しい緊急性をもってとり入れられるべきである。
58. 障害者の抱える問題は全体としてとらえるとともに，発展のあらゆる側面を考慮に入れなければならない。しかしながら，発展途上国は，優先的に取り組むべき問題が多く，手段と社会資源が不十分であるゆえに，障害者の問題を解決するために必要な社会資源を振りむけることができずに来てしまったという事実は留意されなければならない。
61. 国際障害者年の重要目的の一つは，障害とは何か，それはどのような問題をもたらすかについての公衆の理解を促進することでなければならない。今日，多くの人々は，障害とは「人体の物理的動作の支障」と等しいと考えている。しかし，障害者といっても等質の集団をなすものではない。例えば耳が全く聴こえない者及び聴覚機能に障害のある者と，視覚障害者，精神薄弱者及び精神病者，身体の動きに障害のある者，そして様々な医学的支障を有している者は，それぞれ異なった解決法を有する異なった問題を有しているのである。
63. 障害という問題をある個人とその環境との関係としてとらえることがずっとより建設的な解決の方法であるということは，最近ますます明確になりつつある。過去の経験は，多くの場合社会環境が1人の人間の日常生活に与える身体・精神の不全の影響を決定することを示している。社会は，今なお身体的・精神的能力を完全に備えた人々のみの要求を満たすことを概して行っている。社会は，全ての人々のニーズに適切に，最善に対応するためには今なお学ばねばならないのである。社会は，一般的な物理的環境，社会保健事業，教育，労働の機会，それからまたスポーツを含む文化的・社会的生活全体が障害者にとって利用しやすいように整える義務を負っているのである。これは，単に障害者のみならず，社会全体にとっても利益となるものである。ある社会がその構成員のいくらかの人々を閉め出すような場合，それは弱くもろい社会なのである。障害者は，その社会の他の者と異なったニーズを持つ特別な集団と考えられるべきではなく，その通常の人間的なニーズを充たすのに特別の困難を持つ普通の市民と考えられるべきなのである。障害者のための条件を改善する行動は，社会のすべての部門の一般的な政策及び計画の不可欠な部分を形成すべきであり，また，それは，国の改革プログラム及び国際協力のための常例的プログラムの一環でなければならない。

Disabilities and Handicaps 国際障害分類, 1980年)」を提示した。これによって,これまでの個人的主観や歴史的・社会的背景,文化的・宗教的要素などによって異なる障害のとらえ方から,当事者を取り巻く物理的,制度的,文化・情報,心理的(意識)など周囲の"環境との関係性"という観点による障害を概念化し,障害を個人や当事者家族への問題に帰結しない客観的,共通理解可能な構

造モデルを試みた。

　ICIDHの考え方は，「疾患・変調（disease or disorder）」から「機能・形態障害（impairment）」に向き，次いで「能力障害（disability）」および「社会的不利（handicap）」へと向かう構造となっている（図1-1参照）。つまり，障害を一元的な見方や考え方ではなく，構造化した三つのレベルからのとらえ方を理論上可能とした。

　障害の一次的側面として「機能・形態障害」を提起し，身体的機能や形態および脳の機能的側面にみる「心理的，生理的又は解剖的な構造又は機能の何らかの喪失又は異常」と定義した。これは，生物学的・医学的観点でとらえる障害を意味し，脳の機能障害による知的発達の遅れ（知的障害）・交通事故による脊椎損傷・脳性麻痺による手足手指などの機能面での状態を示す「機能障害」，また手足の欠損などの形態という側面における状態を示す「形態障害」を指している。このとらえ方は，生物学的レベルでのとらえ方であり，主に医学的判定に用いる概念でもある。一般的に見た目や特徴的理解のしやすさから障害をこの次元でとらえがちであろう。

　次に，二次的側面から障害を「能力障害」と提起し，「人間として正常と見なされる方法や範囲で活動していく能力の（機能障害に起因する）何らかの制限や欠如」と定義した。これは，個人の能力的な程度・範囲，主観等との関連で考える生活上のしづらさである。足の機能・形態障害のために歩くことや走ることいった移動する能力が，機能・形態障害を有する以前と比べ能力的にしんどい・しづらい・支障をきたす・時間を要するなどの個人的レベルにおける状態・状況を意味し，機能・形態障害を起因に何かを行う上での個人的能力上の支障を指す。人間が生活を送るという観点から考えた場合，この概念は当事者にとって人生を送る上でのキーワードとなる。当事者が補装具や日常生活用具・環境調整などを上手く活用することで，日常生活上のしづらさ・支障（能力障害・能力低下）を軽減し（補い）社会参加を可能にするという点を踏まえる必要がある。

　三次的側面から障害を「社会的不利」と提起し，「機能障害や能力低下の結

図 1-1 ICIDH (International Classification of Impairments Disabilities and Handicaps 国際障害分類, 1980年, WHO)

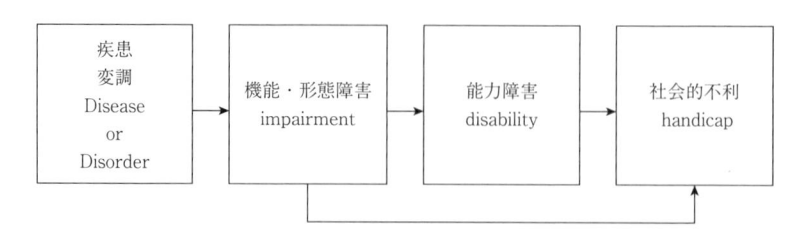

```
疾患
変調                機能・形態障害       能力障害          社会的不利
Disease      →     impairment    →   disability   →   handicap
or
Disorder
```

出所：厚生労働大臣官房統計情報部編『WHO 国際障害分類試案（仮訳）』厚生統計協会, 1984年。

果として，その個人に生じた不利益であり，その個人にとって（年齢，性別，社会文化的因子から見て）正常な役割を果たすことが制限されたり，妨げられたりすること」と定義した。例えば，能力障害を車椅子で補い，その当事者が社会参加をしようとする時に被る物理的・心理的な種々の不利益を被ることがある。そのような，周囲の環境の中に存在する障壁（バリア：物理的・制度的・文化的・意識）により被る不利益は，当事者の努力と別次元の課題であり，自己解決・克服も困難で，当事者の責任とは言い難い場合が多い。このような当事者が能力を補う工夫や努力をしたにもかかわらず社会参加しようとした時に外的要因（環境・社会の側）から被る不利益という現象について，社会的レベルに関わる障害として位置づけた。

このように障害を三つの次元での多角的視点でとらえることで，「障害」という一言に多様な意味を含んだ解釈が可能となり，治療すべき者としての対象や障害の克服・解決・介護等を当事者やその家族の第一義的責任として自己・自助努力を押しつけてきた障害観から，社会モデルへの障害観へと大きくパラダイム転換していく契機となった。

（3） ICIDH から ICF へ

環境との関係性による社会的不利をも障害として組み込んだ視点は，生活のしづらさの要因が個人のみにあるのではなく，解決すべき課題は周囲の環境

(社会の側)にもあることを認識させた。これは,障害児・者がありのままでも不利益を被ることなく社会生活を送ることを目指したバリアフリーやユニバーサルデザインの取り組み等の動向へのつながりに効用をみることができる。

また,国連「障害者に関する世界行動計画」(1982年)においても「障害者と彼らを取り巻く環境との関係であり,市民が利用できる社会の種々のシステムに関し,障害者の利用を妨げる文化的,物理的あるいは社会的障壁に障害者が遭遇したときに生じる。このように,不利とは,他の人々と同等のレベルで社会生活に参加する機会が喪失,または制約されることである」と指摘しているように,これら不利益を克服し,障害児・者が同じ市民として社会生活を送ることができるように社会を変えていこうとする潮流は,ノーマライゼーション理念と矛盾するものではない。

しかし,一方でICIDHは,障害とは生活上の多様現象との複雑な相互作用により影響し合うはずが一方向的に因果関係論的な概念図で表現された点,さらには環境の位置づけの不明瞭さ,社会参加の責任を安易に環境や社会へすべて責任転嫁してしまう「社会的不利」の妥当性と曖昧さ等の指摘や批判があった。そのため,2001年5月22日WHO総会第54回世界保健会議において,約20年後にICIDHは「ICF (International Classification of Functioning, Disability and Health 国際生活機能分類,2001年)」へと改定されるに至った。

(4) ICFから見た障害の概念
1) ICFの特徴と概念

ICF (図1-2)では,「障害」という中立的表現とするために否定的表現を排除し,ICIDHにある「機能・形態障害」を「心身機能・身体構造(body functions and structures)」へ,「能力障害」を「活動(activities)」へ,「社会的不利」を「参加(participation)」へと改めた。また概念・定義を再検討し,これら三つの次元(レベル)を含めて「生活機能」ととらえ,人生・生活(その人の生きること,その状況・状態)すべてを包含する用語とした。つまり,「生命レベル・生活レベル・人生レベル」の三つのレベルで人が生きていることを総合的にと

第Ⅰ部 理 論 編

図1-2 ICF (International Classification of Functioning, Disability and Health 国際生活機能分類, 2001年, WHO)

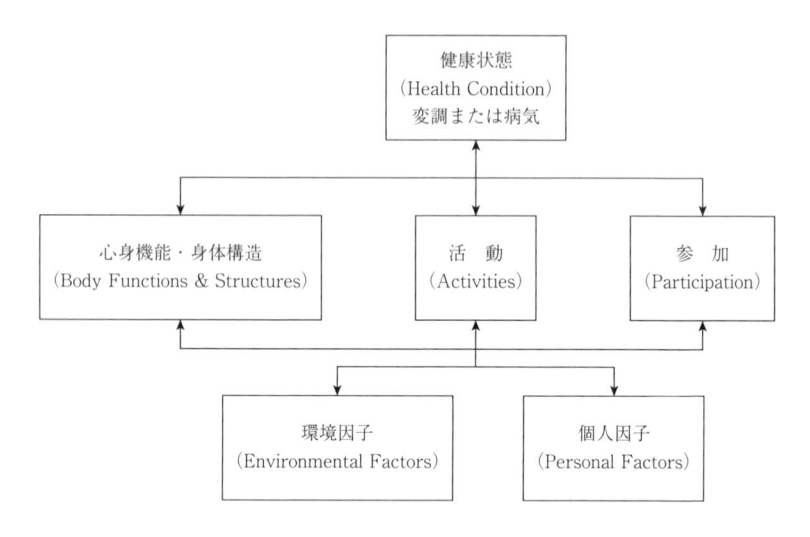

```
                    健康状態
                (Health Condition)
                 変調または病気
                        ↑
        ┌───────────────┼───────────────┐
        ↓               ↓               ↓
   心身機能・身体構造    活 動           参 加
  (Body Functions    (Activities)   (Participation)
   & Structures)
        ↑               ↑               ↑
        └───────┬───────┴───────┬───────┘
                ↓               ↓
            環境因子          個人因子
      (Environmental      (Personal
          Factors)         Factors)
```

出所：障害者福祉研究会編『ICF 国際生活機能分類――国際障害分類改定版――世界保健機関（WHO）』中央法規出版, 2002年。

らえる点に特徴がある。

そして各次元の意味として,「心身機能・身体構造」は人間の身体（手足, 体幹, 内臓など）の動きや機能・構造を指す体の部分を指し,「活動」は生活を送る上で何らかの目的や目標に基づきなされる生活行為や関連する生活動作といった具体的行動・行為を指している。例えば, 日常生活動作として生きるための基本的な動作である食事摂取, 洗顔, 排便, 歩行, 入浴, 衣服の着脱, 掃除・買い物などの家事行為, 移動のための行為, 仕事のための行為, 遊び, 余暇活動・旅行・スポーツ・テレビ鑑賞・音楽鑑賞など, 社会生活を送る上で必要とされる行為を包括的にとらえている。「参加」は, 職場での役割, 家庭での役割, 子ども同士の役割, またプライベートな場面への参加やさまざまな社会活動への参加など, 当事者が送る人生において関わるさまざまな状況下での役割や位置づけを含めた広い概念でとらえている。

第1章 障害の概念ととらえ方

表1-2 ICF定義一覧

用　語	定　義
健康状態	健康状態とは，病気（急性あるいは慢性の疾患），変調，傷害，ケガ（外傷）の包括的用語である。妊娠，加齢，ストレス，先天性異常，遺伝的素質のような状況も含んでいる。
生活機能	生活機能とは，心身機能・身体構造，活動と参加の包括用語であり，個人とその人の背景因子（環境因子と個人因子）との相互作用のうちの肯定的な側面を表すものである。
心身機能・身体構造	心身機能とは，身体系の生理的機能である。 身体構造とは，器官・肢体とその構成部分などの，身体の解剖学的部分である。 身体とは，人体機構の全てを指し，脳とその機能である心も含まれる。したがって，精神的機能は心身機能に含まれる。 機能障害とは，著しい変異や喪失などといった，心身機能または身体構造上の問題である。ある健康状態の一部であったり，そのひとつの表れであったりする。必ずしも病気が存在しているとか，その人を病人とみなすべきだということを示すものではない。
活　動	活動とは，課題や行為の個人による遂行のことである。それは，生活機能の個人的な観点を表す。 活動制限とは，個人が活動を行うときに生じる難しさのことである。活動を行う際に期待される方法や程度と比較しての差異であり，それは質的・量的な面，または軽度から重度までわたる。
参　加	参加とは，生活・人生場面への関わりのことである。 参加制約とは，個人が何らかの生活・人生場面に関わるときに経験する難しさのことである。参加制約が存在するかどうかは，ある人の参加状態と，その文化や社会において障害のない人に期待される参加状態を比較することによって決定される。
背景因子	背景因子とは，個人の生活・人生に関する背景全体を構成する因子を表す。それは，「環境因子」と「個人因子」の2つの構成要素からなり，その人の健康状況や健康関連状況に影響を及ぼす。 環境因子とは，人々が生活し，人生を送っている物的・社会的環境，人々の社会的態度による環境を構成する因子である。この因子は，その人の社会の一員として実行状況，課題や行為の遂行能力，心身機能・構造に対して，肯定的・否定的影響を及ぼす。（機能への外部からの影響） 環境因子には，個人的（家庭・職場・学校などの場面を含む個人にとって身近な環境。人が直接接触するような物的・物質的環境や家族・知人・仲間・他者との直接的接触を含む）及び社会的（コミュニティーや社会における公式または非公式な社会構造，サービス，制度で，個人に影響を与えるもの。就労環境，地域活動，政府機関，コミュニケーション，交通サービス，非公式社会ネットワーク，法律，規定，公式・非公式な規則，人々の態度，イデオロギーなどに関連する組織を含む。）なレベルに焦点を当てる。環境因子は，心身機能，身体構造，活動，参加といった構成要素と相互作用する。 個人因子とは，個人の人生や生活の特別な背景であり，健康状態や健康状況以外のその人の特徴からなる。性別・年齢・人種・健康状態・体力・ライフスタイル・習慣・生育歴・困難への対処方法・社会的背景・教育歴・職業・過去及び現在の経験（出来事）・全体的な行動様式・性格・個人の心理的資質・その他の特質などが含まれる。（機能への内面からの影響）
阻害因子 （barriers）	阻害因子とは，ある人の環境において，それが存在しないこと，あるいは存在することにより，生活機能が制限され，障害を生み出すような因子をいう。 これらには，利用不可能な物的環境，適切な福祉用具がないこと，一般の人々が障害に対してもつ否定的態度，また，人が生活・人生のあらゆる分野に関与することを促進することを目的としたサービス・社会制度・政策が存在しないか，かえってそれを妨げるものになっていることが含まれる。

出所：障害者福祉研究会編『ICF 国際生活機能分類——国際障害分類改定版——世界保健機関（WHO）』中央法規出版，2002年から筆者作成。

さらに，「背景因子」として，個人と外的関係性を示す「環境因子」に加え，個人の人生や生活の特別な背景を意味する「個人因子」という概念を追加した。人々の社会生活には，それらすべての諸因子が相互に関連し影響し合うという点も明確化した。

　つまり，人の生活機能と障害とは，健康状態（病気，変調，傷害，ケガなど）と「三つのレベル（心身機能・身体構造，活動，参加）」及び「背景因子（環境，個人）」とのダイナミックな相互作用によるもの（相互作用モデル）とする考え方に深化させた（表1-2参照）。

　2）　ICFの意義

　人は社会・環境と関わりを持ちながら生活を送っており，生活機能とはこれらの相互作用のうち肯定的な側面を表すものである。しかし生活を送る際に支障や制限・制約を感じる状態・状況が出てくることがある。その状態・状況を「機能障害」「活動制限」「参加制約」と定義し，この支援を要する状況が障害であると考える。当事者そのものが障害ではないことを明確化し，当事者の身体状態や程度とは関わりなく，日常生活や社会参加（環境にアクセス）をしようとした時に生じる困難や活動制限，参加制約に陥った状況を障害として考えるのである。したがって，その人自身が障害という前提ではなく社会生活上の困難や問題・制限・制約を感じた状況・状態・現象に着目し，生活全体を通して当事者を評価していくという肯定的側面を重視した。

　さらに，「人が生きることの全体像」[6]という共通言語としてそれらの概念を位置づけ，障害の有無よりも生活機能という観点に基づいた人生・生活の全体性をとらえていくことを要件としている。これにより，医療・保健・福祉・教育・就労などの場における障害の総合的評価およびサービス計画・評価などの臨床的手段の提供，障害分野の諸問題としてのニーズの把握・サービス構築，法制度上の問題，生活上の問題などに関する標準的枠組みの提供が可能となる。

　個人やその家族のみが障害の問題を抱えるのではなく，環境（物理的，制度的，心理的など）との関わりによる社会的な不利益を生じさせる現象も含めて障害としてとらえる視点の構築は，その人自身が障害という前提で見てきた過

去の障害観の転換を図る上で重要な役割を担ってきたと言える。同じような身体的状態であっても国や文化・社会的状況，つまりその周囲の環境によって生活のしづらさや生活・人生レベルも個々人により異なる。したがって，障害を把握するとき，個人の努力も求めるが，それだけに責任転嫁するのではなく，「個人とそれを取り巻く環境との関わりの中で生じる問題」として見つめ直し，環境改善や調整を図っていくことで障害の程度が左右されるという障害観の確立が重要であろう。

4　インクルーシブ保育に携わる人の実践的視点

（1）インクルーシブ保育から見る障害

　ICFの重要性は，生活上の制限や制約・問題の要因を，その人の生活機能全体像から把握することの大切さを教えてくれている点にあろう。わが国では「障害」というものを「機能・形態障害」でとらえ，法的に「身体障害・知的障害・精神障害・発達障害」を規定している。障害児・者の生活上の課題や問題の解決を図るために，その「原因」となる障害の部分を治療し改善するしか方法はないという「医学モデル」的な観点だけでは自ずと限界が生じ，当事者や家族への自己努力・自助努力に責任を転嫁していまい，子どもの全体をとらえた支援と社会参加への可能性を狭めてしまう不安がある。例えば，子どもの障害を「治療」の対象として否定的にとらえてしまうことで，そのマイナスをプラスに転じていくための過度な要求をしてしまい，「組織的・集団的な保育」についていけない「手のかかる・困った・乱す」子どもというラベリングに行き着く。保育に関わる専門職者の障害観によっては，その子どもと家族への重圧となることも可能性として考えられるのである。

　保育という対人援助・支援で大切なことは，いったん私たちがマイナスを見たところにプラスを見出し，病気を見たところに健康を見出し，失敗と感じたところに達成を見出すことを心がけるという「加点評価」の視点である。この視点の確立がされなければ，子どもの障害は常に排除・邪魔者の対象として位

置づけられてしまうであろう。

　保育に携わる専門職には，子どもの発達支援という価値観を共通基盤に，障害を有していてもその子どもがいかに，人間らしく生き人生に対して能動的に関わっていけるか，という「人が生きることの全体像」[(7)]を見据えた支援を担ってほしい。

（2）インクルーシブ保育の実践的意義と課題

　インクルーシブ保育実践の意義の一つには，障害児を治療して正常にする（「健常児」に近づける）という観点ではなく，多様な人間関係の中でその子どもたちがありのままにもてる能力を活かしながら，より生活しやすい方策について探求することであり，人生におけるよりよいスタート（きっかけ）を考えていくことにあろう。

　それは，生活上の課題や問題の要因を個人の「身体障害・知的障害・精神障害・発達障害」の部位のみに求め，当事者に責任転嫁するのではなく，子どもの生きるということを環境との関係から総合的・全体的にとらえる広角的視野に基づいて判断できる能力と専門的スキルにこそ期待できるのである。そして，人間の顔や性格，身長，体重，肌の色などが違うのと同様に，身体的・知的な状態もまたその人そのものであり，その人固有の状態であり，それをも含めて生きることの全体的様相と考え，個人や家族の解決可能な課題はそこに委ねつつも，環境との関係性という視点を踏まえたバランスのとれた支援のあり方を検討していくことで構築される実践なのである。

　「サラマンカ宣言」（序章「注(2)」，第4章参照）で既に述べられているように，「すべての子どもはさまざまなニーズをもっており，障害も特別なニーズの一つとしてインクルージョン（包摂・包含）できるような教育的関わり」という解釈も保育に関わる専門職者に求められるべき共通認識である。その上で，子どもの障害を受容しつつも，障害の有無にとらわれず互いのできることを活かし，伸ばしていくことを可能とする環境（物的，人的）を工夫し，柔軟性のある障害児保育実践が望まれる。

第1章　障害の概念ととらえ方

──　コラム／世論調査から見た障害者への意識　──

　少々古いデータであるが，障害者に対する一般社会の意識を理解する上で示唆的であるので，下記に紹介したい。
　障害者の社会参加推進等に関する国際比較分析を行い今後の障害者施策の推進に資することを目的に日本，ドイツ，アメリカ3カ国の20歳以上の男女を対象に「障害者の社会参加促進等に関する国際比較調査」を内閣府が2007年に行った。合理的配慮と差別の問い（障害のある人が障害のない人と同じように生活していくためには，いろいろな配慮や工夫が必要となる。そのような配慮や工夫を行わないことは，障害のある人への差別になると思うか）に対して，「差別になると思う：日本（42.0％），ドイツ（64.8％），アメリカ（70.0％）」という結果であった。
　加えて，2017年8月に18歳以上の日本国籍を有する者3,000名を対象に内閣府が行った「障害者に関する世論調査」でも，合理的配慮と差別の問い（障害のある人とない人が同じように生活するためには，生活するために不便さを取り除くためのさまざまな配慮や工夫が必要になるが，こうした配慮や工夫を行わないことが障害を理由とする差別に当たる場合があると思うか）について「差別に当たる場合があると思う：53.5％」という結果であった。
　障害者の権利と尊厳を保護・促進するため障害を理由とする差別の禁止，障害の有無に関わらず当たり前に暮らすための施策を包括的に定めるため，国連は障害者権利条約を採択している。本条約では「平等を基礎としていかなる分野においても人権及び自由を認識，享有し，行使することを害し，妨げるものを指し，合理的配慮を行わないことを含むあらゆる形態」を「障害を理由とする差別」として定義している。合理的配慮とは，障害者すべての「人権・自由を享有・行使するために確保された必要かつ適切な変更・調整であり，特定の場合において必要とされるもので，不釣り合いで過度な負担を課されないもの」[*1]と規定している。例えば，スロープの設置は多面的状況から鑑みて合理的意味を有し利益を及ぼす場合，それを設置しないことは当事者への不利益を生み，結果，差別というにつながることを示唆している。つまり，当事者の自己責任や自助努力だけに解決を求めるのではなく，環境整備への工夫が当事者への不利益を軽減できることを示している。このような合理的配慮への認識の差は国際間で歴然であり，総じて当事者への配慮に対する意識・態度にも現れる。合理的配慮の保障は，障害の有無に限らずすべての人々にも利用しやすく住みよい環境として社会的財産につながる重要な役割を果たす。この意義の拡散は，社会福祉をはじめ教育・保育などの対人援助に関わる者の社会的使命であると考える。
　なお，上述「障害者に関する世論調査」[*2]において障害者権利条約の周知度は「知

らない；77.9％」という結果であった。これが日本社会における現代の諸相かもしれない。
＊1 『障害者権利条約で社会を変えたい』福祉新聞社，2008年，48-49頁。
＊2 「障害者施策に関する調査等」内閣府共生社会政策統括官障害者施策ホームページ参照〔http://www8.cao.go.jp/shougai/suishin/tyosa.html〕）。

注

(1) 法の体系上，条約（国際法）は日本国憲法より下位であるが法律よりも上位に位置づけられるため，本条約を批准しているわが国の関連法律は条約に拘束されることとなる（憲法→条約→法律→条例の順）。したがって，本条約の内容と関係法律の整合性を踏まえた改正が順次行われている。
(2) 鈴木隆雄・峰山巌・三橋公平「北海道入江貝塚出土人骨にみられた異常四肢骨の古病理学的研究」『人類学雑誌』第92巻2号，日本人類学会，1984年，87-103頁。
(3) 総理府編『平成7年版 障害者白書――バリアフリー社会をめざして』大蔵省印刷局，1995年，5-12頁。
(4) 吉本充賜『障害者福祉への視座』ミネルヴァ書房，1978年，102頁。
(5) 上田敏『ICFの理解と活用――人が「生きること」「生きることの困難（障害）」をどうとらえるか』きょうされん，2005年，16頁。
(6) 同前書，28頁。
(7) 同前。

参考文献

厚生労働大臣官房統計情報部編『WHO 国際障害分類試案（仮訳）』厚生統計協会，1984年。
狭間香代子『社会福祉の援助観――ストレングス視点・社会構成主義・エンパワメント』筒井書房，2001年。
障害者福祉研究会編『ICF 国際生活機能分類――国際障害分類改定版――世界保健機関（WHO）』中央法規出版，2002年。
上田敏『ICF の理解と活用――人が「生きること」「生きることの困難（障害）」をどうとらえるか』きょうされん，2005年。
厚生労働省大臣官房統計情報部編『生活機能分類の活用に向けて――ICF（国際生活機能分類）：活動と参加の基準（暫定案）』厚生統計協会，2007年。
『障害者権利条約で社会を変えたい』福祉新聞社，2008年。

第1章　障害の概念ととらえ方

読者のための参考図書

上田敏『ICF の理解と活用――人が「生きること」「生きることの困難（障害）」をどうとらえるか』きょうされん，2005年．
――――生活と障害のとらえ方及びその関係性について「ICF（国際生活機能分類）」を基盤にその見据え方を解説している．障害の有無に関係なく，人の生活・人生の全体像として「ICF」を活用していく視点を学ぶことができる．

『障害者権利条約で社会を変えたい』福祉新聞社，2008年．
――――「障害者権利条約」（2006年12月国連採択）について，日本は国内法整備を経て2014年1月に批准している．本条約の全翻訳及び各条文の解説がなされており，今後のわが国の障害福祉のあるべき姿と課題について学んでいくことができる．

第2章 障害の特性理解と配慮

 2011（平成23）年に改正された障害者基本法では，障害者を以下のように規定している。

> 第2条（定義）　この法律において，次の各号に掲げる用語の意義は，それぞれ当該各号に定めるところによる。
> 1　障害者　身体障害，知的障害，精神障害（発達障害を含む。）その他の心身の機能の障害（以下「障害」と総称する。）がある者であつて，障害及び社会的障壁により継続的に日常生活又は社会生活に相当な制限を受ける状態にあるものをいう。
> 2　社会的障壁　障害がある者にとつて日常生活又は社会生活を営む上で障壁となるような社会における事物，制度，慣行，観念その他一切のものをいう。

 このように日本における障害は，身体障害，知的障害，精神障害（発達障害を含む）として大きく三つ（四つ）に分類されているが，本章では，保育現場における保育実践と関連が深い障害として，知的障害，発達障害，身体障害をとりあげて概説していく。なお，知的障害や発達障害については，DSM-5をはじめ，海外では診断名や診断基準などに変化が見られているが，ここでは現行の日本の法律等にしたがって説明していく。

1 知的障害

(1) 知的障害とは

　知的障害とは，単一の疾患に基づく障害の名称でなく，主に知的な面の発達の遅れを総称したものである。かつて，わが国では教育や福祉の行政分野，法律などで精神薄弱という用語が使われていたが，1999（平成11）年4月から，法律，施設関係の名称が知的障害に変更された。医学的にはアメリカ精神医学会（APA：American Psychiatric Association）の精神障害の診断と統計の手引き［4版改訂版］（DSM-Ⅳ-TR：Diagnostic and Statistical Manual of Mental Disorders Ⅳ Text Revision）などの診断名である Mental Retardation を直訳した精神遅滞[1]が使用されてきている。

　文部科学省特別支援教育課の「就学指導の手引き」（2002年）では，知的障害を「発達期に起こり，知的機能の発達に明らかな遅れがあり，適応行動の困難性を伴う状態」と定義している。これは，世界保健機関（WHO）の国際疾病分類［10版］（ICD-10：International Classification of Diseases 10）やアメリカ精神医学会（APA）の DSM-Ⅳ-TR，アメリカ知的・発達障害協会（AAIDD）[2]の定義と共通しており，①知的機能が明らかに低い（知能指数が70～75以下），②適応行動スキルに問題がある（他人との意思の交換，日常生活や社会生活，安全，仕事，余暇利用等），③発達期（18歳まで）に明らかになる，の3点が知的障害の診断基準になっている。

　学校教育法施行令第22条の3では，知的障害者を以下のように規定している。

　① 　知的発達の遅滞があり，他人との意思疎通が困難で日常生活を営むのに頻繁に援助を必要とする程度のもの
　② 　知的発達の遅滞の程度が前号に掲げる程度に達しないもののうち，社会生活への適応が著しく困難なもの

（2）知的障害の原因

　知的障害の原因は，生理的要因，病理的要因，心理・社会的要因の三つに大別される。生理的要因による知的障害は，知能水準の低さ以外に身体的・精神的な異常や欠陥がほとんど認められず，特に医療の対象にならない。単純型の知的障害とも呼ばれ，知的障害の原因の多くを占めている。

　病理的要因による知的障害は，遺伝因（内因）と外因に分けられる。遺伝因では，染色体異常（ダウン症候群など）や遺伝子病（フェニールケトン尿症など）があり，外因では，出生前のウィルス感染や有害物質の摂取，周生期の無酸素症や頭蓋内出血，出生後の脳炎や髄膜炎，感染症などが挙げられる。

　心理・社会的要因による知的障害は，心理社会的に劣悪な環境（育児放棄や虐待など）で育てられたために知能の発達や社会性などが遅れるものであるが，適切な環境や教育により遅れを取り戻すことができる可能性が大きい。

（3）知的障害の分類

　知的障害を診断・分類する絶対的な基準はなく，一般的な方法としては，標準化された個別式の知能検査（田中・ビネー，WISC-Ⅳ〔Wechsler Intelligence Scale for Children 4th Edition〕など）により測定された知能指数をもとに分類される。知能検査により算出される知能指数（IQ：Intelligence Quotient）は，平均値100，1標準偏差15で標準化されており，2標準偏差以下のIQ70を境界として知的障害と診断される。

　IQを基準にした知的障害の分類は，DSM-Ⅳ-TRなどをもとに，軽度（IQ 50～70程度），中等度（IQ 35～50程度），重度（IQ 20～35程度），最重度（IQ 20以下）の4つに大別される[3]。

　またIQ以外の分類として，必要とされる支援の程度に基づいて判断されることもあり，支援は一時的支援，限定的支援，長期的支援，全面的支援に分類されている。

（4） 日常の配慮

　知的障害児は，周囲の人や物に対する興味・関心や反応が乏しく，自発的な活動が少ないため，自分自身でさまざまな経験や学習する機会も少なくなる。人への反応の乏しさは，親や周囲の人からのかかわりを自然に減少させてしまうことになり，言葉や社会性の発達がさらに遅れるという悪循環にも陥りやすい。また，言葉の発達の遅れにより自分の言いたいことをうまく伝えられなかったり，どうしても失敗する経験が多いために，自信を失くしたり，情緒不安定になりやすい。

　知的障害児は，全般的な遅れは見られるものの，ゆっくりそれぞれのペースで発達していくことから，情緒の安定を図りながら，一人ひとりの発達の課題にあわせて，多くの経験をすることができるような配慮が必要である。

（5） ダウン症候群

1） ダウン症候群とは

　ダウン症候群（Down syndrome）は，イギリスの医師，J.ラングドン・ダウン（John Langdon Down）によって最初に報告されたものであり，染色体異常の病理的要因により知的障害が典型的にみられる疾患である。人間の23組46本の染色体（22組の常染色体と2本の性染色体XY）のうち，受精の際に突然変異で21番目の染色体が1本多くなっている（21トリソミー）ものであり，親から遺伝する異常ではなく，約800人～1,000人に1人の割合で偶然に生まれくる。

　知的障害以外にも，心疾患，目の疾患（弱視や遠視），耳の疾患（難聴や中耳炎），筋肉の緊張の弱さなど，先天性の疾患を合併していることが多い。

2） 日常の配慮

　ダウン症候群は，知的発達に遅れが見られ，動作がゆっくりしていたり，手先が不器用であったりというような特徴がみられる。

　一方で，ダウン症候群の人は，表情が豊かで人との関わりを好み，明るくて人なつっこいと言われることが多い。また，音楽が好きで，リズムに合わせて体を動かしたり，目で見てまねたりすることも比較的得意である。

第Ⅰ部　理　論　編

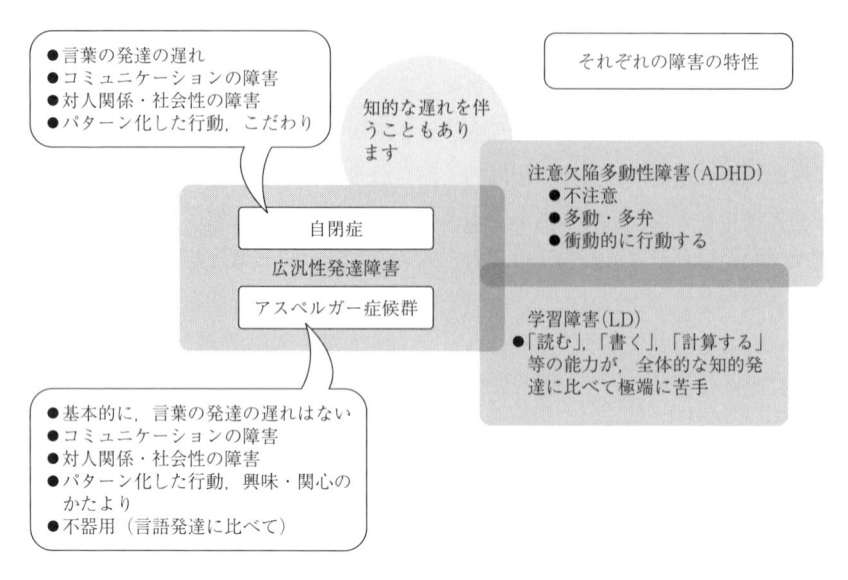

```
●言葉の発達の遅れ
●コミュニケーションの障害        それぞれの障害の特性
●対人関係・社会性の障害
●パターン化した行動, こだわり

        知的な遅れを伴
        うこともあり
        ます
                        注意欠陥多動性障害(ADHD)
                        ●不注意
                        ●多動・多弁
     自閉症              ●衝動的に行動する
   広汎性発達障害
     アスペルガー症候群    学習障害(LD)
                        ●「読む」,「書く」,「計算する」
                         等の能力が, 全体的な知的発
                         達に比べて極端に苦手
●基本的に, 言葉の発達の遅れはない
●コミュニケーションの障害
●対人関係・社会性の障害
●パターン化した行動, 興味・関心の
 かたより
●不器用 (言語発達に比べて)
```

図2-1　厚生労働省による「発達障害」の概念

出所：厚生労働省 HP（http://www.mhlw.go.jp/seisaku/dl/17b.pdf, 2014年2月1日）。

　知的障害の子どもに対する指導や配慮に加えて，こうしたダウン症候群の特徴を活かしてかかわっていくことが大切である。また，上述したような他の病気や障害を抱えている場合も多いため，身体上の問題には充分に配慮しつつ，体力の増進を図っていくことも必要である。

②　発達障害

（1）発達障害とは

　発達障害とは従来，子どもの発達上の機能の障害や遅滞について使われる用語であり，知的障害（精神遅滞）を含む広い概念であった。わが国では，2005（平成17）年4月に施行された発達障害者支援法において，発達障害とは「自閉症，アスペルガー症候群その他の広汎性発達障害，学習障害，注意欠陥多動性障害その他これに類する脳機能の障害であってその症状が通常低年齢において

表2-1 文部科学省による主な発達障害の定義

自閉症の定義 ＜Autistic Disorder＞
(平成15年3月の「今後の特別支援教育の在り方について（最終報告）」参考資料より作成)

> 自閉症とは，3歳位までに現れ，①他人との社会的関係の形成の困難さ，②言葉の発達の遅れ，③興味や関心が狭く特定のものにこだわることを特徴とする行動の障害であり，中枢神経系に何らかの要因による機能不全があると推定される。

高機能自閉症の定義 ＜High-Functioning Autism＞
(平成15年3月の「今後の特別支援教育の在り方について（最終報告）」参考資料より抜粋)

> 高機能自閉症とは，3歳位までに現れ，①他人との社会的関係の形成の困難さ，②言葉の発達の遅れ，③興味や関心が狭く特定のものにこだわることを特徴とする行動の障害である自閉症のうち，知的発達の遅れを伴わないものをいう。
> また，中枢神経系に何らかの要因による機能不全があると推定される。

学習障害（LD）の定義 ＜Learning Disabilities＞
(平成11年7月の「学習障害児に対する指導について（報告）」より抜粋)

> 学習障害とは，基本的には全般的な知的発達に遅れはないが，聞く，話す，読む，書く，計算する又は推論する能力のうち特定のものの習得と使用に著しい困難を示す様々な状態を指すものである。
> 学習障害は，その原因として，中枢神経系に何らかの機能障害があると推定されるが，視覚障害，聴覚障害，知的障害，情緒障害などの障害や，環境的な要因が直接の原因となるものではない。

注意欠陥／多動性障害（ADHD）の定義 ＜Attention-Deficit/Hyperactivity Disorder＞
(平成15年3月の「今後の特別支援教育の在り方について（最終報告）」参考資料より抜粋)

> ADHDとは，年齢あるいは発達に不釣り合いな注意力，及び／又は衝動性，多動性を特徴とする行動の障害で，社会的な活動や学業の機能に支障をきたすものである。
> また，7歳以前に現れ，その状態が継続し，中枢神経系に何らかの要因による機能不全があると推定される。

※**アスペルガー症候群**とは，知的発達の遅れを伴わず，かつ，自閉症の特徴のうち言葉の発達の遅れを伴わないものである。なお，高機能自閉症やアスペルガー症候群は，**広汎性発達障害**に分類されるものである。

出所：文部科学省HP（http://www.mext.go.jp/a_menu/shotou/tokubetu/004/008/001.htm，2014年2月1日）。

発現するものとして政令で定めるものをいう」と定義された。従来から教育や福祉について法的に整備されてきている身体障害や知的障害の範疇では規定されてこなかった自閉症（知的障害を伴わない），学習障害（LD），注意欠陥多動性障害（ADHD）等についても法的に定められたことになる。図2-1には，厚生労働省による発達障害の概略図を示している。また，表2-1には，文部科学省によ

る発達障害の定義を示すが，省の特性によりそのとらえ方に異なる部分がある。

（2）広汎性発達障害（自閉症スペクトラム）
1）広汎性発達障害とは

広汎性発達障害（Pervasive Developmental Disorders：PDD）とは，「相互的な社会関係とコミュニケーションのパターンにおける質的障害，および限局した常同的で反復的な関心と活動の幅によって特徴づけられる一群の障害（ICD-10）」であり，社会性や意思疎通の発達異常，興味・関心の範囲が狭い，反復行動，想像力の未発達などの特徴を持った障害のことを指し，一般的に自閉症の上位概念として認識されている。中枢神経系（脳や脊髄）が先天的にうまく機能しないことが原因であると考えられており，性格や病気ではなく，また親の育て方など環境が原因によるものではない。

ICD-10やDSM-Ⅳ-TRにおいては，「広汎性発達障害」の下位分類として，「自閉症／自閉性障害（Autism／Autistic Disorder）」「アスペルガー症候群／障害（Asperger's Syndrome／Disorder）」などがあげられている。

2）自閉症，アスペルガー症候群と自閉症スペクトラム

自閉症は1943年にアメリカの精神科医レオ・カナー（Leo Kanner）により，アスペルガー症候群（障害）は1944年にオーストリアの小児科医ハンス・アスペルガー（Hans Asperger）により症例報告されたものである。

自閉症やアスペルガー症候群に共通して見られる特徴として，ローナ・ウィング（Lorna Wing）の三つ組みと言われるものがある。

① 社会性に関する障害

人と上手につき合えない，目を合わせて会話できない，うれしさを表情や身振りなどで表現できない，同年齢の人と集団で遊べない，自然に決まっているルールに従えない。

② コミュニケーションに関する障害

コミュニケーションがうまく取れない，言葉を覚えて使う，相手の言ったことを理解できない，話しかけられたことに合った返事をすることができない

(オウム返し〔エコラリア，反響言語〕)。

　③　想像力に関する障害

　想像力が乏しく，こだわり行動がある，ままごとなどのごっこ遊びができない，同じ遊びを繰り返す，決まったパターンでしか行動できない。

　その他の特徴としては，感覚の問題があげられ，感覚過敏・鈍感，触られることを極度に嫌がる，普通は気にならない臭いや音などに敏感に反応する，普通は不快な音（ガラスを引っ掻く音など）が気にならない，入ってくる感覚情報を取捨選択できない（選択的注意の問題）などがある。

　このように共通した特徴をもつ自閉症とアスペルガー症候群の大きな違いは，知的な能力や言語発達の遅れの有無であり，アスペルガー症候群ではこれらの障害や遅れが見られないことがあげられる。また言語発達に比べて運動能力の不器用さが目立つという点もアスペルガー症候群の特徴の一つである。表2-1に示してある文部科学省による定義（2003年）では，アスペルガー症候群ではなく，ほぼ同じような特徴を持つ高機能自閉症（High-functioning Autism）として分類されている。

　このように，1980年代以降二つの障害として分類されてきた自閉症とアスペルガー症候群であるが，近年，これらを包括した概念である自閉症スペクトラム（Autistic Spectrum）というローナ・ウィングが提唱した概念が使われるようになってきた。スペクトラムとは連続体という意味であり，自閉症やアスペルガー症候群，高機能自閉症を連続した障害ととらえる考え方である。2013年に改訂されたDSM-5では，上記の広汎性発達障害の診断名を自閉症スペクトラム障害（Autism Spectrum Disorder）に変更し，自閉症やアスペルガー症候群という下位分類を廃止している（本章末のコラム参照）。

　3）　日常の配慮

　自閉症児は，話し言葉や抽象的なことを理解することが苦手であり，分かりやすく情報を伝える工夫が必要である。聴覚刺激よりは視覚刺激の方が理解しやすいことが多いため，実物や見本を見せたり，絵カードや写真を用いて指示したりすることが有効である。

初めてのことやいつもと違う活動など予定が分からないことに対して強い不安や苦痛を感じるため，予定について知らせて見通しを持たせることが大切である（その際も言葉よりも視覚的な手段によって伝える方がよい）。

また，特定の音などの刺激を極端に嫌がる子どももいるため，そうした刺激が入らないような環境を用意したり，一時的にその場を離れて落ち着いたりすることができるような配慮も必要である。

多様なこだわりを持つ一方で，興味・関心を持っているものには集中して取り組むことができるため，得意な分野の課題に取り組むことで達成感を得たり，褒められたりするような成功体験を増やしていくことが大切である。

（3）注意欠陥多動性障害（ADHD）

1）ADHDとは

注意欠陥多動性障害（ADHD：Attention Deficit Hyperactivity Disorder）とは，不注意，多動性，衝動性を特徴とする行動の障害である。表2-1に示した文部科学省の定義（2003年）においては，これらの三つの症状により社会的活動や学業に支障をきたすこと，7歳以前に発症すること，原因が中枢神経系の機能不全であることが規定されている。

2）ADHDの分類

① 不注意（inattention）

一つのことをするのに集中の持続が困難であったり，すぐに気がそれてしまったりして注意散漫な状態になる。しばしばケアレスミスをしたり，必要なものをなくしてしまったりする。人の話を聞いていないことが多く，順序立てて活動することが苦手である。

② 多動性（hyperactivity）

一定の時間じっとしていることができずに，立ち歩いたり走り回ったりしてしまう。手足をそわそわ動かしたり，もじもじしたりする。ずっとしゃべり続ける。

③ 衝動性（impulsivity）

順番を待つことが出来なかったり，質問されて質問が終わる前に途中で答えてしまったりする。感情や思ったことをすぐに行動にしてしまう。他人の会話や遊びに割り込んだり邪魔したりする。

DSM-Ⅳ-TRによる診断基準では，不注意，多動性，衝動性の三つの症状をもとに，「不注意優勢型」「多動性－衝動性優勢型」「混合型（不注意と多動性－衝動性の両方とも該当）」の三つに下位分類されている。

3） 日常の配慮

ADHD児は，聞いて理解する力（聴覚理解力）が弱かったり，見聞きしたことに注意を向けられる時間が短いというような情報の入力や処理に課題がある。そのため，話し始める時に注意を促したり，抽象的な言葉は避け，具体的な言葉で，短く，はっきりと指示をしたり，注意を持続出来るように声掛けをしたりする。また，作業手順をあらかじめ図示したり，タイマーなどを用いて課題に取り組んだり，一定時間我慢したりするなど，見通しをもたせながら視覚的に働きかけることも有効である。環境構成としては，廊下側や窓側など，刺激を受けやすい場所は避けるようにし，落ち着きがなくなってきたら，あらかじめ約束しておいた場所や方法で一定の時間過ごせるようにする。

また，日常の行動が原因で叱られることも多いと，ますます自信を失くして情緒不安定になり，気になる行動が増えることになる。適切な行動がとれなかった場合，どうしたらよかったのか状況をふり返り，適切な方法をヒントを交えながら示したり，行動の改善が見られたら，ほめるというような配慮が必要である。

（4） 学習障害（LD）

1） 学習障害とは

学習障害（LD：Learning Disabilities）とは，表2-1の文部科学省の定義にあるように，①LDと知的障害は異なり，②聞く，話す，読む，書く，計算する，または推論する能力の六つの基本的学習能力のどこかに特異な困難をもち，③原因として中枢神経系に何らかの機能障害があると推定され，④視覚障害，聴

覚障害，知的障害，情緒障害などの他の障害が主因となる学習の困難ではない障害である。

2）学習障害の分類

学習障害のタイプは，「口頭言語のLD」「書字言語のLD」「算数のLD」の三つに分類できる。

① 口頭言語のLD

話し言葉の入出力に関する学習能力の障害には，聞いて理解する能力の障害と話をする能力の障害の二つがある。

聞いて理解する能力の障害（Auditory Processing Disorder）は，情報を聞いて理解したり想起することができない，背後に雑音があると極度に集中できない活動に取り組めないといった障害のことである。

話をする能力の障害（Dysphagia, Dysarthria）は，自分が思っていることを口に出して語れない，発声器官の損傷，または発声に関わる機能の使い方を間違って覚えてしまったためにうまく発音できない障害のことである。

② 書字言語のLD

文字や文章の言語性情報の入出力に関する能力の障害のことで，読んで理解する能力の障害と書き写しや表現して書く能力の障害の二つがある。

読んで理解する能力の障害（Dyslexia, Reading Disorder）は，文字や言葉を読んで理解することに困難を抱える入力障害としてとらえられている。漢字やかな文字を組み合わせて使う日本では割と少ないが，欧米では学習障害の主流となっている。特定の字などが読めず，単語の意味を取り違える，黒板や本からの写し書きが困難であるといったような兆候が見られる。

書き写しや表現して書く能力の障害（Dysgraphia, Disorder of Written Expression）は，書くこと自体に困難を抱え，文字や文章を書いて表現・表出することに困難を抱える出力障害としてとらえられている。読字障害の多くは書字障害を伴うが，書字障害がすべて読字障害を伴うわけではない。

③ 算数のLD

数概念の理解や推論する能力の障害のことである。

算数の障害（Dyscalculia, Mathematics Disability）は，筆算や立式，暗算など計算自体に困難を抱え，また数の概念を理解することや量的な考え方の理解に困難を抱えてしまう。算数障害のみに症状が見られるものは少なく，読字障害や書字障害と重複している場合が多く見られる。

3） 日常の配慮

学習障害の診断は教科学習の始まる就学以降になされる場合が多いが，不器用さが目立っていたり，特定の分野が苦手だったりと幼児期でも学習障害が疑われる場合がある。

保育現場でみられる問題としては，相手の話が理解できない，言葉の聞き間違いが多い，二つ以上の指示を出されると混乱する，集団で移動する際に一緒についていけない，ハサミをうまく使えないなどがあげられる。

これらの問題は，言語障害や知的障害などとの関連も考えられることや，必ずしも学習障害によるものと言い切れないが，いずれにせよ，子どもが保育場面で困っていることに対しては，さりげない支援を行い，自信を持たせながら日常生活を送れるようにサポートしていくことが大切である。

3　身体障害

（1）肢体不自由

1） 肢体不自由とは

肢体とは四肢と体幹を合わせたものであり，人間の姿勢を保ったり，動いたりする体の部分のことである。四肢とは上肢（肩の関節から手の指先まで）と下肢（股の関節から足先まで）からなり，体幹は内臓を含まない胴体と首を含めた頭部を合わせたものを指す。

肢体不自由とは，こうした筋肉，神経，骨などの運動に関する器官が損傷していることにより，身体の運動や動作に関する機能的が永続的に低下し，不自由な状態にある障害をいう。

学校教育法施行令第22条の3では，肢体不自由を以下のように規定している。

第Ⅰ部　理　論　編

表2-2　身体障害者障害程度等級表（身体障害者福祉法施行規則　別表第五号）

級別	肢体不自由 （乳幼児期以前の非進行性の脳病変による運動機能障害）	
	上肢機能	移動機能
1級	不随意運動・失調等により上肢を使用する日常生活動作がほとんど不可能なもの	不随意運動・失調等により歩行が不可能なもの
2級	不随意運動・失調等により上肢を使用する日常生活動作が極度に制限されるもの	不随意運動・失調等により歩行が極度に制限されるもの
3級	不随意運動・失調等により上肢を使用する日常生活動作が著しく制限されるもの	不随意運動・失調等により歩行が家庭内での日常生活活動に制限されるもの
4級	不随意運動・失調等による上肢の機能障害により社会での日常生活活動が著しく制限されるもの	不随意運動・失調等により社会での日常生活活動が著しく制限されるもの
5級	不随意運動・失調等による上肢の機能障害により社会での日常生活活動に支障のあるもの	不随意運動・失調等により社会での日常生活活動に支障のあるもの
6級	不随意運動・失調等により上肢の機能の劣るもの	不随意運動・失調等により移動機能の劣るもの
7級	上肢に不随意運動・失調等を有するもの	下肢に不随意運動・失調等を有するもの

① 肢体不自由の状態が補装具の使用によっても歩行，筆記等日常生活における基本的な動作が不可能又は困難な程度のもの
② 肢体不自由の状態が前号に掲げる程度に達しないもののうち，常時の医学的観察指導を必要とする程度のもの

2）肢体不自由の分類

肢体不自由は，その不自由さの種類，箇所，程度，原因などさまざまである。原因となる疾患に基づいた分類では，脳性疾患（脳性まひ），神経・筋疾患（脊髄性小児まひ〔ポリオ〕，進行性筋ジストロフィー症），関節疾患（先天性股関節脱臼など），形態異常（先天性内反足，脊柱側彎症，二分脊椎など），骨疾患（骨形成不全症，胎生軟骨発育異常，ペルテス病など），外傷性疾患（切断など），結核性疾患（骨関節結核，脊髄カリエス）がある。

3）脳性まひ

脳性まひ（Cerebral Palsy：CP）は，肢体不自由児の原因疾患で多くを占めて

いる。脳性まひは「受胎から生後4週以内までに生じた脳の非進行性病変に基づく、永続的なしかし変化しうる運動・姿勢の異常である。その症状は満2歳までに発現する。進行性疾患や一過性運動障害、または将来正常化するであろうと思われる運動発達遅延は除外する」と厚生省脳性麻痺研究班（1968年）により定義されている。

　脳性まひは病型とまひの部位によって分類されている。病型では、痙直型、アテトーゼ型、強剛型、失調型、弛緩型があるが、筋緊張が強く、突っ張ってしまう痙直型と不随意運動が生じるアテトーゼ型が多い。まひの範囲では、四肢まひ（両手足にまひ）、両まひ（両足のまひと両手に軽いまひ）、片まひ（左右どちらかの側にまひ）、単まひ（両手足のうち一肢にまひ）などに分類される。

　脳性まひの子どもには、運動発達の遅れ、筋緊張の異常、姿勢の異常、運動の円滑さの欠如が見られ、言語障害、知的障害、けいれん発作を合併する率が高い。

　表2-2は、身体障害者福祉法施行規則による肢体不自由（乳幼児期以前の非進行性の脳病変による運動機能障害）の等級表である。

4）　日常の配慮

　身体の健康と安全に気をつけ、医療機関による指導の下、常に良い状態を保てるようにし、基本的な生活習慣を身につけることができるような配慮が重要である。

　肢体不自由児は、肢体が不自由であることにより、日常生活に支障があるということだけでなく、その状況で心身の発達にとって必要な学習を行わなければならないという問題がある。脳性まひの子どもの例をあげると、座ること、はうこと、立つこと、歩くことといった運動発達の遅れは、移動や探索活動を制限し、さまざまな経験や学習の機会を奪うことになる。

　運動機能を高めるためには、専門家の指示を受け、早期から適切な訓練が必要である。また、肢体の不自由さにとらわれず、子どもの興味・関心、意欲に合わせて積極的に友達や外の世界と触れ合う機会を増やすことも大切である。

（2）視覚障害

1） 視覚障害とは

　視覚障害とは，眼球，視神経，大脳神経中枢などで構成される視覚機構のいずれかの部分に障害があり，見ることが不自由，または不可能になっていることをいい，視力や視野の障害，光覚や色覚の異常，眼球運動の障害などさまざまな見る機能全体の障害を総称した概念である。

　一般に，視覚障害という場合には視力障害を指すことが多い。眼鏡，コンタクトレンズを用いた矯正視力の障害を指し，近視や遠視，乱視などの単なる屈折異常による裸眼視力の低下を含まない。

　学校教育法施行令第22条の3では，視覚障害者を「両眼の視力がおおむね0.3未満のもの又は視力以外の視機能障害が高度のもののうち，拡大鏡等の使用によつても通常の文字，図形等の視覚による認識が不可能又は著しく困難な程度のもの」と定めている。

2） 視覚（視力）障害の分類

　矯正視力が0.3未満を視力障害と呼び，次のように分類されている。

① 盲

　両眼の矯正視力で0.02未満のものを盲といい，弱視に対して用いられる。教育的には点字による教育を必要とする者をいう。全盲とは，医学的には光も感じず全く見えない状態であり，光が分かる光覚盲，色が分かる色覚盲，眼前で手を振るのが分かる手動盲などの分類がある。

② 弱視

　矯正視力が0.02以上0.3未満のものをいう。視力が0.02から0.04未満を準盲ということもあり，視力が0.04以上の者は視覚による教育がおおむね可能であると考えられる。

③ ロービジョン（low vision）

　眼科領域で用いられる弱視（amblyopia）との混乱を避けるため，いわゆる社会的弱視，教育的弱視を日本でもロービジョンと呼ぶようになってきている。

　表2-3は，身体障害者福祉法施行規則による視覚障害の等級表である。

第2章 障害の特性理解と配慮

表2-3 身体障害者障害程度等級表（身体障害者福祉法施行規則 別表第五号）

級 別	視 覚 障 害
1 級	両眼の視力（矯正視力）の和が0.01以下のもの
2 級	1. 両眼の視力（矯正視力）の和が0.02以上0.04以下のもの 2. 両眼の視野が10度以内で，かつ両眼による視野について視能率による損失率が95%以上のもの
3 級	1. 両眼の視力（矯正視力）の和が0.05以上0.08以下のもの 2. 両眼の視野が10度以内で，かつ両眼による視野について視能率による損失率が90%以上のもの
4 級	1. 両眼の視力（矯正視力）の和が0.09以上0.12以下のもの 2. 両眼の視野が10度以内のもの
5 級	1. 両眼の視力（矯正視力）の和が0.13以上0.2以下のもの 2. 両眼による視野の1/2以上が欠けているもの
6 級	一眼の視力（矯正視力）が0.02以下，他眼の視力が0.6以下のもので，両眼の視力の和が0.2を超えるもの

3）日常の配慮

　視覚障害児は，視覚による刺激や情報を得ることが困難であるため，他の感覚からの情報に頼らざるを得ない。耳からの情報や触覚による刺激が重要であるため，触らせながら声をかけるなど，周囲の環境の理解や言葉の発達を促していく必要がある。また，積極的なスキンシップによって情緒的な安定を図る必要もある。周囲の環境としては，できるだけ危険なものを取り除き，物の配置を考えたり，触覚で理解しやすいような工夫をして，安心して行動できるように配慮する。

（3）**聴覚障害**

1）聴覚障害とは

　聴覚障害とは，聴力の損失をさすだけでなく，音の弁別や記憶，言語の理解や表出の障害までを含む広い概念である。一般に聴覚障害という場合は，何らかの原因で聴覚受容器官（外耳，内耳，中耳）やその神経経路（聴神経，中枢神経）のいずれかの部分に障害があり，そのために聞く力が不十分であったり，全く聞こえなかったりする状態（聴力障害）をさすことが多い。

表2-4 身体障害者障害程度等級表（身体障害者福祉法施行規則 別表第五号）

級別	聴　覚　障　害
1 級	なし
2 級	両耳の聴力レベルがそれぞれ100デシベル(dB)以上のもの（両耳全ろう）
3 級	両耳の聴力レベルが90dB以上のもの（耳介に接しなければ大声語を理解し得ないもの）
4 級	1. 両耳の聴力レベルが80dB以上のもの（耳介に接しなければ話声語を理解し得ないもの） 2. 両耳による普通話声の最良の語音明瞭度が50％以下のもの
5 級	なし
6 級	1. 両耳の聴力レベルが70dB以上のもの（40cm以上の距離で発声された会話語を理解し得ないもの） 2. 一側耳の聴力レベルが90dB以上，他側耳の聴力レベルが50dB以上のもの

　学校教育法施行令第22条の3では，視覚障害者を「両耳の聴力レベルがおおむね60デシベル以上のもののうち，補聴器等の使用によって通常の話声を解することが不可能または著しく困難な程度のもの」と定めている。
　2）聴覚障害の分類
　障害の程度による分類にはさまざまな方法があるが，教育的には，オージオメータによって測定される聴力レベルによって，大きくろう（聾）と難聴に分けられる。
　① ろう（聾）
　平均聴力レベルが100dB以上の場合をいう。100dBは人間が最大の力で発声したときの音の大きさであり，人間の耳が音として聞くことができるのは130dBで，それ以上は痛覚に変わる。
　② 難　聴
　聴力は残っている（残存聴力）が，聞くことに困難のある場合をいう。聴力レベルにより，軽度難聴（0～40dB），中等度難聴（40～70dB），高度難聴（70～100dB）の三つに分類される。
　また，難聴は障害のある聴覚器官の部位によって伝音性難聴と感音性難聴に分けられる。
　伝音性難聴は，外耳から中耳にかけての音を伝える伝音器に障害があるため

に，音の振動が十分に内耳に伝わらない難聴である。医学的な治療による聞こえの改善や，補聴器により音を大きくすると正確に聞き分けられることが多い。

感音性難聴は，内耳から聴神経・聴中枢にかけての脳に信号を送る経路（感音系）の障害による難聴である。単に音が聞こえにくいだけでなく，音が歪んで聞こえるため，音を大きくして聞かせても，言葉を聞き分けることは困難であり，補聴器の効果が表れにくい場合がある。

また，混合性難聴は，伝音性難聴と感音性難聴が混合した難聴である。

表2-4は，身体障害者福祉法施行規則による聴覚障害の等級表である。

3）日常の配慮

聴覚障害児の大きな課題は，いかに言葉の発達を促すかということである。そのために，常に話しかけるなど言葉の刺激を可能な限り多くしたり，子どもが聞きやすい環境で話したり，分かりやすい言葉で話すことなどが大切である。また，他の感覚（視覚，触覚，嗅覚など）を利用して経験を豊富にし，言葉の理解を深める工夫も必要である。

また，聴覚と話し言葉の障害はコミュニケーションを制約するため，人間関係の問題や情緒的な問題につながる可能性もあるため，十分な配慮が必要である。

（4）話し言葉の障害

1）言語障害とは

本来，言語は聞くこと，話すこと，読むこと，書くこと，その他身振り言葉などの広い概念を含むものであるが，言語障害と呼ばれているのは，話し言葉（Speech）の障害をさしていることが多い。文部科学省でも，「言語障害とは，発音が不明瞭であったり，話し言葉のリズムがスムーズでなかったりするため，話し言葉によるコミュニケーションが円滑に進まない状況であること，また，そのため本人が引け目を感じるなど社会生活上不都合な状態であること」と定めている[4]。

2）言語障害の分類

第Ⅰ部　理　論　編

① 構音障害

　話し言葉として出てくる、一つひとつの語音を発しようとする動作、つまり、口から外へ出ようとする息に、途中で舌、唇、歯などの力で細工して、いろいろな語音にして出すことを構音という。構音が出来ないために日本語に出てくる語音を、多少とも習慣的に誤って出すものを構音障害という。また、構音障害には、省略、置換、歪みの三つがある。

　省略は、発音しにくい子音を省略して発音することである。ラ行音（r）の省略の例として、ブアンコ（ぶらんこ）、テービ（テレビ）、プオペア（プロペラ）などがある。

　置換は、発音しにくい子音を他の子音に置き換えて発音することである。サ行音（s）をタ行音（t）に置換する例として、タカナ（さかな）、タル（さる）、ハタミ（はさみ）などがある。

　歪みは、省略でも置換でもないが、その語音らしく聞こえない発音することである。

② 音声障害（話し声の異常）

　同年齢の人と比べて、声が高すぎるもの、低すぎるもの、抑揚に乏しく単調なもの、声が大きすぎたり小さすぎたりするもの、あるいは、声の質の異常としてかすれ声、しわがれ声、鼻声などがある。

③ 吃　音

　特に発語器官や身体に異常は認められないのに、言葉の出だしがつっかえたり、初めの音をくり返したり、引き伸ばしたりする、話し言葉の滑らかさの障がいである。大部分の吃音は、言葉の学習が激しく行われる3歳前後に始まると言われる。

④ 言葉の発達の遅れ

　同年齢の子どもと比べて、話し言葉の発達が目立って遅れ、口が遅い、言葉がつながらない、文章の形で表すことができない、話せる言葉の数が少ない、表現が幼稚である、など言葉全体の遅れの症状を示す。

⑤ 失語症

脳の言語中枢が侵された結果起こる言語の障害であって，単なる話し言葉の障害ではない。言葉やその他の音を聞いてその意味を知る能力や，自分の考えや気持ちを表現する能力だけでなく，読むこと，書くこと，手まねや身振りなどのサインを使ったり，理解したりする能力も障害される。もともとは，成人の脳損傷に伴って生じるものであるが，子どもにもこれによく似た言葉の異常と行動の異常を示すものがまれに見られる。

3) 日常の配慮

言葉の遅れは知的発達の遅れと関連が大きいため，言葉の遅れが著しい場合は，知的障害児と同様の配慮が必要である。構音障害のように発音や発声に問題がある場合は，相手に話しかけたり，何かを伝えたりしようとするたびに，言葉の注意や訂正を受けることが続くと，話し言葉に自信を失い，話をすることを避けたり，挨拶をしなかったりということになりやすい。またこうした行動により，人間関係が悪くなったり，周囲の人から誤解されたりして情緒不安定になる可能性もある。子どもが話すことを嫌がらないような環境や関わりを十分に配慮することが大切である。

─── コラム／DSM-5による診断名等の変更 ───

2013年5月にアメリカ精神医学会（APA）の診断基準 DSM（精神疾患の分類と診断の手引き）が DSM-Ⅳ-TR［4版改訂版］から DSM-5［5版］に改訂された。今回の改訂により，Neurodevelopmental Disorders（神経発達障害／症群[*]）という広い診断のカテゴリーが設定されており，この中に知的障害や発達障害が含まれている。

これまでの，Mental Retardation（精神遅滞）は Intellectual Disability（知的障害）(Intellectual Developmental Disorder：知的発達障害／症）に名称変更され，その診断にあたっては，IQ値だけでなく，総合的な臨床評価が重視されている。知能検査による測定を否定していないものの，診断基準からは IQ値による分類が削除されている。

また Pervasive Developmental Disorder（広汎性発達障害）が Autism Spectrum Disorder（自閉症スペクトラム障害／症）に変更され，小児自閉症（Child Autism）やアスペルガー症候群（Asperger's Syndrome）といった下

第Ⅰ部　理　論　編

位分類が廃止されてひとまとまりの診断名になっている。
　2018年以降にはWHOのICD-11［11版］も改訂されており，それを受けてわが国の発達障害の法律の概念等も再考される可能性がある。しかし，すぐには名称が切り替わることはなく，しばらくは本稿で説明した従前の診断名（広汎性発達障害やアスペルガー症候群）と新しい診断名（自閉症スペクトラム）の両方が混同して使用されることになるだろう。
＊　従来，「障害」と訳されてきた「disorder」を「症」，「disorders」を「症群」と翻訳する案がある。

注
(1)　2013年改訂のDSM-5では，Intellectual Disability（知的障害）に変更されている。
(2)　アメリカ精神遅滞協会（American Association on Mental Retardation:AAMR）は2007年にアメリカ知的障害・発達障害学会（American Association on Intellectual and Developmental Disabilities ：AAIDD）に名称変更されている。
(3)　DSM-5では，診断基準からIQ値が削除されている。
(4)　文部科学省HP「 特別支援教育について　4. それぞれの障害に配慮した教育（6）言語障害教育」（http://www.mext.go.jp/a_menu/shotou/tokubetu/004/006.htm，2014年2月1日）

参考文献
髙橋三郎・大野裕・染矢俊之訳『DSM-Ⅳ-TR 精神疾患の分類と診断の手引き 新訂版』医学書院，2003年。
融道男・中根允文・小宮山実・岡崎祐士・大久保善朗監訳『ICD-10 精神及び行動の障害——臨床記述と診断ガイドライン 新訂版』医学書院，2005年。
米国知的・発達障害協会（AAIDD）用語・分類特別委員会編／太田俊己・金子健・原仁・湯汲英史・沼田千妤子共訳『知的障害 定義，分類及び支援体系 第11版』日本発達障害福祉連盟，2012年。
独立行政法人国立特別支援教育総合研究所『改訂新版 LD・ADHD・高機能自閉症の子どもの指導ガイド』東洋館出版社，2013年。
小野次郎・上野一彦・藤田継道編『よくわかる発達障害 第2版』ミネルヴァ書房，2010年。
玉井邦夫監修『ふしぎだね!? ダウン症のおともだち』ミネルヴァ書房，2007年。

七木田敦編著『キーワードで学ぶ障害児保育入門』保育出版社，2008年。
藤永保監修『障害児保育——子どもとともに成長する保育者を目指して』萌文書林，2012年。
星山麻木編著『障害児保育ワークブック』萌文書林，2012年。
小田豊監修『障がい児保育』光生館，2012年。
渡部信一・本郷一夫・無藤隆編著『障害児保育』北大路書房，2009年。
柴崎正行・長崎勤・本郷一夫編著『障害児保育 第二版』同文書院，2009年。
沼山博・三浦主博編著『新訂 子どもとかかわる人のための心理学——発達心理学，保育の心理学への扉』萌文書林，2013年。

読者のための参考図書
杉山登志郎『発達障害の子どもたち』講談社現代新書，2007年。
杉山登志郎『発達障害のいま』講談社現代新書，2011年。
————児童精神科医として長年治療に関わってきた著者により，子どもたちの事例を踏まえて「発達障害」について分かりやすく解説している。続編では，家庭の問題，トラウマの治療法などについて解説している。

平岩幹男『自閉症スペクトラム障害——療育と対応を考える』岩波新書，2012年。
————高機能自閉症（アスペルガー症候群）とカナー型自閉症を連続的な一つの障害としてとらえる「自閉症スペクトラム障害」について，症状の改善をめざす療育の方法と，社会的スキルを上げる訓練方法を解説している。

白石雅一『自閉症スペクトラムとこだわり行動への対処法』東京書籍，2013年。
————自閉症スペクトラムの「こだわり行動」に関するさまざまな疑問や，いろいろな場面での対処法について分かりやすく解説している。

第3章 障害児の生活理解に求められる視点

1 障害児保育の現状

(1) インクルージョン理念の現われ

　保育とは，保護者の代わりに子どもたちの身の周りの世話を単純に行うことではなく，子どもたちの世界を広げていく役割をも担うものである。世界を広げるとは，主に保護者や家族との関係しかもっていなかった子どもに対し，その関わりの幅を保護者や家族以外にも広げていくことを意味している。それは，障害があろうがなかろうが共通していることであり，保育は等しくその機会を提供していく必要がある。例えば，障害が理由で，そういった機会から排除されるようなことはあってはならないのである。

　近年では，インクルージョン，子どもの最善の利益，子どもの権利保障などといった考え方の浸透により，保育の場面では，従来の障害の"ある""ない"という二元論的に論じる統合保育を乗り越え，一人ひとりが異なることを前提に，そのニーズに応じた保育を行うことを目指すインクルーシブ保育が形成されてきている。田中康雄は，「個人への評価は，『障害のある人』と『障害のない人』と二つに分けることを前提にすべきではなく，われわれは，時に障害のある側に，ときに障害のない側へと行き来する浮遊する存在である，という視点をもつほうが現実的」であると考えている。それは，障害児を可能な限り通常の状態に包摂するか，あるいは近づけることを意味していたインテグレーション（統合）の理念を乗り越えた見方と考えられる。二つの理念の前提を比較するならば，インテグレーションが障害があることを踏まえることを前提として議論を展開するのに対し，インクルージョンは障害があろうがなかろうが，

互いの異なりを理解し合い，すべてを受け入れていこうとする点を前提として議論していくものと言える。

インテグレーション，そしてインクルージョン理念の浸透は，障害に対するとらえ方，ならびに社会制度的な側面にも大きな影響を与えてきた。障害児はそのような大きな変化の波の中にいる。一つは，関係論的にとらえる障害観の現れであり，もう一方は，制度の一般施策化への動きと言えよう。両者と関連するインクルージョン理念であるが，近年，特にこの後者と強く関連し，新たな動きを生み出している。すなわち，それは個々に異なることを前提とするので，それぞれのニーズに合った専門的な関わりの必要性を導いていると考えられる。障害に関する問題の一般施策化と専門性の強化が同時に生じている状況こそ，近年の障害児保育の一つのポイントである。

障害児の理解にとって，特にそれがその子どもの生活を理解するものである以上，このような社会の大きな流れを汲み取る必要がある。障害児を理解するためには，その人を取り巻く環境を理解しなければならない。特に，政策や制度的な動向は，障害児の生活に大きな影響を与えるものでもある。前後の章で理念，動向，関連する法律や制度は詳細に説明されるが，本節では障害児の保育に対する概論的な理解を試み，障害児とその生活をとらえる視点の理解を深めるきっかけとしたい。

（2）障害児保育の経緯

障害児に対する保育とは，主にその障害児のみを対象とする保育と，障害児も健常児も同じように保育していくもの（統合保育）との二つに区分できる。川上輝昭によれば，「統合保育の形態には，移行方式，リソース方式，交流方式」[3]がある。本書で取り上げているインクルーシブ保育とは，基本的には後者を意味するが，その統合保育の概念よりも積極的な意味合いをもつものとして考えられている。ここでは障害児保育の経緯を，特に保育所に着目して説明していきたい。

歴史的に見て，障害児と健常児の保育は，それぞれ別々に行われるべきであ

るとの考えが根強いものであった。このような中で，保護者からの要望や専門機関からの働きかけ，社会的風潮や現場からの問題意識の現われなどの条件が重なり，1970年頃から通常の保育所や幼稚園において障害児が受け入れられるようになっていった。そして，1974（昭和49）年に，その前年に提出された「当面推進すべき児童福祉対策について」の中間答申を受け，「障害児保育事業実施要綱」が児童家庭局長通知として出されて以降，保育所において障害児に対する保育を進めていく動きが徐々に生じることになった。それは，特別保育事業としての財政補助を受ける形で進められた。その当時の国が定めた障害児保育の対象は，「概ね4歳以上の精神薄弱，身体障害児であって，原則として障害の程度が軽く集団保育が可能で，日々通所できるもの」とされていた。この規定は障害児保育を利用できる家庭とそうでない家庭とを分離することになり，その4年後には，対象となる子どもの年齢制限を撤廃し，障害の程度を中度までと改める通知が出されることになった。

その後，ノーマライゼーション理念の浸透などにより，保育所における障害児保育の実践がますます広まっていった。そして，2003（平成15）年度からは，障害児保育事業が市町村の事務として，それまでの補助事業という位置づけから，地方交付税による一般財源の範疇に含まれることとなった。それは，すべての市町村が，そこで生活している人のために一般的に提供しなくてはならないものとして，障害児保育が位置づけられたことを意味し，その市町村が，自らの裁量によって行うことのできる事業として展開することとなったのである。しかしながら，そのことは市町村の財政状態によっては障害児保育の展開が限定されかねないという危険性も常に付きまとうことも意味していた（第5章参照）。

（3）障害児保育の動向

上記のような経緯を踏まえ，近年の障害児保育に対して，特に強い影響を与えてきたと考えられるのが，社会福祉基礎構造改革であり，その一連の流れで制定された障害者自立支援法（現・障害者総合支援法）であろう。現在の障害児

保育を理解するためには，それを取り巻いている環境を理解することが求められる。このことは，障害児を理解するためには必要不可欠であると考えなければならない。社会福祉基礎構造改革や障害者自立支援法をはじめとした障害児・者に関連した法律の変化は，障害児保育に対して大きな影響を及ぼし，一つの転換点として位置づけられるのである。

　社会福祉基礎構造改革とは，従来までの社会福祉のあり方を見直したものとして位置づけられる。すなわち，生存権などと強く結びつき，その権利を保障することに重きを置く社会福祉の体系から，誰でも利用することができるサービスの購入を保障するという権利の体系へと，その比重を移行させていくことを意味していた。具体的には，サービスの利用方式を措置制度から契約制度へと転換を図り，サービスを提供する主体として民間企業（営利企業やNPO法人など）の参入を進め，費用負担に関しても，所得に応じて負担する応能負担から，サービスの利用量によって一定額を均一に負担する応益負担への転換を積極的に進めたのである。

　障害児・者に対するサービスの体系もこの一連の改革の中で大きく変化していくことになる。その一つの大きなきっかけとなったのが障害者自立支援法であった。特に障害児に対する居宅関係のサービスがこの法律に組み込まれ，サービスの利用に際しての費用負担が応益負担へと変更になったことは記憶に新しい。このことは，専門的なサービスを必要とする障害児とその家族にとって，本来利用するべき療育等のサービスを，費用負担の観点からあきらめざるを得ないような状況を一部で招き，たとえ低所得世帯への減免を図ったとしても，子どもの人権という観点から大きな問題を抱えていたと言わざるを得ないものであった。

　その後の改正を受け，2012年度からは，費用負担については応益負担から応能負担を原則とする仕組みへと改められた（2013年度からは「障害者自立支援法」は「障害者総合支援法」に改称）。そして児童福祉法の改正（2010〔平成22〕年）によって，障害児が集団生活になじめるよう専門的な支援を行う「保育所等訪問支援」の創設や，学童期における「放課後等デイサービス」の事業化，さらに，

障害児に対するサービスの根拠規定の一本化などを通じ，障害児に対する支援の改革が試みられた。同時に，障害者基本法の改正（2011〔平成23〕年）によって，障害の定義が拡大されるなどの変更もあり，障害児に対する支援を，子どもの権利を保障する普遍的な支援として拡大していく方向に進みつつある。

「保育所等訪問支援」などの展開は，障害児保育において，インクルージョンの理念を実現していく上で必要不可欠な方向性であることは間違いない。その一方で，こういった新たな支援の創設や事業化の推進には，それを担っていく専門職の育成が不可欠である。障害児に関連する生活の問題は，より幅広い専門的視点から子どもを支援できることを求めるものである。子どもの権利を保障する普遍的な支援へシフトすればするほど，より専門性の高い支援がますます求められるのである。それゆえ，その専門的な支援を展開できる支援者や事業所の整備が整わなければ，障害児に対する支援は形骸化してしまうことになり，インクルージョンを前提とした障害児保育そのものが成り立たなくなってしまうおそれもある。

たとえ，どのような障害があろうとも，障害児の問題は，第1に子どもの視点から考えていかなくてはならない。障害児・者政策の全体的な動向を踏まえながら，子どもの権利の実現という普遍的な関わり，そして，それぞれの個別な状況に対する専門的な関わりの両者を組み合わせていくことが求められている。特に，障害児の保育にとって，専門的な関わりは必要不可欠であり，子どもの権利の実現を可能とし，生活のしづらさを支える大きな役割を担うものとして考えられなければならない。障害児保育は今まさに大きな転換の中にあると言えよう。

（4）障害児保育の今後の課題

現在，障害児を受け入れた場合の保育士の加配について，財政的な充実が図られようとしている。しかし，障害児3人に保育士1人や，障害児1人に保育士1人といったように，自治体によってその基準が異なっているのが現状である。保育士の力量や経験の問題，また，障害の程度や種類にもよるが，そこで

第3章　障害児の生活理解に求められる視点

の子どもあるいは保育集団にあった人員配置がなされることが望ましい。これには財源の問題なども絡んでくるが，人間の尊重を第一に考え，子どもの発達や成長を支えていく最前線にある保育としては，サービスの質を落とすことはできず，それを支えていく柔軟な仕組みを考えていかねばならないであろう。

　また，障害児が保育所などを利用する場合，それ以前に専門的な通所サービス等を利用しているケース，あるいは保育所を利用しながら並行してそれらのサービスを利用していくことが多くある。障害児支援の見直しに関する検討会[5]では，インクルーシブ保育の重要性が確認され，そこでは，保育所での障害児の受け入れが年々増加していることを指摘するとともに，障害の有無に関係なく，保育所などにおいて障害児も健常児も一体的に支援していくことが望ましいと考えられている。障害児と健常児が共に過ごすことは共に有益であり，互いの成長を高め合うことが期待されているのである。

　ただし，前述したように，障害児にとって，その障害に応じた専門機関や教育機関を利用し，専門的な支援を受けることも必要不可欠なことである。障害児に対する専門的なサービスのもつ機能を最大限に活かしながら，それと連携する形で保育所は障害児を受け入れていくことが必要であり，インクルーシブ保育もその点から考えていかなければならないのである。障害児に対する保育が一般施策化されればされるほど，それを支える専門的な関わりが特に重要となってくるのである。この課題と同時に，その専門的サービスを提供する事業所は，契約制度の導入以降，経営的に苦しい状況におかれているケースが多くあり，経営を支援していくサポート体制の構築も望まれよう。このことも今後の障害児保育にとって無関係ではないのである。

　さらに近年では，障害児に対する保育は，保育所や幼稚園などに限られるものではない。家庭の事情などで家族と生活することが困難な子どもが入所し生活する児童養護施設などにおいても，考慮されなければならない事柄である。特に，虐待などの理由により入所してくる子どもが発達障害児や知的障害児であるケースが増加しており，障害に対する特別な配慮とともに，虐待などで受けた心の傷の治療，生活における他の子どもたちとの関わりに対する支援など，

59

より専門的な関わりができるよう，関係機関との連携も視野に入れて考えていかなくてはならないであろう。

2　生活を考える

　前節では，障害児の環境を理解するため，社会制度的な動向に触れながら，障害児に対する保育の現状を確認してきた。加えて，障害児たちを取り巻く環境は，ICF（国際生活機能分類）に見られるように，医学的側面に偏重していた障害に対する考え方の変化と，社会制度的な変化の真っ只中にあると考えねばならない。本章の目的は，そのような変化の波の中にある障害児を理解し，彼らの生活のしづらさをとらえる視点について明らかにしていくことである。そこで，本節では，第1に「生活」とはどのようなものと考えられるのかを明らかにし，そこから生活のしづらさに対する理解を深めていきたい。

（1）生活とは何か

　私たちは，普段当たり前のように「生活」という言葉を用いている。仮に"あなたの「生活」を説明してください"と言われたとしたらどうであろうか。例えば，学校に通っていて部活をしている，休日は友達と遊び，バイトでお金を貯めてコンサートによく行っているなどといったように，現在の自分の状況などを説明するであろう。これはたしかに"あなたの生活"を説明している。

　しかし，本節で考えていく「生活」とは，誰であっても広く共通する「生活」である。つまり，「生活」とはそもそも何なのか，どういった特徴があるのかといった本質的な理解を深めていくことを目的としている。この点は，障害児の生活のしづらさを理解するために欠かすことのできない基盤となる視点である。

　そこで第一に，生活の根底にある部分から確認しておきたい。すべての人に生活があることは言うまでもないが，そこには生命を維持していくという最も本質的な側面がある。この点は，当たり前過ぎて盲目的になりがちであるが，

非常に重要である。かつて，生活保護制度に関連した朝日訴訟があったが，それはまさしく生存の権利，生存のための生活を勝ち取るためのものであった。生活とは，生存を実現するものでなければならないことを忘れてはならない。

同時に，そのことは単純に生物的に生きることのみを意味しているのではない。人間は文化的に生きる権利も持っている。つまり，生命を維持するだけでなく，文化的な水準で生活を営む権利があることを意味している。このことは日本国憲法にも保障されていることであり，すべての人の生活の根底に深く刻まれていることである。

人間の生活とは，この生存を基盤としつつ，さらに三つの基本的な要件から考えていくことができる。一つ目は，生活の主体は人間であるという点である。人間はそれぞれの生存が保障され，価値ある存在として認識されなければならない。インクルージョンの観点からすれば，障害などに関係なく人間は異なることが前提であり，誰もが自らの生活を作りあげていく主体者なのである。特に，子どもという立場は，この主体性が脅かされやすい弱い立場にあることを覚えておかねばならない。

二つ目は，その生活には各々の営みがあるという点である。時間は平等に流れていくものだが，その営みの内容は決して平等なものではない。同じ時間であっても，まったく内容の異なる時間を過ごしていれば，生活の過程は異なってくるものである。そのことはQOL（生活の質）に大きな影響を与える。生活とはさまざまな営みが積み重なったものであり，その積み重ねがQOLに，そして将来的な生活に対して大きな影響を与えると考えねばならない。

そして三つ目として，生活には場があるという点である。生活にとって，家庭環境や地域の環境，そして社会の制度的環境などは切り離して考えることはできない。生活の営みをどのような環境の下で送るかによって，その生活はさまざまな展開を見ることになるであろう。例えば，虐待的な家庭環境に置かれた場合とそうでない場合，個々の主体性を尊重できるような制度的支援がある場合と，財源的な側面を優先させた制度的環境での場合では，生活はまったく異なったものになることは容易に想像できるであろう。

第Ⅰ部　理論編

　大切なことは，これら三つの要件は，決して単独で理解されるものではなく，むしろ離れがたく結びついてるものとして考えていかねばならない。すべてが複雑に絡み合い，どの切り口にたって考えようとも，それぞれに対する理解と統合的にとらえていくという視点が求められる。すなわち，生活とは，ある一部分を切り取って理解できるものではなく，そこでの主体性，QOL，環境との結びつきという関係性の視点から理解していかねばならないものである。

（2）生活のしづらさ

　以上のことから生活におけるしづらさとは，人間としての主体性が阻害されている状況（人権の侵害），生活の質が脅かされている状況（QOLの低下），そして，生活の場が好ましくない状況（環境の不備）としてそれぞれ考えることが可能であろう。

　人間としての主体性が阻害されている状況とは，その生活当事者の人権が守られていない状況を示している。人権とは，その個人の存在そのものを尊重するものであり，長い歴史の中で人間が成立させてきた普遍的な概念である。現在，我々が存在する近代社会の成立に至るまでの歴史は，この人権獲得の歴史とも考えられる。近年は，この人間存在の尊重が希薄化している。何かができる，成果をあげることを評価し，できない場合には個人の努力が足らないと見なされる風潮がある。特に，精神障害など障害が見た目では分かりにくい場合はこういったことがよく起こっており，その人の主体性が発揮しにくい，阻害されてしまっている状況がある。どのような障害があろうとも，一人ひとりのニーズをしっかりととらえ，第一にその人の存在が尊重される生活を構築していくことが必要なのである。

　QOL（生活の質）とは，意味作用としての生活に対する個人的な満足感，幸福感などを示している。近年はそれぞれの生活の画一化よりも，差異化に重点を置く。どのように異なっているのかという点が，その人の個性として認められる社会でなければならない。障害に関するサービスが多様化しても，求められる生活が画一化していては，生活の質が向上したとは言えないであろう。可

能な限りの選択肢が主体的に選択される時，生活の質は高まるのであり，それができない生活というのは，個人にとって生活しづらいものとなるであろう。また，生活における選択肢の拡大は，情報化社会のさらなる発展ともリンクし，混乱を招くことも考えられる。そのような情報を適切に整理し，提供できる仕組みが求められ，それは生活の質を高める契機ともなろう。

　好ましくない生活の場とは，自らが生活している地域社会，あるいは家族などの環境的側面に問題を抱えていることであると理解しなければならない。地域に適切なサービス資源があるのか，家族などの生活を支えるべき制度は存在するのかなどは，生活のあり方に大きな影響を与えるものとなろう。

　障害児にとって，こういった環境的側面の不備は，生活のしづらさに直結してくるのであり，子どもの発達・成長を阻害するものとなろう。この特別な配慮を行う親や家族などの存在，また，それを可能とする社会サービスが存在するならば，そのような生活に伴う困難な状況を克服することは，一部では可能であるかもしれない。しかしながら，障害児をもつ家族への理解，制度的サポートなど，必ずしもそれが実現されているとは言えない。実際，介護などのサービスにおいて，金銭的援助があるとしても一定の負担を強いられるわけであるし，外出においても，特に地方に多く見られるように，すべての駅にエレベーターが設置されているわけではない。また，障害児の保護者の高齢化により，将来的な不安によるストレスは高くなるに違いない。そして，必ずしもすべての人が障害に対して理解しているわけではないのである。

　以上のことは断片的に理解されるものではなく，連動したものとして理解しなくてはならないものでもある。例えば，先述した側面のいずれかが問題を抱えていれば，それは負のスパイラルとして他の側面の問題へと展開していくこととなる。一つの負の側面が，他の負の側面を助長していくことにもつながるのである。より具体的には身体的側面や心理的側面（健康や発達など），社会的側面（家族や社会制度，文化など）など，生活に作用する多岐の側面の理解が求められるのである。すなわち，生活の困難性をとらえていくということは，このような負の側面が同時に発生している状況と向き合うことを意味しているの

である。

（3）生活におけるさまざまな障壁

　生活のしづらさを分かりやすく，より具体的に考えるならば，物理的・心理的・制度的な側面からそれぞれ考えることができよう。これらの側面がそれぞれ障壁となり，また，その障壁が重なり合い，いくつもの課題がからみ合い問題が引き起こされるのである。

　近年，バリアフリーやユニバーサルデザインといった物理的障壁を取り除こうとする動きは活発化されている。わが国の場合，アメリカなどのように法的な拘束力が強くないが，障害者用トイレの設置など，誰にでも使いやすい物理的な環境を構築しようと試みられている。しかしながら，例えば駅のエレベーターの設置などは，都市部と地方では大きな差が生じている。それは，障害児・者にとって移動の制限となり，同時に，生活する地域を限定してしまうことにもなりかねない。物理的障壁は，社会参加の機会を奪うものであり，それは人の成長や発達，豊かな生活の醸成を阻害することと結びつくのである。

　また，心理的障壁は，障害についての知識のなさから，偏見・差別といった形態として現れてくることが多い。無知が偏見・差別を生み出し，それが障害の「ある」「なし」といった二元化と，社会における排除の構造を生み出すのである。偏見と無知を要因とする心理的障壁として考えなければならないことが，「関心がない」ということであろう。関心がないということも排除を助長する一つの要因として働くのである。個別化を尊重する時代であることは間違いないが，それが過度に強調されすぎると，自己中心的な考え方に陥りやすいといえよう。共生という思想が近年キーワードとして求められているが，それはそのような風潮に対し，個々の異なりを前提とした上で，葛藤も抱えつつ，その差異を認めながら共に生きていくことの重要性を示しているのである。

　一方で，物理的・心理的障壁に関しては，強調され，注目されやすいが，わが国では制度的障壁に関しては2次的なものとしてみなされやすい。特に偏見との関連として，杉野昭博は，障害学の考察の中で，制度的な改変によって，

偏見・差別を取り除く可能性を示している。生活を閉じられた空間として見るのではなく，社会にまで視野を開き，その連動する力動をとらえていく視点が必要なのであろう。したがって，子どもとの関わりのみに重点を置き，心理的側面からの障壁を過度に強調するのではなく，全体的な環境の側面まで含めて考えていかねばならないのである。人が社会制度と無関係に生きていくことは，現代の社会では不可能である。生まれたその時点から，人は社会制度との関係の中にあるため，制度的な障壁まで含めて考えていくことが求められる。

③ 保育者の視点——障害児の生活のしづらさをとらえる

本章の目的の一つは，障害児の生活のしづらさをとらえるための視点を説明することにある。前節においては，一般的に考えられる「生活」について説明し，そこから考えられる生活のしづらさを指摘した。本節ではより障害児を理解するということを念頭に置き，その生活のしづらさを考えるための視点を整理していきたい。

（1）ライフステージと発達課題の理解

障害児の生活のしづらさをより具体的に考えていくためには，第1に発達・成長という視点が不可欠である。

子どもにおいて，「発達とは，成熟と学習による変化の過程である」[9]と考えられる。成熟とは，身体的な変化を意味し，基本的に外部からの影響を受けない変化であり，学習とは，経験によって変化していくことを意味している。そういった子どものライフステージとしては，主として七つに区分することが可能である。すなわち，①受精から誕生までの「胎生期」，②胎児期28週から出生後7日までの「周産期」，③生後7～28日未満の「新生児期」，④生後1年間の乳児期，⑤乳児期以後，小学校入学までの「幼児期」，⑥小学校1年生から6年生までの「学童期」，⑦子どもから大人になるまでの移行期でもある「思春期・青年期」[10]に区分される。

第Ⅰ部 理 論 編

　そして，このようなライフステージに関しては，年齢的に分けていることもあり，個々の成熟の差は必ず存在し，同時に学習の段階も千差万別である。例えば学習に関して，年齢によるライフステージにはそれぞれ発達課題が存在していると考えられている。ハヴィガースト（R. J. Havighurst）によれば，人間の行動とは，その大半が学習によって形成されるものであり，その発達課題を乗り越えていくことで，人間は社会の中で質の高い生活を送ることが可能となると考えられている。
　例えば，保育者が主に関わる乳児期から幼児期では，以下，八つの課題に整理される。

　① 歩行の学習
　② 固形食摂取の学習
　③ しゃべることの学習
　④ 排泄の統制を学ぶ
　⑤ 性差および性的な慎みを学ぶ
　⑥ 社会や自然の現実を述べるために概念を形成し言語を学ぶ
　⑦ 読むことの用意をする
　⑧ 善悪の区別を学び，良心を発達させはじめる

　このような発達課題が文化によって異なり，また教育方法も異なることは明らかであるが，乳児期・幼児期の子どもは，①から⑧のような発達課題を，家族や同年代の子どもなどとの関わりの中で成し遂げていくのである。現在は，特にこのような子どもの環境まで含めた視野が求められている。すなわち，障害があるということは，単に神経作用的，身体機能的な生物学的発達の問題があるというだけでなく，発達にとって欠くことのできない他者との交流，関わりが制限されることを意味するものとしても考えなくてはならない。逆に言えば，そのような他者との関わりによって，ここであげた発達の課題は克服していくことができるし，障害を乗り越えることが可能なのである。

仮に，身体に何らかの障害がある子どもを考えれば，その子どもは他の子どもたちと同じように自分の足で歩いたりすることが難しいかもしれない。しかしながら，歩行器を使用し，それをうまく使用することができれば，他の子どもたちとともに歩くことが可能となる。また，遊具などで一緒に遊ぶことが制限される場合もある点も想像できる。その関わりが制限されるということは，例えば，言語の発達の遅れをもたらすかもしれない。子どもは他の子どもと話をすることによって言語能力を伸ばしていくからである。そのような場合は，異なる関わり方を提供することが求められる。どのような障害があろうとも，子どもはその発達が保障された存在でなければならない。障害児の生活のしづらさをとらえる上で，常に発達の段階を認識し，そこでの課題と障害との関連性を明らかにし，関わりを考えていくことが必要なのである。

（2）ニーズの把握

インクルーシブ保育の特徴は，子どもの生活上，発達上のニーズに着目して，障害の有無に関係なく保育実践を考える点にある。ニーズの視点は，障害児の生活のしづらさをとらえる上で明らかにされなければならない事柄であると考えられる。ここでは，人間のニーズの段階的な構造を示したマズローについて概観していきたい。

マズローは，人間のニーズは段階的なピラミッド構造にあることを考察した（図3-1）。すなわち，自己が生存するために基礎となるニーズとして，第1に，食べること，排泄などの身体的・生理的ニーズが位置づけられ，その上に恐怖や痛みを回避する安全のニーズが位置づけられる。これら生存におけるニーズが満たされた上で，心理的なニーズとして，家族などから愛されたい，拠り所をもちたいといった愛情と所属のニーズが位置づけられる。そして，誰かに受け入れられたい，肯定的に評価されたいと思う自己尊重のニーズがより上位に組み込まれるのである。以上のニーズを踏まえ，最上位に位置するニーズが，自己実現のニーズである。自己実現のニーズとは，自らの可能性を追求して，それを実現させようとすることであり，対人援助において，特に重要視される

第 I 部　理　論　編

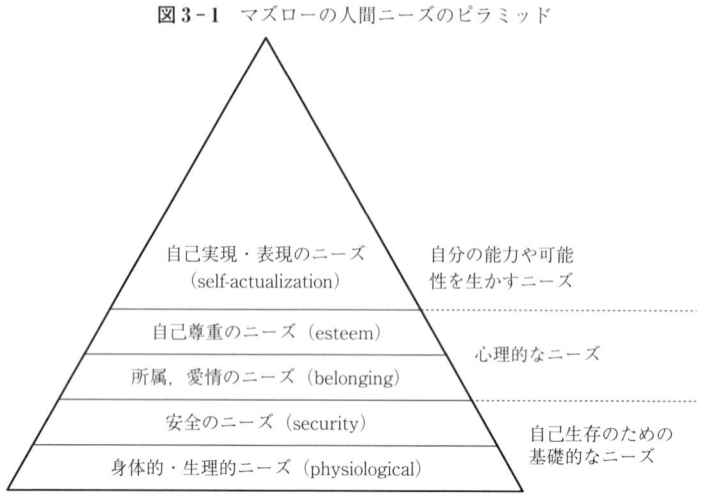

図 3-1　マズローの人間ニーズのピラミッド

```
           自己実現・表現のニーズ        自分の能力や可能
           （self-actualization）        性を生かすニーズ
          ─────────────────────
           自己尊重のニーズ（esteem）
                                        心理的なニーズ
          所属，愛情のニーズ（belonging）
          ─────────────────────
           安全のニーズ（security）
                                        自己生存のための
          身体的・生理的ニーズ（physiological）  基礎的なニーズ
```

出所：呉栽喜「子どもをどうとらえるか──発達する子ども」高橋重宏・山縣文治・才村純編『子ども家庭福祉とソーシャルワーク 第2版』有斐閣，2005年，43頁。

ことでもある。

　このマズローの段階的なニーズの構造は，障害児がどのようなニーズの下に生活のしづらさを抱えることになるのかを説明してくれるものである。例えば，知的障害児などは，自らの考えや行動に自信がもてないことが多く，その経験をくり返すことによって，自尊感情が育ちにくいことがある。この場合，そういった心理的なニーズを抱えているのであり，保育者は，他者との関わりの中で，ニーズが満たされるように支援していくことが求められるのである。そして，その子どもの自己実現に関わっていくことができるよう，クリアすべきニーズについて敏感でなければならない。天野珠路は，「障害児」ではなく，「特別な発達ニーズをもつ子ども」[13]として考える方が適切であると考えており，このような基本的なニーズを理解することは，たとえどんな障害があろうとも，その子どもは1人の人間であるという根本的な視点に立ち返ることをも意味しているのである。

（3）障害の理解

　障害児の生活のしづらさをとらえ，理解するためには，発達やニーズの視点を踏まえた上で，障害ということを理解していかなくてはならない。障害には二つの理解の仕方が存在する。一つは，「医療モデル的な障害観」，あるいは「個体論的な障害観」[14]と言われるものである。鯨岡峻によれば[15]，この理解のあり方は，障害というものが第三者の観点からとらえられた時に生じやすいものであり，障害が子ども自身の内部にあるものだと考える障害観である。特に，健常児との差異を強調するものであり，通常，アセスメントで明らかになってくるのはこの点であることが多い。

　二つ目として考えられるのが「関係論的な障害観」[16]である。例えば，足が動くか動かないのかのような運動機能に着目した障害観では，障害児の客観的な生活のしづらさが明らかになる場合があるかもしれない。しかし，その子どもを主体として考えるならば，その子ども本人が抱く生活のしづらさから障害を考えていくことが必要となる。本人の視点からすれば，自分の周囲の人たちといかにして生活していくか，そして自分のことを理解してもらい，自分らしく生きていけるかという点に対して，困難を抱いているはずである。すでに述べた発達課題などは，どちらかといえば前者に基づいた考え方かもしれないが，決してそれが無意味なわけではなく，前者と後者は互いに補い合う関係にあり，発達課題も関係論的なとらえ方と結びつけて考える必要があるということである[17]。

　また，「障害」という言葉がついてしまうと，どうしてもその言葉が先行してしまうことがある。例えば，「○○障害のAちゃん」といったように，障害を強調してしまうようなことになりがちである。これは専門家やそれを目指す学生などが陥りやすいことでもある。特に身体の運動機能に着目した障害理解を追求していくと，1人の人間として子どもを見れなくなってしまうおそれがある。何らかの障害がある子どもを理解することに一生懸命になるあまり，彼らが第1に1人の人間であり，子どもであるという視点を忘れてはならない。ここに，上記で示したような基本的なニーズに立ち返り，人と人，人と社会と

いった関係性に着目した障害理解の必要性が存在している。障害児は主体性をもった存在であり，それぞれの思いをもっている。そして，彼らの親にとっては，たとえどんな障害があろうとも，かけがえのない存在なのである。このような視点をもった上で，それぞれの障害の特性を理解していくことが求められるのである。

（4）関係論への転換――「自立」を例に

　発達課題やニーズといったものは個人の問題としてとらえられがちであるが，障害のとらえ方など，今までの議論を踏まえるならば，今後はより関係性に着目した視点が保育者に求められると言える。障害児は，関係論として障害をとらえるその変化の中にいるのである。ここでは，関係論を具体的に検討するため，「自立」という概念を参考に考えていきたい。

　そもそも「自立」とは，1人で何でもでき，誰からの支援もなく生活していくことと考えられる場合が多々ある。確かに，そのような自立が求められる時代もあったし，実際，現代になっても，社会一般での「自立」はそのようなことを意味する場合が多い。しかしながら，人と人，人と社会などの関係性を重視する視点に立てば，サービスを受けないことが「自立」なのではない。人間はこの世に誕生してから他者と関わらずには生きていけない存在である。常に他者と関わり，助け，助けられながら生活していく存在なのである。そのような観点からすれば，「自立」とは，何かが必要な時にその声をあげることができ，そして必要なサービスを受けながら生活を送り，自己実現を図っていくことなのである[18]。そのために問題となるのは，そういった「自立」を獲得するための参加の機会を奪われてしまうという状況にあると考えなければならない。近年は，このような状況を「障害」として強く意識して考える方向に変化してきているのである。

　障害児に対する保育の目的も，決して自分1人で何でもできるようになることではない。他者と関わり，共に高め合い，必要なサービスを利用していきながら自らの人生を生きていく基礎を築くことである。そこで求められるのは，

「同じ生活」ではなく，「一緒に生活」することである[19]。それはただ一緒にいるだけではなく，共に自己実現を図っていく相補的なものとしてとらえられなければならない。社会への参加を含め，障害というものをさまざまな角度からとらえることを導く関係論は，障害をとらえ，生活を考えていく基盤となるものとして考えなければならないのである。

（5）子どもは育てられて育つ存在——家族の視点

障害児の生活を考える時，その子ども個人の発達やニーズ，障害の特性を理解することは必要不可欠であるが，関係性を重視する立場に立つならば，同時にその子どもの家族に対しても視野を広げなければ，その子どもの生活のしづらさをとらえることはできないと言える。子どもは1人で生活をしているわけではなく，家族とともに生活している場合がほとんどである。そのため，子どもに対する家族の影響は非常に大きなものである。子どものみに焦点を当ててしまうと，その生活のしづらさを深く理解することはできない。それゆえ，「育てる——育てられる」関係の中に子どもがいることを忘れてはならない[20]。家族に寄り添うことによって，子どもの生活のしづらさはより鮮明になるのである。

障害児がいる家族は，そうでない家族と比較して，例えば介護などの特有の問題に対処していかなくてはならない。また，障害の中には，自閉症のように，乳幼児期において明らかになってくるものもあり，障害の受容など，家族は大きな環境の変化を経験することになる。その変化の過程において，家族は生活のしづらさを抱えることになり，同時にそれは子どもの生活のしづらさともなるのである。「育てる」側の困難とは，どのように障害を考えるのか，受け入れるのか，サービスを利用するにはどのような資源があるのか，また将来的にどのような展望をもてるのかといった，現実的問題や心情的問題などの多くが複雑に絡み合ったものとして現れてくるのである。後述するが，障害児の発達を支え，ニーズを満たしていくためには，この「育てる」側としての家族を支えていくことが不可欠となる。保育者は，子どもと家族を切り離して考えるの

ではなく，交互に作用し合う存在であることを常に認識しておかなければならないのである。

４ 障害児の理解から支援に向けて

　ここまで，障害児に対する保育の現状を確認し，生活一般を考えるとともに，障害児の生活のしづらさを考える視点について説明してきた。本節では，保育者が，生活のしづらさを抱えた障害児に対して支援を行う際に必要となる内容を整理し，結論としたい。

（１）子どもの視点に立つ

　障害児の支援において，その生活の主体者は障害児本人であり，そのため，その子どもの立場になって考えることが必要である。アセスメントなどによって客観的に明らかになる事柄は，支援を考えていく上で必要不可欠なものではあるが，生活の主体者としての人間は，そこにそれぞれ意味をもたせていく存在なのである。機能的にできること，できないことのみではなく，障害によって生じる生きづらさ，生活のしづらさを感じている子どもの気持ちを受け止めることが求められる。この意味をとらえて，初めて有効な支援を行うことが可能となるのである。それぞれの障害に対する理解，また対応マニュアルも，この視点があって初めて価値を持ってくると考えられる。この意味をどのようにとらえるのかが，専門家としてきわめて重要だと言えよう。

　子どもの視点に立つことは，その子どもの最善の利益を考え，子どもを１人の主体者として考えていくことに他ならない。主体性の構築は，保育実践において求められる視点であり，どのような障害があろうとも，その存在が肯定され，自己実現が図れなければならないのである。単にプログラムを機械的に提供するのではなく，その子どもの行動，表情などを敏感にとらえ，そこでの活動の意味を豊かにしていくことが必要であると考えられる。そして，そういった主体性を育むことができる環境を整備していくことも，保育にとって重要な

（2）自己肯定観・自尊感情の向上

　人間とは，一つひとつの存在，出来事に対して意味を付与していく存在である。それは自分自身という存在に対しても例外ではない。誰しも自己に対する意味を考えたことがあるのではないだろうか。おそらく多くの人は，ポジティブにとらえたり，ネガティブにとらえたりとその状況によってさまざまであろう。一方で，知的障害児，発達障害児などは，情緒不安定となり，自分自身に対して強くネガティブな感情を抱くという「2次的情緒障害[21]」に陥りやすいのである。

　知的障害にしても発達障害にしても，それらの障害は見た目では分かりにくい。そのため，その行動や言動が周りの人々から理解されないことがあり，叱られたり，無視されたりするなど，マイナス体験を経験することになる。その経験がくり返されることによって，自己を否定的にとらえ，また自分自身に価値を見出す機会を逃してしまうことがある。子どもの自己肯定観や自尊感情が育たず，何をするにも否定的に，拒否的に反応する行動を強化してしまうのである。それは悪循環となり，他者との関係も難しくし，次第に社会生活を営むことを困難にしてしまうのである。

　子どもというのは失敗するものである。その失敗をくり返す中で，成長していく存在なのである。保育者は，その失敗ばかりに着目するのではなく，その失敗の中でも何かできたことについて評価し，伝えていくことが，彼らの情緒的な発達を促すことになる。それゆえ，その子どもの強みを理解し，「できる」ことを意図的に引き出すような関わりも有効であろう。

　「できた」ことが分かった時の子どもの表情ほど，嬉しく，そして輝いているものはない。その表情を守ることが保育における実践の一つの意義であろう。「できること」を意識させ，それを積み重ねていけるような支援が必要とされる所以である[22]。

(3) 家族への支援

　障害児を支援することは，その子どもの発達を支え，ニーズを充足していくことでもあるが，そのためには子どもに対する支援と同様に，その家族に対する支援を考えることが必要不可欠である。中田洋二郎によれば，「子どもの発達を支えるには，まず家族を支えることからはじめなければならない」[23]のである。そのため，保育者には家族に対する理解を深めることが求められる。子どもが困っていることと同じくらい，あるいはそれ以上に家族は困難を抱えている場合があることを忘れてはならない。そして，家族の生活上の困難は，障害児に大きな影響を与えるものである。

　生活には営みがあるということはすでに述べたが，家族を理解するためには，その家族の営みを理解することが必要である。中田が指摘しているように，「子どもの発達の支援をする職業には，親ならば子どもの発達を促すためにどんなことでも受け入れるものだという思いこみ」[24]がある。しかし，家族の事情によっては，子どもの生活を最優先にできないことも多々ある。保育者は，そういった家族の事情を理解しながら，どのような事情があっても，障害児を実際に育てている家族をしっかりと評価していくことがまず求められる。子どもの発達や成長のみではなく，家族も含めて共に成長していくことこそ，必要な支援であると考えられる。そのため，保育者は，家族との信頼関係を構築しつつ，密に連絡を取り合い，共に子どもについて考えていくことが求められる。そうすることが，子どものより良い発達・成長へと結びつくと考えられる。

(4)「多」職種連携──「横」の連携

　障害の有無に関係なく，すべての子どもが互いに刺激し合い，助け合いながら共に成長していくことをインクルーシブ保育は目指している。そこでは障害は特別なものではなく，一つの生活上のニーズとして存在し，障害児の対応は一般的な施策の中で行われるものと考えられる。しかしながら，第1節でも述べたように，個々に違うことを前提とするのであれば，その個々の違いに応じた専門的な関わりが必要となり，現在よりも，より専門的な対応の強化が進む

ことになると考えられるのである。一般的な施策化と専門的分化は同時並行に連動するものと考えなければならない。保育者は他のあらゆる専門職と連携しながら，その子どもの発達を支援し，成長を支えていくことが役割として求められるのである。

「多」専門職との連携において注意することは，それぞれの専門職によって，障害児をとらえる枠組みが異なるということである。例えば医師のような医学的な枠組みからとらえる障害と，子どもの精神的発達や成長を目指す心理的な枠組みからとらえる障害とでは，同じ障害であっても異なって理解されることが多々ある。そのような異なった枠組みを理解し，日々の生活において子どもの発達を支援し，家族を支えていくことこそ，保育者の立場から障害児の生活を支えていく上で必要な事柄であろう。このような幼い頃からさまざまな連携を確保していくことは，その子どもにとって大きな意味をもつものとなるのである。[25]

近年，専門職間のネットワークの構築は，あらゆる場面で課題となり，目指すべき姿として描かれる。ネットワーク構築の有効性は疑うまでもないが，ネットワークは合理化の促進であるという点も忘れてはならない。子どもの生活というのは，必ずしも合理化の流れの中に溶け込むものばかりではない。積極的な連携の意義を常に意識しつつ，管理の合理化に子どもの生活を陥らせないようにしていくことが必要である。

（5）特別支援教育との連携――支援の継続性（「縦」の連携）

「多」職種による横の方向の連携は，その子どもの日々の生活を支える上で欠くことはできないものである。同時に，近年は，より長期的な視野に立った特別支援教育と保育との縦の方向の連携が求められている。特別支援教育とは，障害の程度などによって別々に進められてきた特殊教育を見直し，子ども一人ひとりのニーズに応じて教育的支援を行うことを目指したものである。このような考えの背景には，一人ひとりの人権尊重を目指すという世界的な動きがある。[26]

子どもの生活というのは，その場その場で完結するものではなく，将来へとつながる成長への過程でもある。障害児の保育は，常にそのことを意識しておかなければならない。そのため，保育者は，どのような支援をこれまで行ってきたのか，小学校と連絡を取り合い，支援の継続性を確保するという視点をもたなければならない。この継続性が不十分であると，子どもの成長にとってマイナスの効果を導くことになりかねないと考えられている。

日々の生活を支える多職種との横の連携とともに，特別支援教育を通じ，その子どもの発達・成長を考慮した縦の連携を考えることが求められる。保育者にとって，その縦横の連携を視野に入れた支援を考えていくことが必要となる。生活そのものがあらゆる側面の統合性と連続性にあると先述したが，この縦横の連携はそのような生活を支えるものとして機能すると考えられる。それこそが，変化する障害児に対する保育にとって，最も必要となる視点の一つと言える。

（6）発達障害と虐待の関連性——ペアレントトレーニングへの関心

最後に，児童虐待と障害の関連について説明しておきたい。児童虐待件数の増加に伴い，児童虐待に対する社会の関心は，従来以上に高まっている。通告に対する義務化は，潜在化していた虐待を浮かび上がらせるきっかけともなった。虐待を受けた子どもは，保護者との家庭生活が困難と判断されると，児童相談所によって一時保護され，その後，基本的に児童養護施設において生活を送ることになる。近年では，この児童養護施設で生活している子どもに障害のあるケースが増加していることが報告されている。

その中でも特に発達障害は主に人との関わりなど，表面的には行動的な問題をもつものが多い。特に幼児期には他の子どもと異なる特徴的な行動をとったり，保護者の意図することをなかなか理解できなかったりなど，育てる側の立場に立てばいわゆる育てにくい子どもとして見られがちである。周囲から効果的なサポートを受けることができず，このような育てにくさが蓄積していくことによって虐待につながるケースは少なくない。虐待問題などでよく保護者の生育歴などに関心がもたれることがあるが，必ずしもそれのみに還元されるも

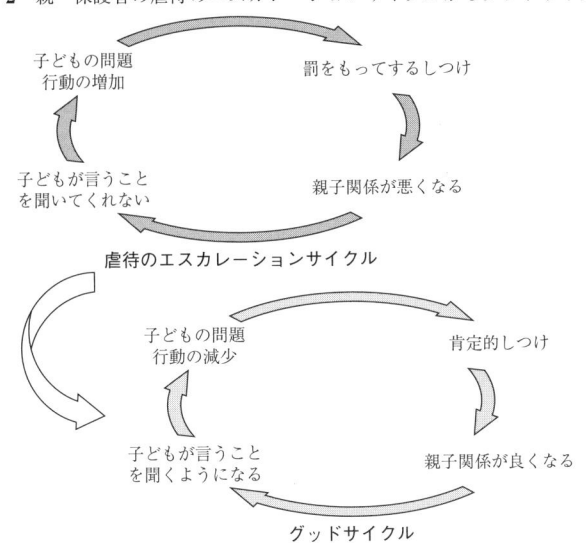

第3章　障害児の生活理解に求められる視点

図3-2　親・保護者の虐待のエスカレーションサイクルからグッドサイクルへ

子どもの問題行動の増加 → 罰をもってするしつけ → 親子関係が悪くなる → 子どもが言うことを聞いてくれない

虐待のエスカレーションサイクル

子どもの問題行動の減少 → 肯定的しつけ → 親子関係が良くなる → 子どもが言うことを聞くようになる

グッドサイクル

出所：野口啓示『被虐待児の家族支援——家族再統合実践モデルと実践マニュアルの開発』福村出版，2008年，113頁。

のではない。実際に子どもの行動が保護者の虐待的，不適切な関わりを誘発することも含めて考えていかなければ，子どもに対しても保護者に対しても有効な支援は行うことができない。普段の子どもと保護者との関わりにも着目していく必要があろう。普段の関わり方を変えることで，子どもの行動を変えることは可能である。それによって子どもと保護者との良好な関係を構築し，生活のしづらさを緩和することができよう。野口啓示が示した図3-2は，その関係の変化を表したものであり，グッドサイクルを生み出す関わりこそが保育者に求められる。保育者は，施設での子どもとの関わり，または予防という観点からペアレントトレーニングなどに着目していくことも必要であると考える。

──── コラム／理解は経験から考えることで始まる ────

　障害児を理解するためには，その子どもと関わることが知識の幅をさらに広げてくれるはずである。筆者は，学生の頃，養護学校（現・特別支援学校）において，

第 I 部　理　論　編

> 　１泊２日の宿泊研修のボランティアとして関わる機会を得た。最も印象的であったのが，人工呼吸器をつけた最重度の障害児である。彼にとって，バスに乗り，バスから降りることだけでも大仕事である。人工呼吸器は大変重量のあるものであり，職員２，３人で乗り降りを支援していかなければならないのである。もし子どもを落としてしまったら，あるいは人工呼吸器を壊してしまったらなどと，そういう時は妙にネガティブな想像力が豊かになるのだが，無事乗り降りをやり終えた時，表情での表現がほとんどできないその子どもの笑顔に出会えた気がした。乗り降り時は手動での対応になるため，息が苦しい時間が続いて顔を赤くしていたが，そこには何かをやり終えたという表情があったのである。
> 　障害というのは，現実的にさまざまな制限・制約を伴うものであるが，だからといって特別な存在なのではない。バスの乗り降りなど当たり前のことを，子どもと一緒になって工夫して行うことが，その子どもなりの発達を支え，将来の財産となるのである。そして，共に何を行うことによって私たちは社会のあり方を考えさせられる。そのような点に，障害児を理解する原点があると感じるのである。

注
(1) 山本佳代子・山根正夫「インクルーシブ保育実践における保育者の専門性に関する一考察――専門的知識と技術の観点から」『山口県立大学社会福祉学部紀要』第12号，山口県立大学，2006年，53頁。
(2) 田中康雄「障害児保育を医療の観点から考える」鯨岡峻編『障害児保育 第２版』ミネルヴァ書房，2013年，64頁。
(3) 川上輝昭「特別支援教育と障害児保育の連携」『名古屋女子大学紀要』第51号，名古屋女子大学，2005年，140頁。
(4) 澤田英三「障害児保育の制度と変遷」鯨岡峻編著『障害児保育 第２版』ミネルヴァ書房，2013年，179頁。
(5) 厚生労働省「障害児支援の見直しに関する検討会　報告書」(http://www-bm.mhlw.go.jp/shingi/2008/07/dl/s0722-5a.pdf，2009年12月２日)。
(6) 青井和夫「生活体系論の展開」青井和夫・松原治郎・副田義也編『生活構造の理論』有斐閣，1971年，139頁。
(7) 高田眞治「社会福祉の基礎」岡本栄一・岡本民夫・高田眞治編『新版 社会福祉原論』ミネルヴァ書房，1992年，27-30頁。
(8) 杉野昭博『障害学――理論形成と射程』東京大学出版会，2007年，5-10頁。
(9) 呉栽喜「子どもをどうとらえるか――発達する子ども」髙橋重宏・山縣文治・才村純編『子ども家庭福祉とソーシャルワーク 第２版』有斐閣，2005年，32頁。

⑽　同前書，33-37頁。
⑾　R. J. ハヴィガースト／児玉憲典・飯塚裕子訳『ハヴィガーストの発達課題と教育——生涯発達と人間形成』川島書店，1997年，3頁。
⑿　同前書，11-27頁。
⒀　天野珠路「『障害児保育』のこれから」平山諭編著『障害児保育』ミネルヴァ書房，2008年，173頁。
⒁　鯨岡峻「障害児保育とは」鯨岡峻編著『障害児保育 第2版』ミネルヴァ書房，2013年，15-16頁。
⒂　同前。
⒃　同前書，17頁。
⒄　同前書，16-17頁。
⒅　新井英晴編著『障害児者へのサポートガイド』中央法規出版，2007年，167頁。
⒆　村上由則・村上頼子「からだの不自由な子ども・病気がちな子どもの保育」渡部信一・本郷一夫・無藤隆編著『障害児保育』北大路書房，2009年，82頁。
⒇　鯨岡峻，前掲書，8頁
㉑　新井英晴編著，前掲書，144頁。
㉒　同前書，143-145頁。
㉓　中田洋二郎『子どもの障害をどう受容するか——家族支援と援助者の役割』大月書店，2002年，8頁。
㉔　同前書，26頁。
㉕　和仁正子「障害のある子どもに学ぶ保育実践」鯨岡峻編著『障害児保育 第2版』ミネルヴァ書房，2013年，81頁。
㉖　川上輝昭，前掲論文，142頁。
㉗　同前論文，147頁。
㉘　厚生労働省「社会的養護の現状について（参考資料）」(http://www.mhlw.go.jp/bunya/kodomo/syakaiteki_yougo/dl/yougo_genjou_01.pdf，2013年12月1日）。

参考文献
岸井勇雄・無藤隆・柴崎正行監修，榎沢良彦・上垣内伸子編著『保育者論——共生へのまなざし』同文書院，2004年。
今田高俊『自己組織性と社会』東京大学出版会，2005年。
上田敏『ICFの理解と活用——人が「生きること」「生きることの困難（障害）」をどうとらえるか』きょうされん，2005年。
相澤譲治・橋本好市編『障害者福祉論』みらい，2007年。
野口啓示『被虐待児の家族支援——家族再統合実践モデルと実践マニュアルの開発』

第Ⅰ部　理　論　編

　福村出版，2008年。

読者のための参考図書

野辺明子・加部一彦・横尾京子編『障害をもつ子を産むということ──19人の体験』
　中央法規出版，1999年。
　────この本は，実際に障害児をもつ親の手記をまとめたものである。障害児をもつ親がどんな衝撃を受け，迷い，悩み，怒り，そして自分の子どもが障害児であるということを乗り越えていくきっかけとなった出来事は何だったのかなどを記したものである。私たちは，教科書や専門書などで障害について理解し，その本人や家族を理解した気になる場合があるが，やはり，当事者の言葉からは，専門的な用語などとは異なる重みのある想いが込められている。保育者にとって，そのような当事者の立場，想いを理解するためにも，本書は一読すべきものであると思う。

ヘネシー澄子『子を愛せない母　母を拒否する子』学習研究社，2004年。
　────この本は，研究者として，そして臨床ソーシャルワーカーとして，日本，アメリカで活躍している著者が，保育士などに向けて執筆したものである。特に，近年注目を集めている愛着障害について，脳研究などから明らかになった最新のデータと，事例を用いながら分かりやすく説明している。従来までの愛着障害を説明する本と根本的に異なるのは，脳の発達状況を科学的に分析し，愛着障害とされる子どもの行動の特性，発達のあり方を説明しようとしている点にあると言えよう。また，そのような愛着障害に特有の行動への対処法などを具体的に説明しており，実践志向の本でもある。発達障害などとの関連でぜひ一読されることをお勧めする。

浅井春夫・松本伊智朗・湯澤直美編著『子どもの貧困──子ども時代のしあわせ平等のために』明石書店，2008年。
　────この本は，児童福祉の立場から，近年改めて問題視されてきている貧困の問題を取り上げ，それが子どもの成長や発達，将来的な側面にどのような影響があるのかなどを，保育所などの現場からの意見・考察を含めながら執筆されたものである。貧困問題というのは，社会福祉領域における最も根幹部分にあるものであり，その点から子どもの問題を考えていくことは，保育者の視点として必要不可欠なものといえる。子どもの社会的な背景から子どもについて考えていく視点を身に付けるためにも一読をお勧めしたい。

第4章　障害児保育に関する理念と動向

1　障害児保育に関する基本理念と今日的意義

　今日，障害児保育に関する基本理念にはさまざまなものがあるが，最も重要なものとしては，ノーマライゼーションがあげられる。この理念は，1950年代に北欧（デンマーク）から始まり，世界的に広がっていったものである。そして，後に生まれるインテグレーション，インクルージョンなどの理念は，ノーマライゼーションという大きな基盤からの潮流の展開に他ならない。本節では，これらの理念の概要を示すとともに，今日の保育・教育における意義に関しても示していく。

（1）ノーマライゼーション理念の誕生と発展
　1）　ノーマライゼーション理念の変遷
　ノーマライゼーションの理念は，1950年代のデンマークにおいて，知的障害児をもつ親の会による運動が発端となって生まれた。当時，知的障害児・者は，大型収容施設に入所し，社会から隔離・分離された生活を強いられていた。「障害がある」という理由で，一般社会から遠ざけられている，まさしくセグリゲーション（隔離・分離）の状態であった。このような状況の中，親の会は，知的障害のあるわが子に対して健常児と同等の生活条件，家庭生活を可能な限り保障したいとの思いから運動を始めた。親の会の国に対する要望書を作成し，当時の社会省に提出するなど，この運動に尽力したのが，「ノーマライゼーションの父」と呼ばれるバンク-ミケルセン（Neils Erik Bank-Mikkelsen）である。彼は，ノーマライゼーションの理念を「その国で障害のない人が普通に生活し

ている通常の状態と,障害がある人の生活状態とを可能な限り同じにすること」と定義した。障害児・者が,できる限りノーマルな条件で通常の生活をすること,当たり前の人間として生き,扱われる基本的権利が確立されることを目指しており,世界最初にこの理念を反映させた法律(「1959年法」)がデンマークで制定された。

　1960年代に入り,スウェーデンのニィリエ(Bnegt Nirje)が,ノーマライゼーションの理論化と制度化,具体的目標の提示に貢献した。彼は,障害児・者を「障害のある人々」としてとらえるのではなく,通常の市民と同じ生活様式,生活環境を共有できるようにすることが重要であると考えた。彼らが通常の生活を享受できないのであれば,それが可能となる個別的サービスが提供されなければならない。障害児・者をノーマルな人として社会に適応させるのではなく,社会をして彼らがノーマルな生活を送ることができるよう変革していくべきであると主張した。この考えに基づき,知的障害児・者がノーマルな社会生活を送るための八つの原則を提唱した。すなわち,「①1日のノーマルなリズム,②1週間のノーマルなリズム,③1年間のノーマルなリズム,④ライフサイクルでのノーマルな経験,⑤ノーマルな要求の尊重,⑥異性との生活,⑦ノーマルな経済的保障,⑧ノーマルな環境基準」であり,これらが当然の権利として保障されなければならないとした。

　さらに,ノーマライゼーションの理念は1960年代後半から1970年代前半にかけて北米へと渡った。この普及活動に努めたのが,ヴォルフェンスベルガー(Wolf Wolfensberger)である。彼は,ミケルセンとニィリエの原理を再構成し,文化的なノーマライゼーションや社会的役割の面でのノーマライゼーションを強調した。国や地域によって文化は異なるという「文化──特定的」という観点から,ノーマライゼーションの原理を再構成した。ミケルセンたちとの違いは,彼らが環境改善を重視したのに対し,ヴォルフェンスベルガーは,環境のみならず,対人援助のシステム化も強調した点にある。すなわち,専門家の養成や支援プログラムも重視し,障害児・者の行動と特性を,その国の文化に応じてノーマライズするべきであると強調した。

2） ノーマライゼーション理念の広がり

　北欧で生まれ，北米へと伝わったノーマライゼーションの理念は，やがて世界全体に広がっていくことになる。この理念が初めて国際的に用いられたのは，国連の第26回総会（1971年）で採択された「知的障害者の権利宣言」である。その後，「障害者の権利宣言」（1975年），「国際障害者年」（1981年），「障害者に関する世界行動計画」（1982年），「児童の権利に関する条約（子どもの権利条約）」（1989年）などにおいても基本理念として盛り込まれた。さらには，「国連・障害者の十年」（1983～1992年），「アジア・太平洋障害者の十年」（1993～2002年／2003～2012年に延長）などにもノーマライゼーションの理念は反映された。

　わが国においても，1970年代後半に注目されはじめ，「国際障害者年」を契機として徐々に広がっていくこととなった。「国連・障害者の十年」にも呼応して，さまざまな取り組みが始まっていった。1995（平成7）年に策定された「障害者プラン」には，「ノーマライゼーション7カ年戦略」が副題として盛り込まれ，障害児・者が健常児・者と同等に生活し，活動する社会を目指すノーマライゼーションの理念が反映された。本プラン終了後に策定された「重点施策実施5か年計画（「新・障害者プラン」）」（2003～2007年度）[3]などにおいても，この理念は継承されていった。

　これらの他，ノーマライゼーションの理念は，世界各国の制度・政策，障害児・者の権利と社会保障などに多大な影響を与えている。この理念を基にして，脱施設化，統合化，自立生活運動などの運動が生まれていった。また，施設処遇から地域福祉への転換，基本的人権の保障，障害による差別の禁止，QOLの尊重，バリアフリー，ユニバーサルデザインなどの理念が形成・進展していった。現在では，障害児保育における基本理念としてのみならず，生活，教育，労働，余暇などさまざまな分野でノーマライゼーションの考え方が取り入れられている。

（2） インテグレーション理念の特性と統合保育の問題点

1） インテグレーションとは

インテグレーションとは，障害児・者を分け隔てない社会の仲間として受け入れていくこと，すべての人々があらゆる機会に協力していくことを意味する。「統合化」と訳され，セグリゲーション（隔離・分離）と対峙する理念である。保育，教育の分野では，障害児保育・教育と通常保育・教育の制度的な一体化を意味する用語として，障害児と健常児の共同学習や交流活動の促進の意味で用いられてきた。[4]

例えば，この考え方に基づいた保育形態として統合保育があるが，これはわが国の保育所や幼稚園において実施されてきている。障害児の特性などに配慮し，健常児と一緒に行う保育であり，障害の有無にかかわらず，すべての子どもが一緒に生活していくことが当たり前であるとのノーマライゼーションの理念が根底にある。発達は子ども同士の関わりによって大きく促されるため，障害児にとって，健常児とともに保育を受けることは，ことばの発達，基本的生活習慣の確立や社会性の獲得などの面において有意義である。また，他の子どもとのさまざまな交流を通じて，障害児の保護者にとっても生活経験が広がることになり，一定の効果はあると言える。

2） インテグレーション理念にみる統合保育の問題点

しかし，統合保育にはこのような効果がある反面，すべての障害児にとって有効とは限らないといった問題点もある。障害の種類，程度，心身の状態などは，一人ひとり異なり，個別の配慮・対応が必要になってくる。例えば，保育所などの現場において，保育者の障害に関する知識や技術が十分でなかったり，組織（保育所）全体の障害児保育を進める体制が不十分であったりする場合，障害児への関わりが不適切であることが考えられる。また，周囲の健常児に対しても，障害児への理解を十分に促すことができず，保育活動全体としては混乱を来すこともある。さらには，集団生活を送ることに著しく支障のある子どもや重度の障害児の場合は，統合保育の対象とならず排除される危険性がある。

こういった問題点を生む一つの原因として，これまで統合保育を進める中で，

基本となる理念や方法などの根本的な改革が行われないまま場の統合だけが行われてきたことがあげられる。子どもの活動意欲、興味・関心や能力などに関係なく、保育の場を統合して、障害児も健常児も一斉に同じ内容の活動が行われてきた。障害児にも、健常児に求められる状況に適応できるよう子ども自身が言動などを変えさせられたり、順応したりすることを期待されてきた。とりわけ、わが国においては、このような方法で統合保育が進められてきた傾向が強い(5)。その他、イギリスなどの西欧諸国においても、地域福祉、医療、教育など、さまざまな分野の施策において統合化が進められてきたが、統合される側の障害児・者への配慮や支援が不十分な状態であった。

(3) インクルージョン理念の意義と今後の課題

　インクルージョンとは、1980年代以降、アメリカにおける障害児教育の分野で注目されるようになった理念である（広義にはソーシャルインクルージョンを指す／第4節参照）。ノーマライゼーションの理念を基に、インテグレーションの発展型として、さらにはエクスクルージョン（排除）に対峙するものとして提唱された。1990年代に入り、「サラマンカ宣言」（1994年／第2節参照）なども契機となって、インテグレーションやメインストリーミングの理念に代わりアメリカなどにおいて用いられるようになった。インクルージョンは「包み込む」という意味を持ち、「包摂」「包含」などと訳される。障害の有無にかかわらず、また能力にも関係なく、すべての子どもが地域社会における保育・教育の場において包み込まれ、個々に必要な支援が保障された上で保育・教育を受けることを意味している。

　インテグレーションの理念のように、子どもを障害児と健常児に分け、分離されているものを統合して保育・教育を進めるという意味ではない。また、メインストリーミングの理念のように、隔離・分離されて保育・教育を受けてきた障害児を可能な限り通常の保育・教育の場へ戻して（本流に合流させて）、障害児を主流化して健常児と一緒に保育・教育を進めるものでもない。インクルージョンの理念の根底には、障害児も健常児も、元々は社会の中に「含まれ

ている」との考え方がある。「障害のある子どもを保育所（園）・幼稚園・通常学校に完全統合し，障害のない子どもとともに保育・教育するという新たなシステムを主張[6]」している。すなわち，子どもは一人ひとりユニークな存在であり，違うのが当たり前であることを前提として，すべての子どもを包み込む保育・教育システムの中で，個々の特別なニーズに応じた保育・教育支援を考えていこうとするものである。この個別的なニーズに対する適切な支援が保障されていなければ，一人ひとりの個性を尊重することができないとしていることが，インクルージョンの理念において重要な点である。実際の保育・教育現場では，障害児のみならず，どの子どもも，それぞれに特別なニーズを持っている。例えば，虐待を受けている子ども，不登校の子ども，さらには「優等生」と呼ばれる子どもであっても，その生活状況を調べてみると，それぞれのニーズがある。インクルージョンの理念は，「『一人ひとりの多様性を包含するプロセス』を大切にすることに，その意味の本質がある[7]」と言える。つまり，「どの子どももそれぞれの多様性を認められながら，集団のなかに包含されるようになることを目ざす過程が『インクルージョン[8]』」である。

　このインクルージョンの理念に基づいた保育・教育は，アメリカなどにおいては現実に実施されている例も少なくない。今日，わが国で注目されるようになってきた学習障害（Learning Disabilities：LD）などの子どもたちを対象に，個々に適切な対応ができるような支援プログラムの作成，教材の工夫・開発などが行われている。わが国においては，インクルージョンの理念に基づいた保育・教育は，現段階では実質的に行われているとは言い難い。ともすれば，セグリゲーションの状態が払拭できていない部分があることも否めず，真の実現に向けて解決していくべき課題は多いと言える。

　以上のように，障害児保育に関する基本理念は，健常児・者が生活する一般社会から障害児・者は隔離・分離されるべきであるとするセグリゲーションの理念から始まった。その後，障害児・者であっても隔離・分離をするのではなく，健常児・者と同じ一般社会で生活するべきであるとの考え方，すなわち

第4章　障害児保育に関する理念と動向

図4-1　ノーマライゼーション理念の展開イメージ図

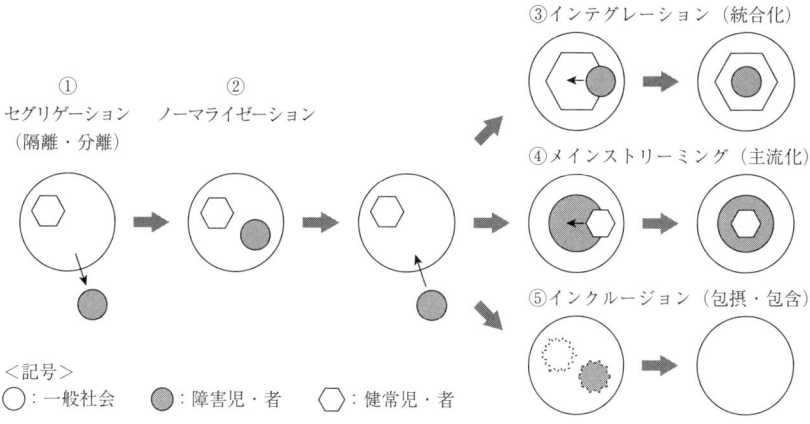

①セグリゲーション（隔離・分離）
②ノーマライゼーション
③インテグレーション（統合化）
④メインストリーミング（主流化）
⑤インクルージョン（包摂・包含）

<記号>
〇：一般社会　●：障害児・者　⬡：健常児・者

<解説>

①セグリゲーション（隔離・分離）：健常児・者は一般社会で生活し，障害児・者は一般社会から隔離・分離されるべきであるとの考え方。

⬇

（ノーマライゼーションの理念の導入）

②ノーマライゼーション：障害児・者であっても，健常児・者と同じ一般社会で生活するべきであるとの考え方。
＊ただし，「障害がある」「障害がない」という区別がある。その区別があった上で，隔離・分離されていた障害児・者も健常児・者と同じ社会で生活するべきであるととらえる。

⬇

（ノーマライゼーションの理念を基に以下の理念が生まれる）

③インテグレーション（統合化）：障害児・者を分け隔てない社会の仲間として受け入れるべきであるとの考え方。
＊ただし，「障害がある」「障害がない」という区別がある。障害児・者に，健常児・者に求められる状況に適応できるよう言動などを変えさせられたり，順応したりすることを期待される。
＊この理念に基づいた統合保育が，「場」の統合のみに力点が置かれて進められる傾向がある。

④メインストリーミング（主流化）：隔離・分離されて生活してきた障害児・者を，可能な限り一般社会へ戻して，障害児・者を主流化して健常児・者と一緒に生活させるべきであるとの考え方。
＊ただし，「障害がある」「障害がない」という区別がある。
＊実際には，物理的側面だけの合流や健常児・者集団への単なる合流にとどまっている。

⑤インクルージョン（包摂・包含）：健常児・者，障害児・者ともに分け隔てなく，初めから同じ社会の中で生活しているとの考え方。
＊「障害がある」「障害がない」との区別自体がない。一般社会にはさまざまな人がおり，障害児・者も，その中に当たり前に存在するものとしてとらえる。

出所：筆者作成。

ノーマライゼーションの理念が誕生した。この理念が発展していく形で、インテグレーション、メインストリーミング、インクルージョンといった理念が生まれていったわけである。

　障害児保育に関する多くの理念の基になったノーマライゼーション理念であるが、その根底には、初めから「障害がある」「障害がない」という区別がある。障害という特別なものをもった人々と健常児・者という明確な枠組みがあった上で、隔離・分離されていた障害児・者も健常児・者と同じ社会で生活していくべきであるとする考え方と言える。この区別は、インテグレーションとメインストリーミングのいずれの理念の根底にもある。インテグレーションの理念は、障害児・者を分け隔てない社会の仲間として受け入れるべきであるとするものの、障害児・者が健常児・者に求められる状況に適応できるよう変えさせられたり、順応したりすることを期待される面がある。メインストリーミングの理念は、隔離・分離されて生活してきた障害児・者を、可能な限り一般社会へ戻して、彼らを主流化して健常児・者と一緒に生活させるべきであるとする。

　しかし、結果的に物理的側面だけの合流や健常児・者集団への単なる合流にとどまっているのが現状である。これに対して、インクルージョンの理念には、「障害がある」「障害がない」という区別自体がなく、誰もが特別なニーズをもっており、障害だけが特別なものではないと考えられる。一般社会にはさまざまな特性をもった人がおり、障害児・者も、元々その中に当たり前に存在するものとしてとらえられるわけである。ここがインテグレーションとメインストリーミングの理念とは異なる点であり、ノーマライゼーションの理念を大きく発展させたものと考えることができる（図4-1）。

2　障害児保育に関する権利宣言・条約——基本理念と意義

　ノーマライゼーション、インクルージョンなどの理念は、障害児保育に関するさまざまな権利宣言・条約に大きな影響を与えている。本節では、「児童の

権利に関する条約（子どもの権利条約）」「サラマンカ宣言」「障害者の権利に関する条約（障害者権利条約）」を取り上げ，その基本理念と意義を示していく。

（1）児童の権利に関する条約（子どもの権利条約）に見る基本理念と意義

「児童の権利に関する条約（子どもの権利条約）」は，子どもの人権に関する人類史上初の国際的条約である。「ジュネーヴ宣言」(1924年)，「世界人権宣言」(1948年)，「児童権利宣言」(1959年)，「国際児童年」(1979年)などで謳われた理念が国際的条約として具体化されたものであり，18歳未満の子どもが有する権利について包括的・網羅的に規定されている。1989年11月20日（「児童権利宣言」30周年，「国際児童年」10周年にあたる）の第44回国連総会で採択された。わが国は1990（平成2）年9月21日に署名し，1994（平成6）年5月22日に批准・発効している。

本条約は前文と3部54条からなり，「子どもの最善の利益」(第3条)，「意見表明権」(第12条)，「表現・情報の自由」(第13条)，「親による虐待・放任・搾取からの保護」(第19条)，「家庭環境を奪われた子どもの養護」(第20条)，「教育への権利」(第28条)，などの幅広い権利が保障されている。障害児に関しては，第23条で「障害児（障害のある子ども）の権利」として取り上げられており，次のような点が規定されている。

第1に，障害児が人間としての尊厳をもっていること，自立と社会参加の下で十分かつ人間としての生活を享受すべき権利を持っていることが明確にされている。すなわち，障害児は，「障害がある」というだけで同情や憐れみ，隔離・分離の対象ではないことが強調されている。第2に，障害児が特別の養護を求める権利があることを認め，そのための可能な限りの援助を行うことが締約国に義務づけられている。そして，援助は障害児が人間としての尊厳を実質的に保障するのにふさわしい社会参加と，文化的・精神的発達が促されるような方法で，教育，訓練，リハビリテーション，レクリエーションなどの機会が提供されるよう求められている。第3に，締約国は，予防的な保健ならびに障害児の医学的，心理的および機能的治療の分野における情報を国際的に交換す

るべきであるとされている。特に，開発途上国への配慮が必要であるとの旨が付記されており，この点における先進諸国の役割が大きいととらえることができる。

本条約全体にわたって，ノーマライゼーションの理念が反映されており，子どもの能力，年齢，成熟度などを考慮し，一定の制限下ではあるが，子ども自身が権利の主体となるべきであるという能動的権利が明確にされた。すなわち，親（保護者）の子どもに対する保護・指導を認めつつも，「権利行使の主体としての子ども観」が鮮明に打ち出された点に本条約の意義がある。

（2）サラマンカ宣言に見る基本理念と意義

1994年6月7日から10日にかけて，スペイン・サラマンカにおいてUNESCO（国連教育科学文化機関）とスペイン政府による「特別ニーズ教育：そのアクセスおよび質に関する世界会議（特別なニーズ教育に関する世界会議）」が開催された。「サラマンカ宣言」は，この中で採択されたものである（6月10日）。

本会議においては，「特別な教育ニーズ」という言葉が用いられ，それをもつ子どもを排除するのではなく，受け入れる教育のあり方について議論が行われた。「特別な教育ニーズをもつ子ども」とは，従来の特殊教育が対象とした障害児のみならず，貧困である，学習困難を感じている，仕事（労働）を強いられている，さらには遊牧民であるなどの理由で学校へ行くことができない子どもも含まれる。つまり，障害があるという理由，もしくはその他の理由によって，学校そのものや通常の教育システムから排除されてきた子どもたちは「特別な教育ニーズ」をもつものとされ，その子どもたちを他の子どもたちから引き離すのではなく，共に学べるようにするインクルーシブ教育がすべての人々に教育を保障することになると考えられた。また，「統合は障害の程度で判断されるのではなく個別のニーズと保育・教育のサポートの関係で決められる[9]」とされた。すなわち，「医学的な障害概念からニーズという概念で子どもを把握する考えへの転換[10]」が図られたわけである。「サラマンカ宣言」は，こ

のような考え方に基づいて採択された。

　先の「児童の権利に関する条約（子どもの権利条約）」において明文化された権利には，機会の平等を基盤とした教育に関する子どもの権利が含まれており，いかなる理由があっても差別されることなく，障害児を含むすべての子どもに適用されるようになっている。「サラマンカ宣言」では，そのことがより一層強調されており，通常の学校は，身体的，知的，社会的な条件などにかかわらず，すべての子どものために便宜を図る必要があるとの指導原理が示されている。この宣言によって，インクルージョン，インクルーシブ教育という理念と実践が世界的な原則として目指される大きな契機となり，国連の「障害者の権利に関する条約（障害者の権利条約）」の採択（2006年）へとつながっていった。

（3）障害者の権利に関する条約（障害者権利条約）に見る基本理念と今後の役割

　「障害者の権利に関する条約（障害者権利条約）」は，2006年12月13日，国連の第61回総会において採択され，2008年5月3日に発効された。日本は2007（平成19）年9月28日に署名をし，以後，批准に向けて国内の関連制度・施策の整備を進めてきた。2013（平成25）年12月4日，本条約締結のための国会承認を経て，2014（平成26）年1月20日に批准へと至った[11]。

　国際文書には2種類あり，条約や規約，議定書といった法的な拘束力を有するものと，宣言や規則，勧告といった法的な拘束力をもたず，政治的・道義的なガイドラインとしての意義を有しているものがある。これまでの障害児・者に関連する国際文書（例：「障害者の権利宣言」など）は後者のものであったが，本条約は前者に位置づけられる極めて意義の高いものである。前文と本文50条から構成され，障害児・者を治療や保護の「客体」としてではなく，人権の「主体」としてとらえることが前提とされている。障害児・者の体験ができるだけ具体的に条約の中に組み込まれ，当事者が実際に役立つようにまとめられている点も特徴である。また，障害の責任を個人に還元させる「障害の医学モデル」ではなく，障害の原因と責任を社会の側に帰属させる「障害の社会モデル」の考え方が反映された「障害の概念」と「障害者の概念」が明記されてい

る（前文，第1条）。これに基づき，「障害を理由とする差別」「合理的配慮」などの概念が規定されている（第2条）。

　本条約には，障害児保育に関して直接規定された条文はないが，第3条（「一般的原則」）において，「障害のある児童の発達しつつある能力の尊重，及び障害のある児童がその同一性を保持する権利の尊重」と謳われている他，第7条にも「障害のある児童」として，「障害のある児童に関するすべての措置をとるに当たっては，児童の最善の利益が主として考慮されるものとする」（第2項）などの規定がある[12]。また，第24条にも「教育」として，障害児（者）の教育に関する権利と，この権利を差別なしにかつ機会の平等を基礎として実現するため，あらゆる段階におけるインクルーシブな教育制度及び生涯学習について定められている。

　本条約全体を貫く理念としてインクルージョンがあり，第3条（「一般的原則」）において，「社会への完全かつ効果的な参加及びインクルージョン」が明記されている[13]。「インクルージョンそしてインクルーシブ教育の定義はこの条約には含まれてないが，反対語であるエクスクルージョン（排除）を考えれば，排除しない，分けないという方向性だけは確認できる[14]」と言える。今後，インクルーシブ保育，インクルーシブ教育が世界各国において実践されるよう，すべての子ども（人々）にとって有意義な保育・教育が展開されるよう，本条約が大きな役割を果たすことが期待されている。なお，わが国では，2011（平成23）年8月5日に障害者基本法の一部を改正する法律が公布・施行された。これは，本条約の批准に向けた制度・施策整備の一環であったが，同法において「目的」規定の見直しが行われ（第1条），「地域社会における共生等」（第3条），「差別の禁止」（第4条）の条文が追加されるなど，インクルージョンの考え方が反映された内容になっている。そして，先述の通り，2014（平成26）年1月20日に本条約を批准し，同年2月19日から国内で効力を生ずることとなった。このようなことから，今後のわが国においても，インクルーシブ保育，インクルーシブ教育の重要性がますます高まっていくものと考えられる。

第4章 障害児保育に関する理念と動向

3 わが国における障害児保育に関する理念の動向

　ここまで，国際的にも認知されている障害児保育に関連する基本理念と今日的意義，権利宣言・条約にみる基本理念・意義について示してきた。わが国においても，昨今の障害児保育に関する理念の形成・進展には著しいものがある。
　本節では，その中でも，近年特に注目を集めている発達障害児・者支援，特別支援教育・学校，社会的養護について取り上げ，今後，わが国でインクルーシブ保育，インクルーシブ教育を実現していく上で検討するべき課題・方向性を示していく。

(1) 発達障害児・者支援をめぐる動向
1) 発達障害者支援法の制定・施行
　わが国において，「生活のしづらさ」を抱えながらも身体障害や知的障害の認定を受けられないなどの理由から，障害児保育（障害児・者福祉）に関する法体系の狭間で苦しむ人々が多くいることが指摘されてきた。例えば，自閉症については，長年にわたり知的障害の枠内でとらえられてきた経緯から，「知的障害を伴わないで自閉症を有する子ども（人々）」への理解が遅れ，障害児保育（障害児・者福祉）サービス利用の対象外とされてきた。
　しかし，近年の自閉症に関する研究の進展により，知的障害と自閉症の相違が明確化され，知的障害というカテゴリーの自閉症ではなく，知的障害と自閉症は異なる障害であるとの認識が確立し始めている。それに伴い，アスペルガー症候群（高機能自閉症），学習障害（Learning Disability: LD），注意欠陥／多動性障害（Attention-Deficit/ Hyperactivity Disorder : ADHD）などの「知的障害を伴わないが生活のしづらさを有する障害」についての認識が深まり，そのような状態を「発達障害」という概念で提示されるに至った。
　このような状況下，制度・施策の狭間にあり，適切なサービスを利用できなかった発達障害児・者への包括的な支援体制の構築が求められるようになった。

その流れを受けて，発達障害者支援法が2004（平成16）年に成立し，2005（平成17）年から施行されている（2016〔平成28〕年改正）。

　2）　発達障害者支援法の意義・課題

　本法の目的（第1条）は，「発達障害者の心理機能の適正な発達及び円滑な社会生活の促進のために発達障害の症状の発現後できるだけ早期に発達支援を行うことが特に重要であることにかんがみ，発達障害を早期に発見し，発達支援を行うことに関する国及び地方公共団体の責務を明らかにするとともに，学校教育における発達障害者への支援，発達障害者の就労の支援，発達障害者支援センターの指定等について定めることにより，発達障害者の自立及び社会参加に資するようその生活全般にわたる支援を図り，もってその福祉の増進に寄与すること」とされている。また第2条において，「発達障害」「発達障害者」「発達障害児」「発達支援」について定義されている。さらには，「国及び地方公共団体の責務」（第3条），「児童の発達障害の早期発見等」（第5条），「早期の発達支援」（第6条），「権利擁護」（第12条），「発達障害者支援センター等」（第14条）などが明記されている。

　発達障害者支援法の制定・施行によって，わが国における「発達障害」などの定義や発達障害児・者の支援に向けた目的・理念が明確化され，サービス利用の対象になった，サポート体制の強化に向けて新たな第一歩を踏み出した点は評価できるであろう。しかし，施行から15年以上が経過し，多くの自治体や団体などによってさまざまな取り組みがなされている現在でも，発達障害児・者が生活しやすい環境が完全に整ったとは言い難い。実際の保育・教育現場においても，発達障害児が自分自身の思いや考えをうまく他人に伝えることができず，差別されたり，いじめにあったりしている例がみられる。その要因としては，このような子どもをサポートするべき保育所や幼稚園などの体制が不十分であること，彼らへの差別や偏見が社会全体で依然として残っており，十分な理解を得られていないことなどがあげられる。さらには，法律自体にも，インクルージョンの理念に基づいた「発達障害の有無に関わらず，その人らしく多様性を認められながら，集団の中に包含される社会」といった理念が十分に

強調されていない感もある。現在，保育所や幼稚園などにおいて発達障害児が増加している中，今一度，法の理念，実際の保育・教育現場のあり方を検討していくことが求められる。

（2）特別支援教育・学校をめぐる動向
1）特殊教育から特別支援教育へ
① 特殊教育の展開

わが国では，第2次世界大戦後，学校教育法が制定（1947〔昭和22〕年）され，学校教育体系の一環として特殊教育が統合された。これにより，障害児にも教育を受ける権利が保障されることとなった。以後，盲・聾・養護学校や特殊学級に在籍している障害児を特殊教育の対象とした教育制度は，一貫して続けられてきた。1971（昭和46）年の「中央教育審議会答申」（文部省〔現・文部科学省〕）においては，それまで延期されてきた養護学校（現・特別支援学校）の義務教育実施などが提示され，1979（昭和54）年には養護学校教育の義務化が図られた。また，1993（平成5）年には，通常学級に在籍する多様なニーズをもつ子どもへのサポートを行うため，通級による指導も制度化された（2006〔平成18〕年には，「学習障害」または「注意欠陥／多動性障害」のある子どももその対象に含まれることとなった）。

このように，学校教育法の制定以来，わが国の障害児への教育に関しては，通常の教育とは別の特殊教育として進められてきた。「障害児にも教育を受ける権利が保障された」とはいえ，実質的には，盲・聾・養護学校の義務制の延期や就学義務猶予・免除制度などにより，理念通りに進んでいなかった。また，養護学校や特殊学級で学ぶ子ども（児童生徒）の増加，学習障害など障害種の多様化，障害の重度・重複化などの課題も徐々に浮き彫りになってきた。1990年代になり，ノーマライゼーションやインテグレーション，さらにはインクルージョンの理念の国際的動向を背景に，わが国においても障害児の教育権保障のあり方が問われてきた。

こういった状況の中，2003（平成15）年には，文部科学省の「特別支援教育

の在り方に関する調査研究協力者会議」によって「今後の特別支援教育の在り方について（最終報告）」が取りまとめられた。この報告では，「障害の程度等に応じ特別の場で指導を行う『特殊教育』から障害のある児童生徒一人一人の教育的ニーズに応じて適切な教育的支援を行う『特別支援教育』への転換を図る」といった教育の基本方針が示された。2005（平成17）年の中央教育審議会答申「特別支援教育を推進するための制度の在り方について」では，「特別支援教育」について，「障害のある幼児児童生徒の自立や社会参加に向けた主体的な取組を支援するという視点に立ち，幼児児童生徒一人一人の教育的ニーズを把握し，その持てる力を高め，生活や学習上の困難を改善又は克服するため，適切な指導及び必要な支援を行うもの」とされている。

② 特別支援学校への改編

そして，同答申等を踏まえて，2006（平成18）年6月に学校教育法が改正された（2007〔平成19〕年4月から施行）。これによって，従来の「盲学校，聾学校，養護学校」の区分をなくし，「特別支援学校」として再編された。さらには，特別支援学校教員の免許状が改められるとともに，小中学校などにおいて特別支援教育を推進することが位置づけられた。また，2006（平成18）年12月には教育基本法が改正された。同法の改正は，1947（昭和22）年の制定後初めてのことであり，第4条第2項において「国及び地方公共団体は，障害のある者がその状態に応じ，十分な教育が受けられるよう教育上必要な支援を講じなければならない」と規定された。これにより，子どもの教育機会の均等にあたって，障害児への支援が義務化された。

2）特別支援教育と障害児保育の関係性

特別支援教育は，「障害のある児童生徒一人一人の教育的ニーズに応じて適切な教育的支援を行う」という理念の下に始まった。そして，これを進める上で重要なものの一つとして，「個別の教育支援計画」の作成があげられる。この計画は，学校教員が障害児（障害のある児童生徒）一人ひとりの教育的ニーズを正確に把握して，長期的な視点で乳幼児期から学校卒業後までを通じて一貫して的確な教育的支援を行うことが目的である。また，子どものみならず保護

者などへの支援も必要であるとされている。さらに，計画の作成・実施の段階においては，保護者も含めた関係者，関係機関の関与も求められている。

　障害児保育を進める上でも，このような考え方・視点は重要になってくる。保育所保育指針において，一人ひとりの子どもが生きている状況・発達を理解した上で，その特性に応じて子どもが主体的に活動できる場を提供し，支援することが保育の基本である，とされている。また，障害児の「指導計画」の作成・実施に当たっては，保育士が一人ひとりの子どもの発達過程や障害の状態を把握すること，家庭や関係機関との連携を図ること，そのための計画を個別に作成するなど柔軟かつ適切な対応を図ること，などに留意するよう明記されている。その他，障害児の就学に向けて，小学校の子ども（児童）との交流，職員同士の交流，情報の共有など，保育所と小学校との連携の必要性も示されている。

　このように，わが国の教育においては「特殊教育から特別支援教育」へ移行し，保育に関しても保育所保育指針が改定されるなど，障害児への教育・保育のあり方が問われ，見直されてきた。インクルーシブ教育，インクルーシブ保育の実現に向けて新たな理念が掲げられ，進み始めたと言えよう。しかし実際には，特別支援教育は「従来の盲・聾・養護学校及び特殊学級が対象としていた子どもたちに加えて通常学級に在籍しているLD・AD/HD・高機能自閉症等の子どもたちを新たな対象にするということにとどまっており，まだ対象が限定的であるという批判」[16]がある。現段階ではインクルーシブ教育の域に達しているとは言えず，今後，子ども一人ひとりのより広い教育的ニーズに応えられるよう，そのあり方をさらに検討していく必要がある。保育についても，保育所保育指針に掲げられている理念を机上のもので終わらせるのではなく，保育所が小学校との連携を実際に行っていくなど，特別支援教育との関連の中でインクルーシブ保育の実現を目指していくことが求められる。

(3) 社会的養護をめぐる動向

1) 社会的養護とは

　子どもは本来，社会の基礎的集団である家庭の中で成長していくことが望ましい。子どもの成長発達に必要な日常的ケアが，子どもの親またはそれに代わる保護者の手で行われることによって，子どもの心身両面の安全と安心が図られ，自立への過程が築かれていくものである。しかし，家庭内でこのような子どもの養育の責任をすべて果たしていくことは困難である。子どもが家庭の中で育つことができない，「子どもの最善の利益」が保障されないなどの生活上の困難が生じる場合がある。そして，これが生じる理由は一つではない。例えば，親の死亡や行方不明，離婚，親による虐待など，保護者側の身体的，経済的，社会的要因などによって，子どもの養育環境の破綻を招くことがある。また，子どもの疾病，障害などから家庭での養育に限界を来すこともある。さらには，これらが複雑に絡み合って生活上の困難が生じることもある。

　このように，家族によって適切な養護・養育を受けられない子どもを要養護児童と呼び，この場合は家族に代わって公的責任において社会的に養護・養育される必要がある。これらの制度・施策のことを「社会的養護」と言う。これは，家庭における実親子関係を中心とする私的な養護・養育に対して，保護者・子どもの一方または双方の理由により家庭で養育できない子どもを，行政（国・地方公共団体）が社会的責任として実施する制度で，施設や里親などによって養護・養育する仕組みのことを指す。

2) 障害児における社会的養護

　前述の通り，今日，社会的養護が重要視される背景は，虐待だけではなくさまざまなものがある。例えば，施設に入所する子どもについても，児童養護施設における被虐待児の割合が増加する傾向にあると同時に，障害児が入所する割合も増加している。

　福祉型障害児入所施設においても，入所理由として，虐待をはじめ，家庭の養育能力や離婚など，家庭の養育基盤の弱さに関連したものの増加が指摘されている。「障害がある」という理由のみならず，他の要因も複雑に絡んでいる

ことが理解できる。
　このような点から考えると，障害児の社会的養護に関して，単に障害の有無だけでとらえることは検討を要するのではないだろうか。従来のように，「障害児は障害児関連のサービスを受ける（障害児の施設へ入所する）」「虐待を受けた子どもは児童養護施設へ入所する」などの考え方ではなく，柔軟な姿勢が必要かと思われる。この点に関して次のような意見がある。[17]

　　「入所施設の種別により，自ずと子どもの状態像や入所理由の割合は異なりますが，家庭においては適切な養育を受けることができない子どもに養護を提供するという観点からみすれば，社会的養護を障害児と非障害児という範疇で分類することは合理的ではないと考えます」。

　これは，2008（平成20）年6月に開催された「第7回障害児支援の見直しに関する検討会」であげられた意見の一つである。その後，現在に至るまで，「児童養護施設等の社会的養護の課題に関する検討委員会」をはじめ，複数の検討会などが国レベルで設置・開催され，社会的養護のあり方に関する議論が進められている。2017（平成29）年には，新たな社会的養育の在り方に関する検討会から「新しい社会的養育ビジョン」も公表された。しかし，障害児における社会的養護については，十分に検討が行われているとは言い難いのが現状である。昨今の児童養護施設や知的障害児施設（福祉型障害児入所施設）に入所している子どもの状況などから考えても，障害の有無だけで画一的に判断するのではなく，社会的養護を必要とする子ども一人ひとりの立場から適切なサービスを受けられる仕組みづくり・整備が求められる。今後，「インクルージョンの理念に則った社会的養護」についてさらに検討し，児童養護施設などにおける実践に実質的に結びつけていくことが必要である。

（4）保育・教育現場に求められること
　前述したように，現在のわが国の保育所・幼稚園などにおいて，インクルー

シブ保育，インクルーシブ教育が実質的に行われているとは言い難い。これを実現させていくためには，まずは，保育者一人ひとりが，自身の意識や専門性の向上を図ることが必要である。インクルージョンの理念を念頭に置き，障害児だけに焦点を当てるのではなく，彼らも含めた子ども同士の関わり・仲間関係をどのように作っていくか，すべての子どもにとって有意義な保育・教育が展開されるためには何をすべきかといった視点をもつことが求められる。

その他，自分自身の保育・教育に対する考え方やその方法などに関しても，既存の枠組みにとらわれず，他の保育者と意見・情報交換などを図りながら，柔軟に変化させていくことが重要である。さらには，保育所・幼稚園として，インクルージョンの理念に即して見た時に何ができるのか，組織全体としての課題は何かを明確にすることが必要である。理念そのものは，単に掲げ，唱えているだけでは現実のものとはならないため，例えば，①障害児を含めすべての子どもを支援できる保育体制を整備する，②障害児について保護者全体の理解が得られるための研修体制の充実を図る，③障害児の就学に向けた小学校との実質的な連携を図る，など実際の体制（環境）を整えていくことも求められる。

4 インクルーシブ保育・教育の実現に向けて
―― これからのわが国の保育・教育のあり方

現在のわが国は，障害の多様化・複雑化，障害児保育・教育に関わる制度・施策の度重なる改正など，従来以上に激動の時代を迎えている。本章でも一貫して述べてきたように，インクルーシブ保育，インクルーシブ教育の真の実現に向けて，まだまだ克服していくべき現実的な課題も多い。そのような状況であるからこそ，保育者一人ひとりの資質向上が重要となる。日々の実践の中で，子どもや家族のことを考え，個々のニーズにいかに応えていくか，目先の変化に惑わされることなく，どのような実践を目指すかを明確にしていくことが求められる。そのためにも，専門職自身が理念を十分に理解し，これを踏まえた上で体制（環境）を整え，実践を行うことが必要になってくる。

ここで特に重要となる理念として，昨今，わが国の社会福祉や就労（労働施策）の分野でも注目を集めているソーシャルインクルージョンがあげられる。これは，先述のようにインクルージョンを広義にとらえた理念と言え，障害者など社会的に排除されやすく，「弱者」とされている人々に地域住民などとのつながりを持たせ，多様性を認め合う社会を構築することに重点を置いている。そして，対象を障害者などに限定するのではなく，すべての人々を対象に，排除，摩擦，孤立などから援護し，誰もがその人らしい生活の実現に向けて，社会の構成員として包み支え合うことを目指したものである。ソーシャルインクルージョンは，EUなどにおける近年の社会福祉の再編にあたり，社会的排除に対応する戦略として，その中心的政策課題の一つとされている。また，わが国でも，2000（平成12）年に厚生省（現・厚生労働省）から発表された報告書「社会的な援護を要する人々に対する社会福祉のあり方に関する検討会」において，その重要性が示され，同年に施行された社会福祉法の地域福祉を示す内容の中で，ソーシャルインクルージョンの考え方が反映されている。わが国では，まだまだ新しい理念であり，保育・教育分野において，また社会全体としても浸透しているとは言い難いが，世界各国の社会福祉の制度・施策などにも取り入れられている考え方である。したがって，今後のわが国のさまざまな分野，特に保育・教育分野においてさらに重要性を増し，実践の基となる考え方として広がりを見せることが予想される。

　以上のようなことから，保育者は，ソーシャルインクルージョンの理念を踏まえ，さらに幅広い視点・考え方をもって保育・教育に携わることが求められる。近い将来当たり前になるであろう「ソーシャルインクルージョン時代」における保育・教育のあり方について，制度・施策面も含めてさらなる検討が望まれるところである。

第Ⅰ部 理論編

コラム／東京ディズニーランドから障害児保育のあり方を学ぶ!?

　東京ディズニーランドといえば、多くの人が知っており、遊びに訪れた経験を持つ人の多い場所である。障害児・者にとって利用しにくく、移動や排泄の面などに不便を感じるアミューズメントスポットが存在する中、東京ディズニーランドでは、アトラクション、トイレ、駐車場などの設備面においてさまざまな配慮がされている。

　また、「小さな世界」という曲には、ディズニーの創始者であるウォルト・ディズニー（Walt-Disney）氏の「世界は狭いのだから、障害の有無、性別、人種などに関係なく、誰もが一緒に仲良く暮らしていける世の中を作ろう」との考え、すなわちノーマライゼーションの理念が反映されていると言われる。この理念に基づき、職員に対して、ゲスト一人ひとりのことを考えたサービスが提供できるよう、徹底して教育が行われている。

　障害児保育に関わる上でも、子どもや家族の立場になり、個々のニーズにいかに応えていくかが重要である。そのためには、環境を整えるとともに、保育者が理念を踏まえた実践を行うことが必要になってくる。「経験主義の実践」や「その場限りの実践」を展開するのではなく、目指すべき実践の方向性が明確でなければならない。その方向性を示すものとして理念はある。東京ディズニーランドは「遊ぶ場所」ではあるが、少し異なった視点・角度から見ると、そこから学ぶべき点があるのではなかろうか。

注
(1) 花村春樹訳・著『「ノーマリゼーションの父」N. E. バンク-ミケルセン 増補改訂版』ミネルヴァ書房、1998年、190頁。
(2) 相澤譲治編著『三訂　新・ともに学ぶ障害者福祉――ハンディをもつ人の自立支援に向けて』みらい、2006年、68頁。その後、2018（平成30）年3月には、同年度から5年間を対象とした「障害者基本計画（第4次計画）」が策定されている。
(3) 障害者基本計画に基づく「重点施策実施5か年計画」（2003〜2007年度）終了後は、「重点施策実施5か年計画（後期5か年計画）」（2008〜2012年度）が策定された。2013（平成25）年9月には、2013（同25）年度から2017（平成29）年度までの概ね5年間に講ずべき障害者施策の基本的方向について定めた「障害者基本計画（第3次計画）」が策定された。
(4) インテグレーションの理念を反映した典型的な例としては、アメリカの「全障害児教育法」（1975年）と、イギリスの「ウォーノック報告」（1978年）などが挙げられる。なお、アメリカにおいては、インテグレーションが黒人と白人の統合を指し

たこともあり，これと区別してメインストリーミングが障害児の統合を意味する用語として使われてきたこともある。
(5) 堀正嗣は，わが国の統合教育においては，ノーマライゼーションが「共に生きる教育」を支える理念として明確に意識されて進められたわけではなく，集団主義的教育などの従来の教育論，教育方法が障害児にも適用されて行われてきたと指摘している（『障害児教育とノーマライゼーション――「共に生きる教育」をもとめて』明石書店，1998年）。これを受けて澤田英三は，統合保育に関しても，同様のことが言えると述べている（鯨岡峻編著『障害児保育 第2版』ミネルヴァ書房，2013年）。
(6) 伊藤健次編『新・障害のある子どもの保育 第2版』みらい，2011年，21頁。
(7) 七木田敦編著『実践事例に基づく障害児保育――ちょっと気になる子へのかかわり』保育出版社，2007年，19頁。
(8) 同前。
(9) 伊藤健次編，前掲書，18頁。
(10) 同前。
(11) 2011（平成23）年の障害者基本法の改正に加え，2013（平成25）年には障害者差別解消法が成立し，障害者雇用促進法や精神保健福祉法などの改正が行われた。これらも障害者権利条約の批准に向けた取り組みの一環であった。なお，2014（平成26）年1月20日時点で，本条約の締約国は世界139カ国およびEUであり，日本は140番目の締約国となった。
(12) ここでは，日本政府による仮訳（2009年版）を引用した。川島聡＝長瀬修仮訳（長瀬修・東俊裕・川島聡編『障害者の権利条約と日本――概要と展望 増補改訂版』生活書院，2012年。）においては，「障害のある児童」ではなく，「障害のある子ども」とされている。
(13) 川島聡＝長瀬修仮訳による。日本政府による仮訳（2009年版）では，「社会への完全かつ効果的な参加及び包容」とされている。
(14) 長瀬修・東俊裕・川島聡編，前掲書，166頁。
(15) 2013年にアメリカ精神医学会による『精神疾患の分類と診断の手引き』（DSM）の改訂が行われた。新たなDSM-5では，自閉症やアスペルガー症候群などの下位分類がすべて廃止され，「重い自閉症」からアスペルガー症候群などの「軽い自閉症」までを連続的にとらえる（一連のものとして考える）「自閉症スペクトラム障害」（Autism Spectrum Disorder:ASD）（仮訳）に一本化された。これにより，わが国でも同様の方向で検討が進められており，制度・施策面など，今後の動向に注意が必要である。
(16) 湯浅恭正編『よくわかる特別支援教育』ミネルヴァ書房，2008年，7頁。

⒄ 第7回障害児支援の見直しに関する検討会「障害児の社会的養護について」(参考資料4), 2008年6月16日, 2頁.

参考文献

花村春樹訳・著『「ノーマリゼーションの父」N. E. バンク-ミケルセン 増補改訂版』ミネルヴァ書房, 1998年.

堀正嗣『障害児教育とノーマライゼーション——「共に生きる教育」をもとめて』明石書店, 1998年.

相澤譲治・橋本好市・直島正樹編『障害者への支援と障害者自立支援制度——障害者ソーシャルワークと障害者総合支援法』みらい, 2013年.

伊藤健次編『新・障害のある子どもの保育 第2版』みらい, 2011年.

七木田敦編著『実践事例に基づく障害児保育——ちょっと気になる子へのかかわり』保育出版社, 2007年.

第7回障害児支援の見直しに関する検討会「障害児の社会的養護について」(参考資料4), 2008年6月16日.

嶺井正也／シャロン・ラストマイアー『インクルーシヴ教育に向かって——「サラマンカ宣言」から「障害者権利条約」へ』八月書館, 2008年.

長瀬修・東俊裕・川島聡編『障害者の権利条約と日本——概要と展望 増補改訂版』生活書院, 2012年.

湯浅恭正編『よくわかる特別支援教育』ミネルヴァ書房, 2008年.

山縣文治・福田公教・石田慎二監修, ミネルヴァ書房編集部編『ワイド版 社会福祉小六法2013[平成25年版]資料付』ミネルヴァ書房, 2013年.

渡部信一・本郷一夫・無藤隆編著『障害児保育』北大路書房, 2009年.

文部科学省ホームページ「今後の特別支援教育の在り方について(最終報告)」(http://www.mext.go.jp/b_menu/shingi/chousa/shotou/018/toushin/030301.htm, 2013年11月10日)

文部科学省ホームページ「特別支援教育を推進するための制度の在り方について(答申)」(http://www.mext.go.jp/b_menu/shingi/chukyo/chukyo0/toushin/05120801.htm, 2013年11月10日)

鯨岡峻編著『障害児保育 第2版』ミネルヴァ書房, 2013年.

読者のための参考図書

長瀬修・東俊裕・川島聡編『障害者の権利条約と日本——概要と展望 増補改訂版』生活書院, 2012年.

　　　——2008年発行の増補改訂版。障害者権利条約について, 国連での採択までの過

程を含めて，その必要性，理念，工夫，構造などが詳しく述べられている。日本の本条約批准，理念の実現に向けた課題が示されるとともに，条約の翻訳として，政府仮訳（2007年版および2009年版），川島・長瀬仮訳が掲載されている。

小野浩監修，障害福祉青年フォーラム編『障害のある人が社会で生きる国ニュージーランド――障害者権利条約からインクルージョンを考える』ミネルヴァ書房，2013年。
　―――ニュージーランドにおける障害児・者施策の特徴と日本の施策との比較，障害者権利条約批准に至るニュージーランドの障害児・者施策策定に向けた戦略・内容などが述べられている。その上で，本条約批准に伴うニュージーランドの施策改革についての評価および日本の障害児・者施策への示唆などが分かりやすくまとめられている。

第5章 障害児保育に関する法・制度

　障害児保育を支えていくためには，さまざまな法・制度が基盤となる。障害児と健常児が共に育ちあうことの大切さを踏まえ，障害児保育制度も歴史を経ながら大きく変化してきた。また，生まれてきた子どもたちに障害があるかどうかを見つけるための「早期発見」，また，障害がある場合の「早期療育」，生まれる前に障害の有無を知るための「出生前検査」等障害児保育に関係する社会制度も変更をくり返しながら動いている。このような障害児保育と障害児を取り巻く環境は，さまざまな法制度の下，関係機関の連携によって成り立っている。

　本章では障害児保育を支える法律や制度について述べていく。はじめに，わが国における障害児保育の歴史を概観し，現行の障害児保育制度についてどのようなものがあるか，関連法規等を述べることとする。その上で，障害児保育に関わる機関・施設等を整理しながら，利用方法等についても言及していく。

1　障害児保育の歴史

（1）戦前の障害児保育

　わが国において，幼児に対して初めて教育・保育の場が提供されたのは，1916（大正5）年京都市立盲唖院聾唖部に設置された幼稚科とされる。そこでは，発音教育を主とする幼稚教育を行っていた。

　その後，1923（大正12）年に盲学校及聾唖学校令を交付したことで，1926（大正15）年には聾幼児のための幼稚園として京都盲唖保護院内に京都聾口話幼稚園が，1928（昭和3）年に東京聾唖学校に予科（幼稚園）が創設された。聴覚

障害・言語障害児や視覚障害のある幼児への教育・保育は，他の障害より先に進められた。

　一方，知的障害児や肢体不自由児に対する教育・保育は，皆無に等しい状況であり，慈善事業家による取り組みが中心であった。1880（明治23）年に設けられた長野県松本尋常小学校の知的障害特殊学級といわれる特別な学級がわが国最初とされ，その他，代表的なものとして石井亮一の創設による滝乃川学園（1896〔明治29〕年），柏倉松蔵によって創設された肢体不自由児施設「柏学園」（1921〔大正10〕年）がある。また，後に東京帝国大学第二代整形外科教授となった高木憲次は，肢体不自由のある子どもが治療に専念しながら学校教育も受けることができる教療所の必要性を訴え，今日の療育につながる考え方を示した。ただし，この時点では，国や自治体にその存在根拠を示し，それらの事業を支援するような制度的取り組みは確立していなかった。本格的な知的障害・肢体不自由児に対する保育の法律・制度の誕生については，第二次世界大戦後の児童福祉法や学校教育法等の制定を待つ必要があった。また，保育所における障害児保育の本格的な推進は，1970年代になってからのことである。

（2）戦後の障害児保育

　1946（昭和21）年に日本国憲法の公布を受け「教育を受ける権利」が国民の基本権として保障された。憲法の精神の下に，1947（昭和22）年には教育基本法において「教育の機会均等」が規定され，同時に学校教育法が施行されたことで普通学校の設置以外に盲・聾・養護学校（現・特別支援学校）の設置が明示された。ただし実際は，普通学校の小学校・中学校の義務教育化が1947（昭和22）年に実施され，盲・聾学校の義務化は関係者の強い運動によりその翌年に実施されたものの，養護学校については実質的な義務化はされなかった（1979〔昭和54〕年義務化）。

　一方，福祉分野では戦災孤児，引き揚げ孤児等街頭浮浪児保護対策のために1947（昭和22）年に児童福祉法が制定された。孤児，浮浪児とともに障害児，困窮常態にある児童等の生命・発達・養育保障に向けた福祉が図られていった。

そのような状況下，障害児施設として，精神薄弱児施設，療育施設（盲ろうあ児施設，虚弱児施設，肢体不自由児施設）が整備され，児童相談所において相談・判定・指導，児童福祉施設への入所措置等をとるようになった。その後，児童福祉法の順次改正に伴い，療育施設として一括されていた盲ろうあ児施設等が精神薄弱児施設等と同様に，独立した児童福祉施設として規定された（盲ろうあ児施設は1949〔昭和24〕年，虚弱児施設及び肢体不自由児施設は1950〔昭和25〕年）。また，1951（昭和26）年には日本独自の児童憲章が宣言された。その第11条に「すべての児童は，身体が不自由な場合，または，精神の機能が不十分な場合に，適切な治療と教育と保護が与えられる」と規定しているが，障害のある乳幼児に対するものではなく，主として学齢期の障害児を対象とした文意であった。

戦後はじめて障害のある乳幼児への政策が位置づけられたのは，1953（昭和28）年の次官会議決定「精神薄弱児基本要綱」であると言える。これは「優生保護」「母子衛生対策」としての知的障害児の「発生」予防，「早期発見」「早期治療」対策の「強化」等を目指しており，障害のある乳幼児の問題は「学齢前の精神薄弱児」の能力開発の観点から注目されたものであった。

1957（昭和32）年には6歳児から17歳児を対象にした知的障害児通園施設，1961（昭和36）年には情緒障害児短期治療施設，1963（昭和38）年には肢体不自由児施設に通園児童療育部門も整備された。またこの時期には，保護者等の関係者が手を携え合い，障害児「親の会」が設立されていった。「親の会」は障害児や家族が置かれている状況を社会に訴え，新たな施策を国や地方公共団体から引き出す運動を積極的に展開させた。

1967（昭和42）年には重症心身障害児施設が創設され，1969（昭和44）年には自閉症児療育事業も開始された。これらの先がけは，1964（昭和39）年から肢体不自由児施設の重度病棟や精神薄弱児施設の重度精神薄弱児収容棟の設置が進められたことにある。

このように，障害児に関わる政策は，障害の種類，程度に応じて，障害児を効果的に「保護するとともに独立自活に必要な知識技能を与える（精神薄弱児

施設〔現・障害児入所施設または児童発達支援センター〕等の法定義）」ことを第一義的目標としてきた。

その後，施設政策は1965（昭和40）年に開始された肢体不自由児施設における母子入園部門の設置（おおむね2～6歳）を契機に，幼児に力点を置く方針へと転換し，幼児を対象とする新障害児通園事業の制度化（1972〔昭和47〕年），精神薄弱児施設の幼児の受け入れ開始（1974〔昭和49〕年から／それまでは6歳以上が対象），難聴幼児通園施設の創設（1975〔昭和50〕年）といった形で進展していった。また，1977（昭和52）年には「1歳6か月児健康診査」が制度化されたことで障害児の早期発見，早期療育という障害児福祉政策の方針が強まり，その一環として保育所での障害児保育が制度化されていくこととなった。

1973（昭和48）年11月に政令第339号「学校教育法中養護学校における就学義務及び養護学校の設置義務に関する部分の施行期日を定める政令」が公布され，1979（昭和54）年から養護学校義務制が開始される運びとなった。これに伴い，障害児福祉制度が補完してきた「学童期の障害児」の教育訓練を教育制度の中に組み込み，障害児保育は教育政策と関係し合いながら発展していくこととなった。

保育所における障害児保育については，1973（昭和48）年の中央福祉審議会「当面推進すべき児童福祉対策について」（中間答申）において，保育所における障害児の保育に関して言及されたことから，厚生省（現・厚生労働省）児童家庭局長通知「障害児保育事業実施要綱」（1974〔昭和49〕年）が提出される運びとなった。これにより，保育所における障害児保育が制度として推進されていくこととなった。

2 障害児保育制度（特別保育事業），関連法規・制度

障害児に対する福祉・保育は，児童福祉法を上位法としてさまざまな法律・制度によって整備されている。ここでは，障害児保育に関わる利用のシステムの動向，さらには，保育所における障害児保育に関わる制度を整理し，述べて

第Ⅰ部　理　論　編

いく。

（1）障害児保育に関わる利用システムの動向

　障害児保育制度は児童福祉法等を根拠とした「措置」中心の仕組みにおいて実施されてきたが，障害者福祉制度と関連しながら転換していくこととなる。

　1995（平成7）年に「障害者プラン――ノーマライゼーション7カ年戦略」が発表された。これは，ノーマライゼーションの理念の実現に向けた国内計画で，障害児の地域療育体制の構築や交流教育の推進についても言及していた。その後，2002（平成14）年に「新障害者プラン」への更新により，2007（平成19）年度までに障害児通園（デイサービス）事業を約131,000人分，重症心身障害児（者）通園事業を約280カ所設けること等を目標とした。

　そして，1997（平成9）年の児童福祉法改正によって，保育所の利用システムは措置制度から，保護者が保育所を選択し契約する形式の利用契約制度へと変更された。あわせて，2003（平成15）年から障害者福祉分野では支援費制度が導入され，障害児・者の在宅福祉サービスが措置制度から利用契約制度へと移行した。さらに，2006（平成18）年の障害者自立支援法（現・障害者の日常生活及び社会生活を総合的に支援するための法律〔以下，障害者総合支援法〕）の施行によって，障害児施設において療育等を受ける利用料について，「応能負担」から「応益負担」制度に移行した。

　また，障害者福祉の上位法である障害者基本法には「障害者」の定義規定があり，2011（平成23）年8月の障害者基本法の一部を改正する法律の公布・施行により，その定義も拡大されることになった。さらには，具体的なサービス運営方法を定める障害者自立支援法の制定・施行によって，身体障害，知的障害，精神障害の障害種別ごとに分類していた施設・事業体系が障害児も含めた三障害共通のサービス体系へと再編された。

　なお，2013（平成25）年4月から，障害者自立支援法は障害者総合支援法へと改訂され，治療方法が確立していない疾病その他の特殊の疾病に罹っている者も「障害児」「障害者」の範囲に追加された。また，2014（平成26）年4月か

ら「障害程度区分」は「障害支援区分」に名称が改められることとなった。[1]

（2）保育所における障害児保育

前述のとおり，保育所における障害児保育は，1974（昭和49）年に厚生省（現・厚生労働省）から出された通知「障害児保育事業実施要綱」を契機として急速に全国に広がり，その後，制度の改変をくり返し，現在に至っている。

以下，「障害児保育事業実施要綱」について説明するとともに，本要綱以降の主な制度の特徴，保育所における障害児保育をめぐる現状等について述べていく。

1）障害児保育事業実施要綱

1960年代，中央児童福祉審議会によって，障害児の保育所への入所について，保育に欠ける児童の要件を見直すことから検討が始められた。そして1973（昭和48）年の中央児童福祉審議会中間答申において，健常児と障害児が共に保育を受けることについて言及された。中間答申では，障害児が健常児と関わることで，その発達を豊かにすることが可能であることや，健常児が障害児に対する理解を深めることができるようにと答申され，現在の障害児保育につながる一定の考え方を示したものとなった。

さらに，その1年後の1974（昭和49）年に提出された通知「障害児保育事業実施要綱」は，国として保育所における障害児保育の取り組みを進めていくことの確認となった。対象が市町村から指定された保育所に限定され，入所できる障害児には一定の制限があったものの，3歳以上の「軽度」の障害児を対象とすること，障害児4名に対して1名の保育士加配を行うこと，市町村が実施主体となること，その事業に対して都道府県と国が補助を行うこと等が明記されていた。これ以降，各自治体においても，国の規定（通知）に基づいてそれぞれ要綱が制定され，国からの補助金を受けながら障害児保育が進められることとなった。その後，1978（昭和53）年には，3歳までの年齢制限の撤廃，受け入れる障害児の障害程度を「軽度」から「中度」までに変更することとなった。また，障害児保育を実施する保育所についても，事前に指定を受けたモデ

ル保育所のみならず，その他の保育所へと対象範囲が広がり，より多くの障害児が利用できる機会が拡大された。

　なお，2003（平成15）年度からは，障害児保育に関わる国の補助は，特定財源（使途が特定されている財源）から地方交付税等の一般財源（使途が特定されておらず，地方自治体の裁量によって配分変更可能な財源）に組み込まれた。これは，障害児保育の制度創設以来，相当年数が経過してきたことを踏まえ，各市町村がそれまでの事業の蓄積を活かし，地域の実情に合わせた取り組みが行えるようにとの考えからであった。その後，2012（平成24）年度からは，一般財源化された国からの補助もなくなり，障害児保育は市町村単独の事業として進められるようになった。

　2）　保育対策等促進事業

　保育所における障害児保育は，1974（昭和49）年の制度化以来，幾度も修正がくり返され，1989（平成元）年からは「特別保育事業」等の総合的な保育事業の枠組みの中で実施されていった。その後，「特別保育事業」は，2005（平成17）年度から「保育対策等促進事業」へと名称が改められ，その事業内容も大幅に変更された。核家族化や就労形態の多様化等といった社会の変化やさまざまな保育ニーズに対応することを目的に実施されており，事業内容の再編を経て，現在では次のように規定されている。すなわち，①特定保育事業，②休日・夜間保育事業，③病児・病後児保育事業，④待機児童解消促進等事業，⑤保育環境改善等事業，⑥延長保育促進事業の六つである。

　前述の通り，現在，障害児保育は国庫補助がなくなり，市町村単独の事業として進められている。これまで以上に障害児保育における市町村の役割が大きく，財政状況や障害児保育に対する考え方等によって，その展開が変わるのが現状である。ただし，その基準になるものとして，2007（平成19）年に厚生労働省によって示された「障害児保育円滑化事業」の中に示された実施要件を活用し，障害児保育を進めている市町村が多いと言える。本事業は，かつての「特別保育事業」における「障害児保育推進事業」が引き継がれたもので，「保育対策等促進事業」の枠組みの中で実施されていた。軽度も含めて4人以上の

障害児を受け入れる保育所に経費の助成を行うという内容であったが，2007（平成19）年度限りで「保育対策等促進事業」から外されている（市町村への国庫補助の廃止）。

3）「二重措置」「並行通園」

従来，保育所を利用している障害児が専門機関での療育を希望する場合は，「二重措置」という問題が指摘されていた。これは障害児が受ける療育についても「措置」の考え方を原則としていたため，保育所にすでに措置されている児童については，通園施設であってもそれ以上のサービスを受けることができないという制度上の理由があった。しかし，1997（平成9）年の児童福祉法改正によって保育所入所制度が「措置」制度から「契約」制度へ変更されたことに伴い，1998（平成10）年に厚生省（現・厚生労働省）から保育所入所児童であっても，療育の効果が認められる場合は障害児通園施設に通所することを妨げないとの通知がなされた。これらによって，「二重措置」の問題は解消され，障害児のニーズに応じて保育所に籍を置きながら専門機関での療育を受ける「並行通園」が可能となった。

3　保育所保育指針・幼稚園教育要領に見る障害児への対応

わが国では，就学前の子どもが利用する場所として，児童福祉施設としての機能を有する保育所と，学校教育施設の機能を有する幼稚園があり，二つの制度が共存している。戦後，この二元的な制度に基づいて，保育及び就学前教育が進められてきたが，2006（平成18）年10月からは保育所と幼稚園の両機能を兼ね備えた認定こども園の制度も始まっている。また，すべての子どもに対して平等に質の高い保育・教育が保障されるよう，子ども・子育て支援新制度の開始に向けて，さらなる検討が進められている。

このような状況の中，近年，保育所や幼稚園等において，従来以上に障害児への対応が重要視され，そのあり方が問われている。保育の方針である「保育所保育指針」，幼稚園教育における教育の方針となる「幼稚園教育要領」にも

障害児への対応について記載されており，本節ではこの部分に焦点を当てて述べていく。

（1）保育所保育指針

　日本国憲法の公布を受け，1951（昭和26）年に子どもの基本的人権を尊重し，その幸福を図るために児童憲章を宣言した。かつては，子どもは大人の従属物や労働力としてみなし，特に障害児については，「人間としての価値を有しない・存在意義の無い子ども」として扱われてきた歴史がある。

　しかし，児童憲章では「すべての児童は就学へのみちが確保」されることを目指し，「すべての児童は，身体が不自由な場合，または精神の機能が不十分な場合に，適切な治療と教育と保護が与えられる」と障害児に対する治療と教育についても言及している。

　保育所における子どもたちの保育の基本方針を示している「保育所保育指針」は，1965（昭和40）年に制定後，1990（平成2）年，2000（平成12）年，2008（平成20年）と3度の改定を行ってきた。そこでは，障害児の保育についての対応や配慮についても明記している。第3章の2において「子どもの性差や個人差にも留意しつつ，性別などによる固定的な意識を植え付けることがないよう配慮すること」と述べている。また，第4章1「保育の計画及び評価」において「障害のある子どもの保育については，一人一人の子どもの発達過程や障害の状態を把握し，適切な環境の下で障害のある子どもが他の子どもとの生活を通して共に成長できるよう，指導計画の中に位置付けること。また，子どもの状況に応じた保育を実施する観点から，家庭や関係機関と連携した支援のための計画を個別に作成するなど適切な対応を図ること」と明記しており，障害児一人ひとりの発達を丁寧に把握しながら，健常児と共に生活を通して互いに成長できるような環境整備に配慮することを求めている。日々の子どもの状態を見極め，柔軟に対応すること，保護者や関係機関との連携を図りながら障害児を保育することも求めている。

（2）幼稚園教育要領

「保育所保育指針」と同時期に「幼稚園教育要領」も改定を受け，障害児保育の進め方について，基本的には同様の方向が示されている。第3章第1項に「障害のある幼児の指導に当たっては，集団の中で生活することを通して全体的な発達を促していくことに配慮」し，「特別支援学校などの助言又は援助を活用」することで各個人にあった支援計画を立案することを求めている。さらに，健常児に対しては社会性や豊かな人間性を育むことを目的に特別支援学校などの児童と積極的に交流を図ることを求めている。

４ 障害児保育に関わる諸機関・施設

障害児保育に関わる専門機関には，障害児やその保護者の相談に応じ，ニーズに応じた関係機関への紹介・送致，また各種手帳を申請するための判定等を行う行政機関，障害児を治療・教育・訓練したり，適切な指導・助言を行ったりする施設等がある。

本節では，それらの機関や施設について概要を述べ，また，設置根拠法や近年の動向等に関しても触れる。

（1）障害児の生活に関する行政機関

障害児の生活に関わる行政機関としては，児童家庭福祉では児童相談所，社会生活上に関しては福祉事務所，母子保健の側面から保健所が設置されている。それぞれ，相談または判定，情報提供等を行う機能を担っており，障害児に関わる部分において，障害を早期発見・対応，保護者への助言を行う等重要な機能を有している。

児童相談所は都道府県及び指定都市に義務設置となっており，自治体によって「子ども家庭センター」「子ども相談センター」等呼称の違いがある。ここでの相談内容は大きく分けて，①障害相談，②育成相談，③養護相談，④非行相談，⑤保健相談の五つである。近年では，児童虐待対応の養護相談が増加傾

向にあるとされている。ただし，依然として最も多い相談内容は障害相談であり，特に知的障害に関する内容が半数以上を占めている。

　福祉事務所は，都道府県及び市に義務設置となっており，生活保護法，児童福祉法，老人福祉法等，幅広く社会福祉全般に関する事務等を担当している。その他にも民生（児童）委員や児童扶養・特別児童扶養手当に関わる事項等を取り扱っており，社会福祉に関して中心的な業務を担っている。

　保健所は，都道府県，指定都市，中核市等に義務設置となっており，地域住民の健康の保持や促進に関わるような役割を担っている。また，「母性及び乳幼児ならびに老人の保健に関わる事項（地域保健法）」の指導や監督を行い，妊婦や乳児に対する健診・指導や障害の早期発見・療育相談等といった重要な機能を担っている。

（2）障害児が利用する施設・事業

1）障害児を対象とした施設・事業体系の再編

　前述した行政機関等で障害があると認められた子どもたちは，その有する能力を伸ばし自立自活を営むための訓練や集団の中で社会性を育てていくための療育等を受けることが必要となる。このような場合，障害児を対象とした施設・事業を利用することになるが，その体系について，従来，施設系は児童福祉法，事業系は障害者自立支援法（現・障害者総合支援法）に基づいて実施されてきた。しかし，2010（平成22）年の「障がい者制度改革推進本部等における検討を踏まえて障害保健福祉施策を見直すまでの間において障害者等の地域生活を支援するための関係法律の整備に関する法律（障害者自立支援法の一部改正）」の公布に伴い，児童福祉法も改正された。これにより，2012（平成24）年4月から児童福祉法に根拠規定が一本化され，新たな施設・事業体系へと再編された（図5-1及び表5-1参照）。

　ここでの改定のポイントとしては，次のような点が挙げられる。

第5章　障害児保育に関する法・制度

図5-1　障害児施設・事業の一元化

○障害児支援の強化を図るため，障害種別ごとに分かれた施設体系について，通所・入所の利用形態の別により一元化。

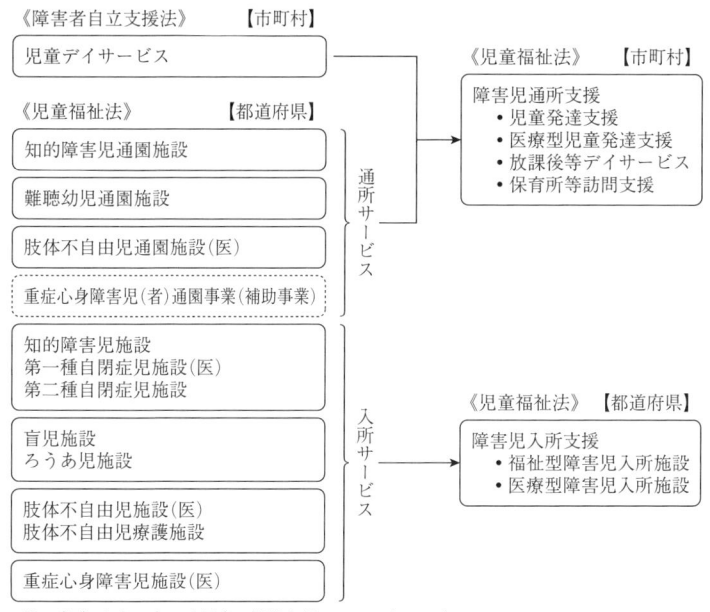

《障害者自立支援法》　【市町村】
- 児童デイサービス

《児童福祉法》　【都道府県】
- 知的障害児通園施設
- 難聴幼児通園施設
- 肢体不自由児通園施設(医)
- 重症心身障害児(者)通園事業(補助事業)

↓通所サービス

《児童福祉法》　【市町村】
- 障害児通所支援
  - 児童発達支援
  - 医療型児童発達支援
  - 放課後等デイサービス
  - 保育所等訪問支援

《児童福祉法》
- 知的障害児施設
- 第一種自閉症児施設(医)
- 第二種自閉症児施設
- 盲児施設
- ろうあ児施設
- 肢体不自由児施設(医)
- 肢体不自由児療護施設
- 重症心身障害児施設(医)

↓入所サービス

《児童福祉法》　【都道府県】
- 障害児入所支援
  - 福祉型障害児入所施設
  - 医療型障害児入所施設

注：(医)とあるものは医療の提供を行っているものである。
出所：『国民の福祉と介護の動向2013／2014』厚生労働協会，2013年，121頁。

① 障害種別で分かれていた障害児施設について，知的障害児施設，自閉症児施設，肢体不自由児施設，重症心身障害児施設等の入所施設は「障害児入所施設（障害児入所支援）」に，知的障害児通園施設，肢体不自由児通園施設等の通園施設は「児童発達支援センター（児童発達支援としての通所施設）」にそれぞれ一元化された。また，それぞれの施設について，福祉型，医療型に分類されることとなった（障害児施設の体系の再編）。

② 通所サービスの実施主体が市町村に変更され，障害者自立支援法（現・障害者総合支援法）の居宅サービスと通所サービスの一体的な提供も可能となった。

第Ⅰ部　理　論　編

表 5-1　障害児入所支援・障害児通所支援の体系

◆障害児入所支援（都道府県）

支　　援	支　援　の　内　容
福祉型障害児入所施設	施設に入所する障害児に対して，保護，日常生活の指導及び独立自活に必要な知識技能の付与を行うもの。
医療型障害児入所施設	施設に入所する障害児に対して，保護，日常生活の指導及び独立自活に必要な知識技能の付与及び治療を行うもの。

◆障害児通所支援（市町村）

支　　援	支　援　の　内　容
児童発達支援	日常生活における基本的な動作の指導，知識技能の付与，集団生活への適応訓練，その他必要な支援を行うもの。
医療型児童発達支援	日常生活における基本的な動作の指導，知識技能の付与，集団生活への適応訓練，その他必要な支援及び治療を行うもの。
放課後等デイサービス	授業の終了後又は学校の休業日に，生活能力の向上のために必要な訓練，社会との交流の促進その他の必要な支援を行うもの。
保育所等訪問支援	保育所等を訪問し，障害児に対して，集団生活への適応のための専門的な支援その他の必要な支援を行うもの。

出所：厚生労働省編『厚生労働白書　平成25年版』日経印刷，2013年，資料編223頁を基に筆者作成。

③　学齢児を対象とした「放課後等デイサービス」が創設され，障害児の放課後支援の充実を図ることとなった。

④　障害児の保育所等の利用を円滑に進めるため，「保育所等訪問支援」を創設した。

⑤　18歳以上の障害児施設入所者に対し，障害者自立支援法（現・障害者総合支援法）に基づく障害福祉サービスへと継続して提供されることとなった。なお，制度の改正前から入所している者が退所させられないよう配慮されることになっている（在園期間の延長措置の見直し）。

この他，児童福祉施設における職員の配置基準，子ども一人あたりの居室面積等を定めた「児童福祉施設最低基準」も「児童福祉施設の設備及び運営に関する基準」へと改め，適切な対応を図るための設置基準へと改善を図ることとなった。

第5章 障害児保育に関する法・制度

表5-2 障害児も対象となる障害福祉サービス

支給対象サービス	内　　容
①居宅介護 （ホームヘルプ）	障害児・者を対象に，居宅において，入浴や排泄・食事等の身体介護，調理や洗濯，掃除等の家事援助を行う。
②同行援護	視覚障害により，移動に著しい困難を有する障害児・者を対象に，外出時に同行し，移動に必要な情報の提供（代筆・代読も含む），移動の援護等の支援を行う。
③行動援護	知的障害又は精神障害により，行動上著しい困難を有する障害児・者を対象に，行動する際に生じる危険を回避するために必要な援護，外出時の移動中の支援を行う。
④短期入所 （ショートステイ）	介護者が病気の場合等，短期間，夜間も含めて障害者支援施設等への入所を必要とする障害児・者を対象に，当該施設において入浴，排せつ，食事の介護等の支援を行う。
⑤重度障害者等包括支援	常時介護を要し，その介護の必要の程度が著しく高い障害児・者を対象に，居宅介護をはじめとする複数の障害福祉サービスの提供を包括的に行う。

出所：社会福祉士養成講座編集委員会『障害者に対する支援と障害者自立支援制度』中央法規出版，2013年，150-151頁。及び『国民の福祉と介護の動向2013／2014』厚生労働統計協会，2013年，102頁を基に筆者作成。

2）　サービスの利用方法

　障害児入所支援の利用を希望する保護者は児童相談所に，障害児通所支援の場合は市町村（福祉事務所等）に，それぞれ障害児入所給付費，障害児通所給付費の支給申請を行う。支給決定を受けた後，「福祉型」の場合は受給者証が，「医療型」の場合は受給者証と医療受給者証が発行され，利用希望の施設・事業所と契約を結び，実際に利用開始となる。

　なお，「重症心身障害児（者）通園事業」が「児童発達支援」として法定化されたことに伴い，18歳以上の障害者が引き続き利用するためには，新たに支給決定を受けることが必要となるが，本人の申出により障害程度区分（障害支援区分）の判定等の手続きを省略して支給決定を行う経過措置が設けられている（施設等の新しい体系への移行にあたっては，2015〔平成27〕年3月までに実施するという経過措置期間が設けられている）。

(3) 障害児を対象とした障害者総合支援法に基づくサービス

障害児とその家族を支援するため，障害者総合支援法の中にも，障害児が利用できるサービスが規定されている。同法における介護給付費(2)の支給対象となる障害福祉サービスのうち，障害児も対象となるものは，表5-2のとおりである。

なお，「障害福祉サービス」とは，障害者・児の保健福祉サービスとして，元々は障害者自立支援法で初めて法律上定義された用語であり，具体的には，自立支援給付の中の，介護給付と訓練等給付に関わる諸サービスのことを指している。

5 経済的支援・手帳制度

障害児への支援を進めるためには，保育所や障害児入所施設等の整備はもちろんのこと，当該児童を養育する家庭への経済的支援も欠かすことができない。
本節では，障害児を支える経済的保障制度と手帳制度について述べていく。

(1) 各種手当

1) 児童扶養手当

児童扶養手当は，母子・父子世帯等の生活の安定を図り，自立を促進することを目的としている。これは，父母の離婚・父（母）の死亡等によって父（母）と生計を同じくしていない児童を養育している家庭を対象に支給する手当であるが，障害児に関わる部分としては，以下の点があげられる。

2011（平成23）年4月から「国民年金法等の一部を改正する法律」等が施行され，障害基礎年金の子の加算の範囲が拡大されたことで，あわせて障害基礎年金の子の加算の運用についても見直しが行われた。それまでは，父または母が児童扶養手当法施行令に定める程度の障害にあっても，児童が障害基礎年金の加算対象となっている場合は，手当が支給されなかった。しかし，児童扶養手当額が障害基礎年金の子の加算額を上回っていれば，年金受給権者と児童の

間に生計維持関係がないものとして取り扱い，子の加算の対象としないことで手当が受給できるようになった。

2） 特別児童扶養手当

特別児童扶養手当は，精神又は身体に障害のある20歳未満の児童について，児童の福祉の増進を図ることを目的としている。支給対象は，20歳未満で精神又は身体に障害を有する児童を家庭で監護，養育している父母等である。ただし，児童福祉施設等（母子生活支援施設，保育所等を除く）に入所している，所得制限に該当する等といった場合は，支給されないこととなっている。

3） 障害児福祉手当

障害児福祉手当は，重度障害児に対して必要となる精神的・物質的な負担をさらに軽減する一助となり，障害児の福祉の向上を図ることを目的としている。支給対象は，精神又は身体に重度の障害を有するため，日常生活において常時の介護を必要とする状態にある在宅の20歳未満の者である。ただし，受給者（申請者）の所得が所得限度額を超える場合，受給者の配偶者・扶養義務者の所得が所得限度額以上である時は，支給されないこととなっている。

（2） 障害者の手帳制度

現在，障害児・者に対して交付されている手帳には，「身体障害者手帳」「療育手帳」「精神障害者保健福祉手帳」がある。それぞれに対象があり，いずれも申請に基づき，都道府県知事等から交付されることになっている（表5-3参照）。手帳を取得することで，所得税・住民税の障害者控除等，税制上の優遇措置が受けられる，障害者総合支援法に基づく自立支援医療[3]の認定手続きに利用できる等といった支援施策がある。ただし，手帳の種類によって，割引・減免制度や福祉措置等の内容は異なっている。

ここでは，これらの手帳の根拠法及びその概要について見ていく。

1） 身体障害者手帳

身体障害者手帳は身体障害者福祉法を根拠にし，身体障害児・者に交付される。対象となる障害は，①視覚障害，②聴覚又は平衡機能の障害，③音声機能，

表5-3 障害者手帳の交付申請手続きについて

手帳の種類	発行責任者	交付申請窓口	備 考
身体障害者手帳	都道府県知事，指定都市市長，中核市市長	居住地を管轄する福祉事務所長（福祉事務所を設置しない町村の場合は町村長）	申請者本人が15歳に満たない場合については，保護者等が代わって申請できる。
療育手帳	都道府県知事，指定都市市長	居住地を管轄する福祉事務所長（福祉事務所を設置しない町村の場合は町村長）	知事等は，児童相談所又は知的障害者更生相談所における判定結果に基づき，手帳の交付を決定する。2年毎に再判定。
精神障害者保健福祉手帳	都道府県知事，指定都市市長	居住地を管轄する市町村長	申請の際には，医師の診断書又は障害年金の写し等を添付する必要がある。2年毎に再判定。

出所：厚生労働省編『厚生労働白書 平成25年版』日経印刷，2013年，資料編220頁．及び社会福祉士養成講座編集委員会『障害者に対する支援と障害者自立支援制度』中央法規出版，2013年，45-46，49，52頁を基に筆者作成．

言語機能又はそしゃく機能の障害，④肢体不自由，⑤内部障害（心臓機能障害，腎臓機能障害，呼吸器機能障害，膀胱又は直腸機能障害，小腸機能障害，ヒト免疫不全ウイルスによる免疫機能障害）であり，2010（平成22）年4月からは，内部障害の中に肝臓機能の障害も含まれている。「身体障害者障害程度等級表（身体障害者福祉法施行規則第5条）」に基づいて判定され，障害の種類とともに，その程度に応じて，最も重い1級から順に6級の障害等級等が記載されている（7級のみの認定による身体障害者手帳の交付はない）[4]。

2）療育手帳

療育手帳は知的障害児・者に対して交付される手帳であるが，知的障害者福祉法に規定されたものではなく，厚生労働省通知「療育手帳制度について（療育手帳制度要綱）」に基づいて運用されている。知的障害の程度については，A：重度，B：軽度の2分類となっているが，その交付主体が自治体にあるため，分類や明記方法等は自治体毎に任されているのが現状である。判定については，以下の基準に基づきつつ，総合的な視点でとらえて行われる。

① 知的機能が有意に低い（IQ70～75以下）
② 適応行動（スキル）が知能の制約と関連した制約が二つ以上あること

適応スキル：コミュニケーション，身辺処理，家庭生活，社会的スキル，
　　　　　　　社会資源の活用，自律性，健康，安全，学業，余暇活動，
　　　　　　　労働，等の項目から
③　発達期（18歳以前）に現れること

　なお，療育手帳は，原則として児童相談所又は知的障害者更生相談所において2年ごとに判定を受ける必要がある。また，近年では，発達障害児・者に対しても療育手帳の交付が行われることもある。
3）精神障害者保健福祉手帳
　精神障害者保健福祉手帳は，精神保健及び精神障害者福祉に関する法律（精神保健福祉法）に規定されており，知的障害者を除く精神障害者に対して交付される。障害等級は，重度者から1級，2級，3級と定められており，その内容は以下の通りである。

　　1級：日常生活の用を弁ずることを不能ならしめる程度のもの。
　　2級：日常生活が著しい制限を受けるか，又は日常生活に著しい制限を加
　　　　　えることを必要とする程度のもの。
　　3級：日常生活や社会生活が制限を受けるか，又は日常生活や社会生活に
　　　　　制限を加えることを必要とする程度のもの。

　なお，等級の判定については，精神疾患の状態とそれに伴う生活能力状態の両面から総合的に判定される仕組みになっている。手帳の有効期限は2年間で，2年ごとに都道府県知事の判定を受ける必要がある。

6　障害児保育と母子保健サービス

　母子及び乳幼児の健康の保持と増進を図ることを目的とした法律として母子保健法がある。母子保健は，1937（昭和12）年の保健所法，母子保護法の制定

とともに開始され，その後，1947（昭和22）年の児童福祉法制定後に子どもに関するさまざまな法制の整備を図る中で，1965（昭和40）年に母子保健法が制定され，現在に至っている。

　母子保健制度は，子どもたちの障害を早期に発見し，早期療育を受けるためにも必要であり，ここではその歴史と，本制度に基づいて行われている健康診査の概要について見ていく。

（1）乳幼児健康診査

　乳幼児健診は，母子保健法及び児童福祉法の中でその充実が図られている。1961（昭和36）年から発育栄養状態，身体疾患のチェックを主な目的とする3歳児の集団健診が行われるようになった。1963（昭和38）年からは知的発達等も健診の対象となった。

　1965（昭和40）年の母子保健法の成立以降，保健所における乳児・3歳児の健診，母子健康手帳の交付，新生児・未熟児訪問指導等が実施されていった。

　1977（昭和52）年には，1歳6か月児健診が市町村における母子保健事業として行われるようになり，1994（平成6）年の母子保健法の改正によって，乳幼児健診の実施主体は市町村に一元化された。

　なお，実際の乳幼児健診は，各自治体によって対象となる年齢が母子保健法に定められている範囲内で前後する場合がある。

（2）1歳6か月児健康診査

　1歳6か月児健診は，母子保健法に基づいて実施され，対象年齢は「満1歳6か月を超え満2歳に達しない幼児」である。その健診内容は母子保健法施行規則に定められており，①身体発育状況，②発達状態，③脊柱及び胸郭の疾患及び異常の有無，④皮膚の疾病の有無，⑤歯や口腔の疾病及び異常の有無，⑥四肢運動障害の有無，⑦精神発達の状況，⑧言語障害の有無，⑨予防接種の実施状況，⑩育児上問題となる事項，⑪その他の疾病及び異常の有無，の11項目がある。

(3) 3歳児健康診査

3歳児健診も1歳児6か月児健診と同様に母子保健法に基づいて実施されている。対象年齢は「満3歳を超え満4歳に達しない幼児」であり，健診内容は母子保健法施行規則に定められている。①身体発育状況，②栄養状態，③脊柱及び胸郭の疾病及び異常の有無，④皮膚の疾病の有無，⑤眼の疾病及び異常の有無，⑥耳，鼻及び咽頭の疾病及び異常の有無，⑦歯及び口腔の疾病及び異常の有無，⑧四肢運動障害の有無，⑨精神発達の状況，⑩言語障害の有無，⑪予防接種の実施状況，⑫育児上問題となる事項，⑬その他の疾病及び異常の有無，の13項目がある。

コラム／健診を受ける手順

妊娠が分かると母子健康手帳の交付を受ける。＊ その後，出産に至るまで病院等で健診を受け，その都度この手帳に記録を記していくこととなる。

出産後，乳幼児健診の時期に至ると各自治体から当該家庭に連絡があり，1歳6か月児健診，続いて3歳児健診を受診することとなる。これらは，保健師・発達相談員等が子どもの発達や母親の状況，また子育て等の状況を聞き取り，助言・指導を行う機会となっている。当該健診で再検査や専門医等による受診の必要があると判断された場合は，専門医療機関での診断等を促す場合もある。

＊ 母子保健法において，「市町村は妊娠の届出をした者に対して，母子健康手帳を交付しなければならない」と規定され，その様式は厚生労働省令に定められている。

---

(4) 新生児マス・スクリーニング

上記の健診の他，すべての新生児を対象とした新生児マス・スクリーニング（または新生児スクリーニング）がある。これは，新生児にみられる先天性代謝異常症等の疾患やその疑いを早期に発見し，適切な治療を施すことを目的とした検査で，先天性代謝異常等検査とも呼ばれる。対象疾患は，ガラクトーシス血症，フェニルケトン尿症，メープルシロップ尿症（楓糖尿症），ホモシスチン尿症，先天性甲状腺機能低下症（クレチン症），先天性副腎皮質過形成の6疾患である。

第Ⅰ部 理 論 編

　近年では，2011（平成23）年3月の厚生労働省通知により，先天性代謝異常の新しい検査法である，タンデムマス・スクリーニング法の導入が促されている。これは，タンデム型質量分析計を利用した新しい新生児マス・スクリーニングのことであり，その運用や対象疾患の選択は各自治体に任せられている。

　以上のように，本章では，わが国における障害児保育に関わる法律・制度について述べてきた。これらは，時代の状況や障害児・者及び保護者のニーズ等に合わせながら改変をくり返し，現在に至っている。特に近年では改変の頻度が著しく，仕組みも複雑な面があること等から，「法律・制度は好きになれない」「実際の保育とどのような関係があるのか，よくわからない」等と考える保育者や養成校の学生がいるかもしれない。しかし，障害児や保護者が利用する施設・事業は，法律・制度に基づいており，その枠組みの中で実際の支援が進められている。また，施設等において，保育者が保護者から法律・制度について尋ねられた際，「何も知らない」「まったくわからない」等といったことがあっては，障害児や保護者に携わる真の専門職ということは到底できない。
　したがって，保育者やそれを目指す者は，障害児・者に関わる法律・制度について普段から関心をもち，最新の動向に関しても確認をするとともに，実際の保育現場で具体的にどのように活用できるのか等を理解していくことが必要である。

注
(1) 障害支援区分とは，障害児・者に対する障害福祉サービスの必要性を客観的に明らかにするため，当該障害児・者の心身の状態を総合的に示す区分のことである。障害者総合支援法では，「障害者等の障害の多様な特性その他の心身の状態に応じて必要とされる標準的な支援の度合を総合的に示すものとして厚生労働省令で定める区分」と定義されている。
(2) 障害者総合支援法に基づく給付体系の一つに「自立支援給付」（サービス利用者に対して個別に行われる支援）がある。介護給付費はその中の一つに位置づけられており，その他，訓練等給付費，自立支援医療費，補装具費がある。
(3) 自立支援医療費制度とは，障害者総合支援法に基づく公費負担医療制度のことで，

(旧) 更生医療, (旧) 育成医療, (旧) 精神通院医療が一元化されたものである。なお, 公費負担医療制度とは, 国が国民に対して生存権を保障するために特定の傷病に対する医療費を公費（税金）で負担するもので, 医療保険制度を補完する役割を担っている。
(4) 「身体障害者障害程度等級表（身体障害者福祉法施行規則第5条）」には, 肢体不自由にのみ7級が設定されている。この7級に該当する障害が重複する場合には, 身体障害者手帳の等級は6級とされる仕組みになっている。

参考文献

近藤直子・白石正久・中村尚子編著『新版　テキスト障害児保育』全国障害者問題研究会出版部, 2005年。

渡部信一・本郷一夫・無藤隆編著『保育の内容・方法を知る障害児保育』北大路出版, 2009年。

若井淳二編著『幼稚園・保育所の先生のための障害児保育テキスト　新訂版』教育出版株式会社, 2006年。

鈴木文治『インクルージョンをめざす教育――学校と社会の変革を見すえて』明石書店, 2006年。

全国保育団体連絡会／保育所編集『保育白書2013年版』ちいさいなかま社, 2013年。

福岡県福祉労働部児童家庭課編「知っておきたい児童扶養手当　特別児童扶養手当児童手当のしおり」2013年。

近藤直子「子ども・子育て新システムと障害児の保育――子どもの権利保障の観点」『障害者問題研究』第39巻第3号, 2011年。

中村尚子「改正児童福祉法における「障害児相談支援事業」の問題点」『障害者問題研究』第39巻第3号, 2011年。

末次有加「戦後日本における障害児保育の展開――1950年代から1970年代を中心に」『大阪大学教育学年報』第16号。

川上輝昭「特別支援教育と障害児保育の連携」『名古屋女子大学紀要』第51号, 2005年。

澤田英三「制度化以前の保育所における障碍児保育についての事例報告」『安田女子大学紀要』第37号, 2009年。

田中美郷・石原佳敏・鈴木陽子編著『障害児教育概論』川島書店, 1984年。

鯨岡峻＋安来市公立保育所保育士会編『障碍児保育・30年――子どもたちと歩んだ安来市公立保育所の軌跡』ミネルヴァ書房, 2005年。

鯨岡峻編著『障害児保育　第2版』ミネルヴァ書房, 2013年。

第Ⅰ部　理　論　編

読者のための参考図書

全国保育団体連絡会・保育研究所編『保育白書　各年版』ひとなる書房。
　―――本書は，保育に関する現状と課題について，最新のデータを基に解説している。保育制度・原理・政策の動向を分析し，保育行政（制度）の改善課題にかかわる主要な論点を提示し，保育関係者が目指すべき方向を述べている。「資料編」では，予算，補助金関連資料，保育所数・入所児童数等の保育に関する統計資料が揃っている。

渡部信一・本郷一夫・無藤隆編著『障害児保育』北大路書房，2009年。
　―――本書は，将来保育者を目指す人を対象に書かれた「障害児保育」に関するものである。現在すでに保育者として日々の実践に携わっている方が改めて学ぶのにも役立つと考える。第2章で，障害児保育の歴史について記しており，障害児保育の歴史的展開を①萌芽期，②発展・充実期，③社会福祉基礎構造改革までの三期に分けて概観している。各期の理念の移り変わりに関する学びに適している。

田中美郷・石原佳敏・鈴木陽子編著『障害児教育概論――子どもの発達の理解と治療教育の実践』川島書店，1984年。
　―――本書は，心身障害児の教育を志す学生や，教師，保育関係者のために著わされたものである。医学が進歩した現代においても，治療不可能なものが多くある。医学的知識や医学的アプローチを活用しながら，教育・保育が実践していく必要があることを伝えている。古い本ではあるが，平易に書かれており，知識の整理の面では現在でも役に立つと思われる。また，障害について考える上でも示唆を与えてくれる点が多々ある。

スウェーデンの障害児保育・教育1

"就学前教育"制度とは

　スウェーデンには保育園と幼稚園がない。あるのは1～5歳までの全児童のための"就学前学校"だ。6歳児は基礎学校への入学準備のため，"就学前クラス"で学ぶ。義務教育は基礎学校での7歳から16歳までの9年間で，日本の小中学校に相当する。なお1歳までの乳児は親が育児休暇をとって家庭で看る。

　1996年，スウェーデンは幼児教育の大改革を行い，それまでダーグヘム（昼間の家）とよばれていた保育所を"就学前学校"に変えた。そして就学前学校を教育制度における最初の段階とし，生涯学習の基礎とした。この改革で保育（社会福祉）は幼児教育（教育部門）となり，その責任も社会省から教育省に移管した。

　就学前学校のカリキュラム（1998年公布）は義務教育や高等教育と同等に位置づけられ，法的拘束力をもつナショナルカリキュラム（Läroplan）である。就学前学校の事業内容は教育法とナショナルカリキュラムで基本的な枠組みが定められているので，自治体と就学前学校はその枠内で教育方針と具体的な内容を決める。わたしが取材した就学前学校の母語教育についていえば，積極的に取り組むところもあれば，週一時間は少なすぎて無駄といいきる学校もあり，自治体と学校によって大きな差があることを実感した。

　ここではっきりしておかなければならないことは，就学前学校が教育一辺倒で勉強に偏重していることではないことだ。あくまでも遊びを通じて学ぶことが大切で，子どもが参加すること，楽しむこと，すべての感覚をつかうこと，子どもの提案を重視し，そして共生を大切にしている。

　またナショナルカリキュラムには障害児ということばは見当たらない。「支援を必要とする子どもたち」としている。これはたいへんスウェーデン的なことで，カリキュラムは全児童を対象としているからだ。「支援を必要とする子どもたち」については，ナショナルカリキュラムの改訂版（2010年）では「全ての人間は社会的背景，性別，人種，宗教と信条，そして異なる性的傾向及び機能障害をもつといったことにかかわらず平等である…」としており，より広範囲に明確な表現をしている。

参考文献：Läroplan 98, Skolverket
　　　　　Skolverkets lägerbedömning 2008, Barnomsorg i Sverige 2000, Skolverket
　　　　　Läroplan för förskolan Lpfö 98 Reviderad 2010
　　　　　白石淑江『スウェーデン保育から幼児教育へ』かもがわ出版，2009年，他。

第Ⅱ部

実践編

第6章　障害児保育の実際
　　　　——保育所に見る実践から

1　障害児保育の実践

（1）障害児と一緒にいる保育こそ本当の保育である

　保育所は子どもたちにとって一つの社会である。現実の社会には常に何らかの障害をもつ人がいる。そうである以上，もし保育所の子ども集団から，障害児を排除するならば，それは子どもたちに「うそ」の社会を教えることになり，真実（社会に則した）本当の保育とは言えない。障害児と一緒にいる保育こそ，実社会に適応した保育と言える。

　2018（平成30）年4月には改定幼稚園教育要領・保育所保育指針・幼保連携型認定こども園教育・保育要領が施行された。これら指針の告示化によって三指針・要領が同じレベルまで引き上げられ，わが国が幼児教育に「本腰を入れるようになった」ことを表している。このことは保育所にとって重要な意味がある。今後，乳幼児期の保育や教育が人を育てる上で一番基礎になるという認識が一層深まり，ますます保育所の社会的責任が増大すると考えられる。

　また，この改定では「育くみたい資質・能力」「育ってほしい姿」「保育の計画」「保育内容の評価」といった概念によって，保育所としては「卒園するまでにつけたい子どもの力」を明確にし，着眼点を持って保育に当たることが大切になってきている。

（2）保育士がまず受け止める

　障害児が入所すると，まず保育所全体で障害児とその親を受け止める姿勢が必要となる。その雰囲気の中で，担任は設定保育や日常の保育を展開していく。

しかし，他の子どもと一緒にできないことが多くある。どちらかと言えば，クラスとしては，困ることが多々起こるであろう。しかし，まず担当保育士は支援を必要とする子どものことを把握できるよう，その子どもを好きになり，排除しない姿勢をもつことが重要となる。子どもたちは担任の何気ないことばかけや，態度や考え方などを敏感にキャッチする。保育士の「この子を排除しない」という姿勢が大事となる。

　例えば，設定保育でハーモニカをする場合，健常児は吹いたり吸ったりしながらドレミを覚えていく。しかし，障害児は同じ課題を他の子どもたちと同等の速さでこなすことができない場合が多い。その時どのような対応をすべきかをクラス内で考え合うことが必要となる。すると「〇〇ちゃんはドレミはでけへんけどハーモニカを持ってどこでもいいから吹いたらOK」にするなど，さまざまな案が出てくる。設定保育ができなかったら，どのようにしたら参加できるのか，保育士1人が考えるのではなく，クラス全員で考え合うことが求められる。大人社会でも「障害者が当たり前にいる社会」が実現できていない。そのための一歩として，幼少期から一緒に考え合う機会を設定することが重要となる。

（3）違いをおもしろいと思える子どもに

　保育所においては同年齢のクラスであっても，月齢によって発達に大きな差がある。さらに，障害児は健常児とは発達に差がある場合が多く，この違いを問題視するのではなく，良い意味で「面白いな」と思えるような保育士の関わりが重要である。健常児は，「みんなと一緒に話することができない」「みんなと一緒に歩くことができない」といった明らかに「自分」とは違うことに気づき，それを「何か変なやつあっちへいけ」と思うか，「おもしろいなかま」と思うかは，長期的に見ると大きな違いとなる。

　他者とのコミュニケーションをうまく図ることができない子どもが増えてきている中，大人になってからも，なかなか「違う」ことを受け止められず，権力や暴力で押し付ける等の行為が社会の中でよく見受けられる。「違い」を認め，また自分も認められ，お互いが自分を発揮することができる社会の実現が

これからの課題であり，多様な価値観をもつことは生きていく上では必要な力ではないだろうか。

② 入所時の配慮

(1) 保護者への配慮

　障害児を育てていく上での不安や産んだことへの申し訳なさなど，さまざまな思いをもっている保護者は多い。

　保育士は，まず，保育所に入所するまでのさまざまな思いを保護者から聞き，これまでの出来事を肯定するところから始まる。次の文は，二分脊椎症で3歳で入所した障害児をもつ保護者が，筆者が勤務する保育所の障害児共同保育30周年記念誌に寄稿してくれたものである。

　「『障害児』私にとって子どもが生まれてくるまでは考えることもない言葉でした。
　それだけ障害をもった人に興味無く，周りにいても，気づきませんでした。子どもは健康に産まれてきて当たり前のように思っていた。まさか自分にこんな人生が待っているとは思いません。出産後子どもとは会えないまま，病室でひとり，障害をもった子どもを重たく考えていた。私にこの子を一人前の子どもとして育てられるのか？　この子は産まれてきて本当に幸せと思ってくれるのだろうか？　でもその悩みは，子どもを抱いた瞬間喜びと感動に変わりました。どんな子どもでも私にとっては宝。一生懸命生きようとしている，娘がとてもいとおしく可愛く思えます。こどもに対して，健康に産んであげれなかったことが申し訳なくつい甘やかしてしまいました。このままではひとりでは何もできなくなると思い，突き放すようにしてきました（抜粋）」。

　本児はこの保育所で3歳から卒園まで過ごしていたが，堂々と「いざり」で

移動し，5歳になると「車いす」になり，できない時は周りの他の子どもに「○○やって」と，自分でできることと，できないことを区別しながら自分からしてほしいことを表現する自信をもてるまでに成長した。

その後，思春期に入り，新しい課題に直面した。保護者とは違う「障害者として」の生きる道を模索していたのである。

（2）子どもへの配慮

障害児といっても，知的障害・身体障害・自閉症など多様な状態があり，具体的な支援方法については個別性がある。例えば自閉症については，多くの専門書が刊行され，多様な支援方法も提示されている。また一概に身体障害といっても，肢体不自由のみならず，知的障害が重複している場合もある。

健常児はある程度保育士の指示を理解できるが，障害児の場合，それらを理解できないこともある。ただし，障害児に対しては，「○○障害」の子ではなく，人格と個性を持った「○○ちゃん」として認識すべきである。毎日接している保育士などが試行錯誤しながら「○○ちゃんの特性」を把握していくことが重要である。

そのためには1対1で子どもたちの中の「○○ちゃん」として接しながら様子を見ることや，保護者と情報を共有することも必要である。

（3）保護者のしんどさに共感し保護者と一緒に育てていく姿勢をもつ

保育士は，障害児を育てていく「保護者のしんどさ」に共感しつつ，将来，その子どもが社会の中で生きていくためにはどのような力が必要なのか，大人になった姿を想像し，今必要なことを考えていくことが重要である。

単に子どもたちと過ごしている現状だけを保護者に伝えるのではなく，一緒に今困っている問題を考え，一緒に悩みながら育てていく，子どもが大人になった時のことを考えるという覚悟が保育士になければ，目の前の保育がきれいごとで終わってしまう。そうならないためにも，保育士は，障害児を含む子どもたちと，どのような大人になりたいのかを話し合う必要がある。

3 保育における育ち——発達の観点と育ち合う視点

（1）積み木積みよりも子どもの声の方に興味をもつ

　筋無力症のAくんの母親に入所の経緯を聞いた。

　障害があって，1歳半で療育園を紹介された。保育所の前を通って母子通所をしていた。そこでの課題は「積み木を積むこと」だった。家でもその練習をさせていたところ，積み木には興味がなく，窓辺で子どもの声がすると，そちらの方に興味関心がいく。また，その療育園で，特別支援学校・作業所などの見学があり，「この子は一生普通の子どもと生活できないのか」と思った時，母親は，この子には1対1の積み木の訓練よりもせめて今の間でも「同年代のこどもと遊ばせたい」と思い，2歳の時に保育所の門をたたいた。

　2歳児といえば，自分のことはほとんど自分でできるようになる時期である。歩けないAくんを見て，健常児は「歩けない」ことを「自分より小さい」と察知したか，Aくんのために「やってあげる」ことが日課になった。給食の準備が始まるとタイミング良くいすが用意され，コップ袋がもってこられる。

　入所以来，食事は全面介助と聞いていたため，何もさせないで様子を見ていたが，それからは給食がパンの日は自分で食べるように取り組んだ。クラスの子どもを追いかけて自分でハイハイして移動するようになった。そのことに驚いた健常児たちは「僕のところに来てもらおう」と考え，Aくんに気に入られようとする。そこで目立ってきたのはKくんだった。Aくんが入所するまでは，みんなで絵本を読んでも後ろで遊んでいる子どもだった。集中力がないなど，あまり良いイメージをもっていなかった。しかし，言葉のないAくんに対して話しかけながら一緒に遊んでいるのである。Aくんも良い表情をしている。そのような関係を見ていると，Kくんの良い所を引き出したのはAくんである。この一件によって，Kくんも他の子どもたちから認められるようになった。

（2）子どもたちは確かに育ち合っている

　保育所全体で障害児を受けとめる保育が展開されると，健常児は色々と興味をもって関わってくれるようになる。例えば，当番活動で布巾絞りなどがあると，保育士が指導するより，上手に丁寧に教えている。一緒に手を添えながら力加減を相手に通じる言葉で教えている。これは大人にはできないことである。雑巾がけ，コップ洗いなど，日常ではさまざまなことがある。障害児も，保育士に指導してもらうよりも，子どもたちから教わった方がいい顔をしているようである。

　大人から見ると，決して「きちっとはできていない」と思われても，子どもから子どもへ伝わっていることが多々ある。障害児に接することが苦手な子どもでも，他の子のやり方を見て，自分もマネをすることがある。例えば，いつもお世話をしている子どもが休みの場合，いつもやっている通りにマネをして，障害児に関わろうとしている。

　誰でもが認められるクラスの雰囲気の中，一見障害児にしてあげているようだが，実は健常児が障害児と関わることで，リラックスできる場所を見つけていることも確かである。前述のKくんの場合もそうであるが，意外とクラスでは目立たない子，友人が少ないと思われる子どもがクローズアップされ，さまざまなことが見えてくる。

　このように，障害児がクラス内にいることで，健常児だけの集団では見落とされがちな，また「〇〇ができる」といった狭い意味での発達観だけでは気づくことができない子どもたちの新たな一面を発見できる可能性が高まる。障害児はどんなに障害が重くても，1人の人間として認められることで自分に自信がつき，周りの子どもたちは，障害児と関わることで「自分と違う人とどうやって一緒にやっていけばいいのか」を学んでいる。むしろ健常児の方が学んでいる場合が多いと思われる。

第Ⅱ部　実　践　編

4　保育所における1日の具体的流れ

(1) 通所時の視診から日中活動まで

　通所時は，1日の始まりに当たる大事な時間である。睡眠や食欲など，子どもから昨日の様子を聞きながら，視診・体調のチェックをする。また，この視診の時間は保護者とのコミュニケーションをとる重要な機会である。さらに，昨日降所してからの様子を保護者から聞くことで，保護者自身の安心にもつながる。

　障害児の場合，設定保育については，なかなか他の子どもたちとは一緒に取り組むことは難しいが，保育士が「これだけは一緒にやってほしいこと」を決め，一緒に取り組んでみることが必要である。「どうしても嫌がったら，後は保育所内にいてもよいことにする」など，保育所全体で見ていくことにする。そうすると，本人にも束縛感がなく，保育士も余裕をもって見ていられる。ここでも保育所全体での受け止めていく姿勢が求められる。

　トイレも，時間を決めて促して連れて行ったり，排泄の意思表示がなくても他の子どもたちと一緒にトイレに行ったりなどのトイレトレーニングが必要である。活動から活動に移る時は，クラスの子ども全員に言いながら，障害児にも個別に分かりやすく伝えることが求められる。個別の配慮も必要となろう（保育所の1日は表6-1参照）。

(2) 給　食

　給食は，子どもが好き嫌いが激しくとも，1学期の間は，ご飯を食べなくても，保育所に慣れることを優先すべきであると考えられる。

　それまで自宅で，「白いご飯」しか食べなかったり，偏った食事をしてきたことが多かったりした場合，はじめから何もかも一緒にすることを無理強いしない方がいい。「これは食べてみようね」と促す程度でよい。また入所当初は，好きな物を作ってきて，持参してもらうのも一つの方法である。子どもが保育

表6-1 保育所の1日

時　間	子どもの生活
9：00	通所（視診）
10：00	朝の集まり・日中活動
12：00	給　食
14：00	午後の活動・午睡
15：00	おやつ
17：00	降所（引継ぎ）

出所：筆者作成。

所で過ごす時間は長いため，保育所にようやく慣れてきた頃に，次の課題として，食事の範囲を広げていくことに挑戦しても良いと思われる。

（3）午　睡

　食事と同じく，周りに気を許していない状態では，眠ることはできない。自閉症児の場合，興奮状態のために夜間の睡眠が不十分なことがある。大人でも同様であるが，ゆっくりリラックスした状態でないと眠れないのである。また不安定な状況が好きで，階段の斜め手すりで眠ろうとしたりと保育士が驚かされることもある。自宅では，なかなか眠れなくて困っていたり，保護者が寝ても子どもだけが起きていたりすることが多い。保育士が，他の子どもたちと同じように寝かせようと促すが，寝なければやむを得ないと言える。

（4）降　所

　保護者との引継ぎは重要で，ただ現状だけを報告するのではなく，この子どもがいることによって，周りの子どもがどのような影響を受けたかなど，他者との関係の中での様子を報告することが求められる。そのことが保護者のエンパワメントを促すことにもなる。したがって，「他の子どもとの関係性」などをしっかりと話し伝えていくことが保育士には求められる。

　日常の報告だけでは不十分な時は，個別に懇談を持ち，じっくり話をすることも必要である。また，担任に話しにくいことなどは，主任や所長が相談に入

5 保育の計画・記録・評価とケースカンファレンス

（1）保育の計画の作成と意義

　2018年度に実施された保育所保育指針では，「保育の計画の作成」として，全体的な計画及び指導計画の作成と展開，保育内容等の評価が義務づけられている。それには各保育所の職員がもつ人間観や，保育観が反映する。保育所保育指針でも「すべての子ども」とあり，「障害児」を含む「普通の保育」として指導計画は立てられるべきである。その中で，障害児に対しては，個別の計画を立案し，適切な保育を提供することが求められる。

　保育は，保育所等で単に子どもの日常を世話することで流しているのではなく，保育所及び保育者の意図に基づいて立案された具体的な保育の計画に沿って実践が展開されているものである。

　例えば，保育以外の社会福祉分野の支援においても同様で，利用者のアセスメントを踏まえた上で，支援の目的，支援方法，留意点などについて明らかにし，具体的な支援計画の作成（プランニング）を行う。この支援計画の作成が利用者への適切な支援プロセスにつながる。

　プランニングの取り組みは，利用者の「アセスメント」と「変化」に焦点を当てた支援をつなぐものであり，つまりは，利用者の潜在的または顕在的課題や資源を明らかにしたアセスメントを土台に，利用者のニーズに則した望ましい結果（目標）に移行していくプロセスと目標達成および終結（ゴール）への手段・道順を具現化することを意図したものである[1]。

　このことから分かるように，保育を要する子どもへの適切な支援は，無計画な対応では実現不可能なのである。保育士が子どもの状況・状態を理解し，その子どもへの保育目標の設定を行い，目標への到達に向けた実践方法や手順等を検討していく。そして，保育実践のための留意すべき事項を踏まえ，実践及び目標への道筋を立てていくことが保育計画の意味となる。それは，子ども及

第6章　障害児保育の実際

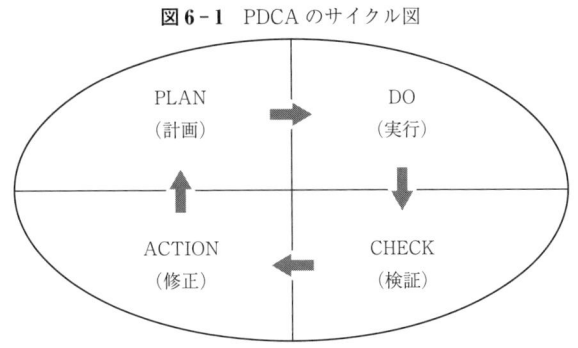

図6-1　PDCAのサイクル図

```
   PLAN  →  DO
   (計画)    (実行)
     ↑        ↓
  ACTION ←  CHECK
   (修正)    (検証)
```

出所：保育パワーアップ研究会監修，安梅勅江編著『保育パワーアップ講座　第2版』日本小児医事出版社，2009年，23頁。

び実践現場にとっての保育実践の指針となり，実践基盤ともなる。このように，保育計画の策定は，子どもの最善の利益へとつながる保育の保障という観点からも重要な意義を有しているのである。

したがって保育士には，より良い保育実践を展開していくために，子ども一人ひとり及びクラス・保育所等の場に即した保育計画を立案していく能力が求められる。障害児の課題は何なのか，障害児に「こうなってほしい姿」を計画（PLAN），実行（DO）し，その方法はどのようなものであったか検証し（CHECK）再び方法を変えてみる（ACTION）ことが大切である。

保育を実行する上で，評価及びこれに基く改善に努め，保育の質の向上を図ることが重要である。そのためには，実践の内容について，保育士が点検と評価を行い，次の支援のあり方を検討するという，以下のPDCAの実行を行う必要がある[2]（図6-1）。

P⇒PLAN（目標を定め，その目標に沿って，計画を立てる）
D⇒DO（計画を実行する）
C⇒CHECK（結果の確認，評価する）
A⇒ACTION（効果が上がらなかった点の改善）

（2）保育の計画作成の事例

「障害児が存在して当たり前の保育」を展開していくと，さまざまな行事に保育計画が必要になる。生活能力の異なる障害児と健常児が一緒に何かを行うとなると，当然，さまざまな問題が出てくるからである。しかし，そのようなこともあらかじめ予測し，一人ひとりの子どもにどのような力を伸ばしていくのか具体的な指導計画を立てていくことが求められる。

例えば，5歳児を対象として，歩けない脳性まひの子どもと一緒に山登りをする取り組みから考えてみる。さまざまな困難を乗り越えて，5歳児として心を一つにして山を登っていくことに意味があると言える。子どもたちは，毎日の生活や遊びの中で，一緒に生活をしている。山登りは，楽しみもあるが，厳しさやしんどさもある。また，歩けない子どもを何故一緒に参加させるのかという批判もある。「どうしたら皆一緒にできるのか」という問題と「障害児の位置づけ」，このことを子どもと保育士で考え合うのである。一緒に歩けなかったら何をしてもらうのか。話し合いでは，子どもが自分たちでできることと，できないこと，大人に助けてもらうことなどについて意見を出し合う。このケースでは，子どもが車いすにロープを付けて引っ張り，山の中に入ると，大人が背負子で背負うという案が出された。

何回か山登りの練習に取り組む中，ロープで引っ張ってもらっていた時に障害児本人が寝てしまった。そのことを他の子どもから指摘され，本人も「しまった！」という顔をした。当日は，ロープを引っ張ってもらっている間は眠らず，「がんばれ！」と声を出し，また，山中では，常に先頭で背負ってもらいながら，他の子どもに「がんばれ！」「もうちょっとやで」「明るいとこあるで」と，声を出しているのである。登った後の感想も，他の子どもから「声よく出てたなー」とほめられており，「ロープ引っ張るのしんどかったけどがんばった」と自分で自分をほめることができたのである。山登りで背負われているものの，一緒に登ることで「障害児本人が明確な役割をもつ」ことに成功し，さらには，周りの子どもが受けた影響も大きかったと言える。周りの子どもは，1人でも山登りは苦しさがあるにもかかわらず，障害児の車いすを引っ張るこ

とで目的をもち，さらに力を出そうとするがんばりも認められる。「障害児の位置づけ」のあり方が，周りの子どもにこれだけ「やる気」「元気」を起こさせるのである。

人と人との関係において，その一方だけが変わることはありえないし，「個人の課題」を，保育士が一方的に子どもを指導するためのマニュアルにしてはならない。したがって，「個人の課題」は，文字として表現されているか否かにかかわらず，保育士自身の成長のための計画書としてとらえる必要がある。

（3）ケースカンファレンスの必要性──保育所全体で問題を考える

保育所においては，担任だけでは解決できない子どもに関わる事項などを，組織全体の問題として取り上げて検討していくシステム作りが必要である。

例えば，「自閉症のSちゃんが保育士の見ていない間に，すぐに保育室の外に出て行こうとする」といったケースで考えてみる。これは子どもの命にも関わり，保育士としては非常に緊張を強いられるものである。担任一人では，有効な解決策がなかなか浮かばなかったため，保育所のケースカンファレンスで話し合うこととなった。カンファレンスで検討するため，担任の保育士を中心に，対象のSちゃんをそれまで以上に注意して観察するうちに，さまざまなことが明らかになってきた。例えば，保育室のドアを開けて，正面の別の保育室のドアを開けようとしたり，勝手に保育所内のプールへ行って服を脱ぎ，水の中に入ろうとしたりなどの行動が見られた。保育士間で「Sちゃんのしたいこと」が次第に見えてくるようになった。

「保育士の目を盗んで外に出る」時の特徴として，クラス内の設定保育が終わった後など，保育と保育の合間であること，外に出たい時は周囲を気にしていること，自分ではドアを開けられないために「台」を持ってくることなどがあげられた。カンファレンス内ではさまざまな意見があがり，例えば，「Sちゃんが外に出たい時は『○○へ行きたいと言ってね』と本人に話してはどうか」というものであった。

カンファレンスで話し合う中で，この問題は保育士のみでは解決が難しいと

いう結論に至った。そこで，Sちゃんと同じクラスの子どもたちに「Sちゃんが外に出ようとしたら，必ず先生に教えてね」と話し，協力をお願いすることとなった。子どもたちは，「わかった，まかせといて」という様子でSちゃんの行動を見るようになり，Sちゃんが外へ出ようとすると，即座に担任保育士へ「Sちゃんが出るよ」と報告し，まるでゲーム感覚で楽しんでいるかのようであった。保育士は，子どもたちのこの言葉を聞く度に，「○○に行きたいと言ってね」とSちゃんに伝えると，本人も「プールへ行きたい」と返してくれるようになった。

　周囲の子どもたちの支えの中，担任保育士も徐々にSちゃんが外へ出たいと思うタイミングが理解できるようになり，適切な声かけを行っていった。そのような関わりをくり返しているうちに，Sちゃん本人も「外へ出たい時は，保育士に言葉で伝えればいい」と理解できたのか，徐々に勝手に外へ出ていくという行動は見られなくなっていった。

　保育所においては，クラス内の問題解決をすべて担任任せにするのではなく，ケースカンファレンスなどで取り上げることで，保育所全体で問題を共有できる。全員で話し合うことにより，さまざまな意見が交換できる。障害児に関わる問題も1クラスだけの問題とするのではなく，保育所全体で受け止めて，よりよい方向性を考えるという姿勢が必要である。

6　環境整備

（1）教　材

　日中の保育はクラス単位で行うが，時には保育士が1対1で関わるべき場合がある。例えば，午後からの保育時間に，「(障害のある) ○○くんとボールの受け合いをし，個別の関わりを深めたい」と考えても，なかなかその時間をとることができない。そのような時は，クラスを他の保育士に見てもらい，障害児に個別に関わるのも一つの方法である。

　例えば，野外の取り組みでは，ボール投げ，ブランコ，すべり台など，子ど

もが体をどのように使って遊んでいるのか，身のこなしは上手なのか，屋内では，指先の微細運動はどのようであるかなど，その行動を見守りながら子どもの特性を把握していくことが重要となる。

また，障害児と1対1で向き合っていすに座り，「シールを貼ってごらん」などと声をかけながら，決められたところにシールを貼っていったり，あるいは紐通しを行ったり，かなづちで打ったりなどの作業を通して，障害児とじっくり関わっていくことが必要となる。

（2）ティーチプログラム

特に自閉症児の場合，言葉だけではなかなか理解が図れないため，例えばティーチプログラムの方法を活用して「絵カード」を作り，給食が終わった後片づけの指示を言葉と一緒に視覚に訴えると，「仕方ないな」と片づけを始めたりする場合がある。

また，自分の好きな給食である場合，「絵カード」を担任のところにもって来て，「早く食べさせろ」と言わんばかりの行動をとる時もある。いずれにせよ，「絵カード」を上手く活用しつつ，その子どもとの関わりの契機にしてみることが重要である。

なお，他の子どもも，これが契機となって絵カードを見せながら「○○ちゃんスプーン・フォークしまいや」と言葉をかけることがある。コミュニケーションを図る上で一つの方法であるが，これから先のことを考えると常に絵カードがあるわけではなく，突飛なことが起こるかもしれない。こればかりには頼れないこともある。絵カードがある状態ばかりではないため，臨機応変に絵カードを使わない対応も考えておく必要がある。

（3）バリアフリー

保育所内の設備が整っていないことを理由に，障害児を受け入れられないというところもあるが，筆者が関わっている保育所も，当初は何も整っていない状況であった。しかし，「障害児だからという理由で排除しない」という考え

方は保育所全体でもっていたため、ひとまずは、その子どもと保護者の気持ちを受け止めるところから始めた。なお、障害児用のトイレが設営されたのも、初めて障害児を受け入れてから、かなりの時間が経ってからである。

（4）エレベーターの必要性

筆者が関わっている保育所において、ある1人の身体に障害のある保護者が、0歳児クラスに子どもを預けていたことがある。その場所が2階にあり、いつも担任保育士が1階に降りて対応していたため、保護者は保育室を見に行くことができずにいた。その保護者が常々、「子どもの様子が見たい」と話されていたこともあり、保育所内にエレベーターの設置は必要であると考えていた。

現在ではエレベーターが設置され、妊産婦、高齢者による利用のみならず、保育士が重い荷物を1階から2階に運ぶ時など、さまざまな場面で活用されている。

（5）手すりの必要性

特に身体障害児のために、トイレや階段などの手すりは付けるべきである。廊下などではハイハイで移動したり、車いすを使ったりするが、トイレや階段などは自分で利用できることもあるため、手すりは必要と考える。手すりをもつと、自分で立ち上がりができたり、上り下りができたりする。

このように、手すりなど障害児のために用意したものであるが、教材にしても、保育所内の設備にしても、「誰でも利用でき、みんなが使いやすい」状況になっていることは多い。

7　保育士等の配置と関わり方

保育士等の配置については、地方自治体によって異なっている。まず、代表的な例としてある地方自治体（A市）を取り上げ、次に、その例と異なるケースについて解説する。

健常児の場合は，0歳児3人に対して1人の保育士が加配され，1・2歳児の場合，6人の子どもに1人の保育士，2歳児は6人に1人の保育士，3歳児20人に1人の保育士，4・5歳児は30人に1人の保育士を付ける必要がある，という国の基準がある。

　そこに障害児が加わると次のような基準に変わる。例えばA市では，3・4・5歳児のクラスに1人の障害児が入れば，重度の障害児の場合は別であるが，軽い障害児の場合は，担任の保育士が1人増える仕組みになっている。この市では，療育手帳A・身体障害者手帳1・2級・特別児童扶養手当をもらっている人，精神障害者保健福祉手帳1級を重度とし，保育士1人分が加配される。

　重度以外の障害児については3人につき保育士1人分の加配がされる。基準通り，加配として障害児についている保育所もあるが，健常児と障害児を共に見ていくため，2人担任の体制を取っている保育所もあり，その運用は，各施設に任されている。例えば，ある保育所では，障害児が集団で入れるように4・5歳児30人に1人の保育士を担任として付けるのが通常であるが，法人の努力により2人の保育士を担任としている。

　なお，児童相談所で障害児と判定されない広汎性発達障害児の場合には，専門機関での診断書があれば，障害児として認められるケースもある。

　また，A市の近隣にあるB市では，児童相談所に行く前に集団生活が可能かどうかを観察し，判断することもある。

　療育相談の窓口では，保育所に入所希望の障害を有すると思われる子どもが入所する前に，親子同伴で集団生活ができるかをどうか審査する。審査をするのは，専門の医師・教育専門官・市の担当職員・当該保育所の保育士である。

　例えば，ブロックやままごと，絵本やすべり台などを使った自由な遊びの中で，専門官が，子どもたちに話しかけたり保護者に話しかけたり，子どもたちが遊んだりしている様子を見て回る。個別な面談は必要な親子については随時，面談を行う。

　その過程の中で，集団生活が可能かどうか，可能な場合，加配保育士が必要か，また必要だった場合，どれくらいの期間必要なのかを判定する。加配保育

士がついた場合，入所の混乱しやすい時期などは，保育所としては非常に助けられることが多い。しかし，子どもたち同士の関係ができてきた時に，障害児に常に付いている大人がいると，子どもたちは「障害児にはこの大人がいる」と安心してしまい，その子のために何かを手伝おうという気が起きてこない場合が多くなる。

　加配として入った保育士がどのような立場に立ったら良いのかを職員全員で考え，日頃から，障害児保育についての理解や啓発などを保育所の保育目標に掲げるなど，保護者に「障害児と一緒に生活することがどれほど自分の子どもたちにとって良い影響があるか」を伝えることが重要である。

8　連　携

(1) 保育士間の連携

　保育所に「障害児が入所する」ということは，クラスに混乱が起こる可能性がある。特に多動傾向や自閉症のある子どもの場合は，部屋にじっとしていられず，保育所に慣れるまでさまざまな場所に行くなどの探索活動を始める。そのような時に，担任保育士だけで何とかしようとすると，どうにも上手く行かなくなり，他の子どもも落ち着かなくなってしまう。

　担任は，保育所内で，この子どものことを他クラスの担任にも理解してもらい，保育士同士で連携することが，非常に重要である。

　もし，加配保育士なら，どのような関わりを持ったらいいのか，個人的に対応したらいいこと，子どもに任せたらいいことなどについて，担任と連携をとりながら障害児に関わることが望ましい。加配保育士の勝手な自己満足だけで関わることがないよう，保育士同士で日頃から「健常児も障害児もどんな子どもに育って欲しいのか」ということを話し合っておく必要がある。

　障害児への対応について自分のクラスで担いきれない場合，他のクラスに協力を依頼する関係をもってほしい。そのためには，保育所の方針を明確にすることが必要である。特に探索行動の多い多動の自閉症のある子どもの場合，保

育所全体の取り組み・他のクラスとの連携が必要になってくる。「お互い様の関係」が保育所でも行わなければいけない。

（2）「共に学ぶ」視点での教育・福祉の専門家との連携

　障害児保育・福祉の専門家は多いが，障害児と健常児が「共に学ぶ」という視点をもった専門家は少ないように思われる。

　実際に現場で悩んでいるのは，クラスで起こるさまざまな問題，例えば「運動会での障害児の対応について，どのように他の保護者に説明したらいいのか」「障害児担当としてついているが，子どもとの関係を切っている状態を招いてしまっているのでは」「障害児が相手にケガをさせた場合，相手に障害のことを伝えていいのだろうか」等への対応についてである。

　そのような時に，職場の研修として，「共に育つ」立場の専門家に陪席してもらい，どのように考えたらいいのかアドバイスをもらえると，現場の保育士も方向性が見えてくるのではないだろうか。

（3）専門の医師との連携

　広汎性発達障害児の場合，感覚的に健常児と違うところが多い。例えばロッカーに上るのはなぜなのか，高いところが好きなのはなぜなのか等，さまざまな疑問が出てくる。保育士がそのような疑問を感じた時，児童の精神科系の専門医が身近にいると相談しやすいと言える。

　子どもの行動の意味が分かれば，「今はダメと言っていいのか」「抱っこ等を積極的にしていいのか」など，何気なくしている保育士の行動に意味づけができるのではないだろうか。

（4）小学校との連携

　障害児が就学前になると，保護者は近くの小学校に入学させたいが，希望する小学校が受け入れてくれるのかが一番の課題となる。

　筆者が関わっている保育所では，ほとんどの障害児が近くの小学校に行くこ

とができている。まず，保護者から小学校側に連絡し，小学校側としては特に障害が重い場合，どのような対応方法が適しているかが分からないため，教員が保育所における様子をまず見に行くことになる。

　例えば，床には何を貼ったらいいのか，どのような給食を出したらいいのか，食事の介助はどのようにしたらいいのか。周りの子どもと一緒に生活しているところを見学して，小学校での対応方法の参考にしている。このようにして，小学校側と連携を図りながら，健常児と障害児が一緒に学ぶ機会を広げていくことが重要である。

9　障害児を含むクラスづくり

（1）受け入れの時期

　障害児を保育所で受け入れる場合，保護者の障害受容も考慮する必要がある。入所当初は，基本的には自宅での生活を送りながら，慣らし保育という形で2時間程度保育所で過ごすことが多い。1週間程経つと，午前中は保育所にいられるようになり，徐々に7～8時間は保育所で過ごすようになる。まずは，保育所での生活に慣れることを優先すべきである。例えば，給食が食べられないのであれば，当面は弁当を持参することもある。どの年齢で入所するかについても，子どもの障害の種類・程度などによって異なり，保育所としては「早急に慣れさせたい」と考えず，子どもの状況に応じて柔軟に対応することが必要である。

　なお，健常児は，障害児がどのような子どもなのかを観察している。5歳児にもなると，障害児のことを「自分とは何かが違う」と感じている場合が多いようである。

（2）優しい関係

　保育士が障害児を「受け止める姿勢」を持っていると，周りの子どもも障害児を受け止めてくれる。クラスのそのあたたかい雰囲気が重要である。その雰

囲気の中で，健常児は自分のできることをしたくなる。その行為を保育士が認めると，またしたいと思う。このくり返しによって障害児と健常児とがお互いを思いやり，対等な関係になっていく。

（3）障害児が健常児の「すき！」「きらい！」を選ぶ

　障害児が入所してしばらくすると，障害児の「できること」と「できないこと」が分かってくる。クラスのさまざまな子どもが障害児に関わってくるが，障害児が「すき」「きらい」を選ぶことになる。

　例えば，健常児で強引に障害児に関わろうとする子どもがいれば，それを微妙に障害児が「キャッチ」し拒絶するが，本当に自然体で関わろうとする，また，障害児の呼吸に合わせようとしてくれる子どもは「すき！」になる。

　この微妙な間合いが，設定保育だけでは感じることのできない他者との関係の基礎になっているようである。健常児は障害児に気に入ってもらおうと，さまざまな努力をするが，「努力だけではどうしようもないこと」が起こっているのである。

（4）問題を解決しようとする

　障害児と健常児が過ごす時間が長くなり，お互いに慣れてくると，保育士には，日々の保育の中で「どのようにすればいいのだろう」という問題が少しずつ出てくる。また，大きな行事の際には，障害児と健常児が同じようには取り組めないことがあり，検討していくべき事項が発生する。例えば，運動会において，一緒に走ることができないため，「リレーはどのような形にするのか」「ダンスはどのようにするのか」，あるいは「トイレに行く時にはどのようにするのか」など，さまざまなことを考えなければならない。健常児と障害児がお互いに気持ち良く過ごせるよう，大人の社会でも難しいこのような事項について，子どもと一緒に考えていくことが重要である。

　保育士と子どもが共に考えることによって，「子ども同士でサポートできること」「保育士がサポートすべきこと」が分かってくる。保育士が，「○○がで

きない」という点だけにこだわっていては，子どもたち一人ひとりの本当の良さは見えてこない。障害児と健常児が一緒に過ごす中で，お互いがどのように感じ，考えているかを理解し合い，「自分だけのこと」ではなく，「自分たちのこと」として常に考えるようになることを忘れてはならない。

10 障害児保育から健常児を含む普通の保育への気づき

(1) みんな違っていい

　保育所のクラス内に障害児がいることで，子ども同士の関係性，それぞれの子どもの立場・役割が明確に見えてくることがある。

　例えば，「障害児の身の回りのお世話をする子ども」「普段は少し離れて障害児を見ているが，世話役の子どもが休んだ時には代わりを務める子ども」「世話役とは言えないが，さまざまな遊びを考え，障害児と一緒に取り組む子ども」などである。どの子どもも，自分の役割を持ち，自分らしく関わっている。

　このことは，大人の社会でも同様ではないだろうか。例えば，「身体障害者にだけ力を貸すボランティア」「障害者の身の回りの世話をする介護職」「子どもの頃から障害児との関わりが重要であると思っている実践家」「障害児・者福祉に関して客観的・論理的に研究している専門家」などがいる。人間は社会の中で，さまざまな立場・役割を持ちながら，障害について考え，関わっているのである。

(2) 保育所で子どもたちに身に付けていって欲しい力とは

　保育所保育指針にも，子ども一人ひとりを丁寧に育てたいという社会的な要求が記載されている。では，子どもを「丁寧に育てていく」とはどのようなことを意味するのであろうか。

　昨今は，大人になってからも，他者とのコミュニケーションがうまく図れない，自分と異なる考え方の人を頑なに拒否する，周囲に無関心などといった人々が増加していると言われる。幼少期から大人になる過程で，他者との関わ

りをあまりもたずに過ごしてきている，いわば「あまり人にもまれて育っていない」ため，相手の表情を読み取って話したり，適切な人間関係の距離をとったりすることが難しいのである。

　このようなことを防ぐためには，大人になってからではなく，幼少期から，子ども同士の関わりの中で仲良くなったり，喧嘩をしたり，集団（グループ）から離れたりなどといった経験をくり返しながら，さまざまな視点，考え方を認め合い，学んでいくことが望まれる。そのような中で，他者と比べるのではなく自分らしく考え，同時に，他者の個性も認めて「共に生きていく」ことに喜びを感じられるようになる。「いろいろな人がいて楽しい」と思える経験をできるだけ多く積み重ねることが必要であり，保育所における子ども同士の関わり（例：健常児にとっての障害児との関わり）もその一つであると考える。保育士は，このようなことを念頭に置いて，日々の保育実践を進めていくことが求められる。

（3）障害児がいて当たり前のインクルーシブ保育を目指して

　子どもは，多くの人々から受け入れられ，「私はここにいていい」という肯定感で満たされることが必要である。また，子ども同士の関わりの中で，思い通りに進まないことがあったとしても，「どのように一緒に取り組めばいいのか」と他者と自分との違いを感じ，認めながら「考える子ども」に育っていくことが望まれる。このことは，障害児が保育所のクラス内にいる，いないにかかわらず，保育としては非常に重要なことである。

　今後は，障害児がいて当たり前，子どもたちの違いがあるからこそ豊かに育ち合えるという保育，すなわちインクルーシブ保育をわが国の保育所でも実現させていくことが必要である。子どもの障害の有無にかかわらず，お互いにできるところを伸ばし，苦手なところを改め合える子ども同士の関係性を育てていくこと，そこに保育の本質があるのではないかと考える。たとえ，幼少期に人間関係で苦しい経験をしたとしても，「やっぱり人間が好き」と思える，そのような子どもを育てることが保育士には求められる。

第Ⅱ部 実 践 編

───── コラム／みんな悩んで大きくなる ─────

　保育士が保育の中身を考える時，自分自身の問題に行き着く。私はどうあるべきなのか。目の前の子どもたちにどういう影響を与えられるのか。
　子どもたちは，保育士の「言葉かけや」「態度」をしっかり真似している。そう思うと深刻に考えるし，混乱してくるが，そのような時は混乱して，悩んだ方が良い。楽しく保育してほしい。とにかく保育を進める中で，失敗すれば，またやり直せばいいのだ。保育士という仕事は，子どものこれからの人生に深く関わってくる。だから，日常忙しく保育を進める中で，ちょっと立ち止まり，じっくり自分自身と向き合ってもいいのではないだろうか。

注
(1) L. C. ジョンソン・S. J. ヤンカ／山辺朗子・岩間伸之訳『ジェネラリスト・ソーシャルワーク』ミネルヴァ書房，2004年，393-394頁。
(2) 資料『保育パワーアップ講座 第2版』日本小児医事出版社，2009年，23頁。

参考文献
堀正嗣『障害児教育のパラダイム転換──統合教育への理論研究』柘植書房，1994年。
浜田寿美男『ありのままを生きる──障害と子どもの世界　今ここに生きる子ども』岩波書店，1997年。
徳田茂『いろんな子がいるからおもしろい──「障害」をもつ子と共に歩んで』青樹社，2000年。
堀智晴「普通学級における実践はおもしろい」小川恭司・嶺井正也編『共育への道　続──インクルーシヴな学校づくりをめざして』アドバンテージサーバー，2000年。
堀智晴『障害のある子の保育・教育──特別支援教育でなくインクルーシブ教育へ』明石書店，2004年。
堀智晴『保育実践研究の方法』川島書店，2004年。

読者のための参考図書
『発達と障害を考える本』（全12巻）ミネルヴァ書房，2006～2008年。
　────障害をもつ子どもの視点に立ち，学校や家庭での支援のポイントを図を活用し，オールカラーで分かりやすく紹介しているシリーズである。

『ケース別 発達障害のある子へのサポート実例集 幼稚園・保育園編』ナツメ社,
　2010年。
　―――幼稚園や保育所における,自閉症をはじめとした発達障害のある子どもへの
　　具体的な支援方法について,生活面,行動面からイラストも交えて分かりや
　　すく解説している。

第Ⅱ部　実　践　編

スウェーデンの障害児保育・教育２

多重障害児のためのスレンダン就学前学校

　ストックホルム郊外のフディンゲでバスを降り，森を越すと多重障害をもつ子どもたちの市立スレンダン就学前学校が見えた。静かな住宅街の入口にある平屋の建物で，庭で子どもたちが車いすに座って水遊びをしていた。水槽も砂場も子どもたちのひざまで高くしてある。滑り台も車いすで登れるように幅が広い。

　建物の中に入ると，廊下にはゴーカートが走れるようにレールが描いてある。壁には鳥などの動物の絵のボードがかけられてあり，下のボタンを押すと，鳥の囀る音がした。その他カラフルなバブルバスとか学習的にも医学的にもよく考えられた設備が備えてある。職員の体を考えて部屋にはリフトがつけられている。

　スレンダンには現在６人の重複障害児が通っており，職員も６人，就学前教育や障害児の教育に豊かな経験のある人たちだ。準看護師の資格を持つ人もいるし，言語聴覚士と理学療法士，作業療法士が定期的に来てくれる。子どもたちは１歳から７歳までの知的にも肢体にも障害をもち，目が見えなかったり，耳が聞こえなかったりする子もいる。今年は全員が車いす利用者だ。

　この小さな学校ができたのは1992年，近所に住んでいた重複障害児をもつ親の一人が，知識と経験をもつ職員のいる学校をつくってほしいと奔走したことが始まりで設立されたという。主任のインガリルによると重複障害児の就学前学校は全国的に不足しており，知識と経験を集めたスレンダンのような学校が求められているという。

　障害児を育てている親の多くが統合教育を望むのが一般的なことだが，入ったとしてもこの子たちはとてもついていけない。スレンダンでは教育的にも医学的にも各々の子の適性を考えて対応しているとも主任はいった。普通の就学前学校が隣接してあり，そこの子どもたちがスレンダンによく遊びに来るという。

　ナショナルカリキュラムには「子の発達に特別な支援が必要な場合には十分に対応をし，遊びや活動を誘いこむような環境を提供すべきである」と明記している。

第7章　保育所における保護者との連携

　保育所における保護者との連携とは一体どういったものなのであろうか。「連携」とは一般的には，同じ方向に向かうもの同士が連絡・協力しながら物事を推し進めていくことを意味する。これを保育現場に当てはめると，「子どもの最善の利益を実現していくために，保育者と保護者が互いに連絡・協力していくこと」であると考えられる。また，これらの実現のためには保護者を支援していくということも保育者の重要な役割である。

　本章では，保護者との連携にあたっての保育者の基本的姿勢や保護者理解，具体的な関わり方の基本について，事例などを交えながら学んでいくこととする。

1　保護者との連携における保育者の基本姿勢

　近年，集団場面や対人関係において困難を抱える子どもが増加してきているとの指摘がある。保育ニーズが多様化する中で，このような，障害児をはじめとする「気になる子ども」に対する適切な保育を進めていくためには，保育者が単に子どもに直接的な関わりだけではなく，保育者と保護者とが連携を密にしながら，お互いがすれ違うことなく，同じ方向に向かって子どもの支援を行っていく必要がある。したがって，保育者は子どもの保育だけではなく，障害児や保護者を含めた家族システムを視野に入れた支援スキルについて修得しておかなければならない。ここでは，こうした支援を行うに当たっての保育者としての基本姿勢について学んでいきたい。

（1） 保育所の特性

　保育所は地域で最も身近な「子どもの育ちの場」であると同時に，「保護者の育ちの場」でもある。保育所には，保育に関する知識と技術を備えた保育士をはじめとして，看護師，栄養士，調理師等の専門職が，それぞれの専門性を活かしながら保育実践にあたっている。では，「保育士における専門性」とは一体どのようなものであろうか。

　児童福祉法では保育士を「保育士の名称を用いて，専門的知識及び技術をもつて，児童の保育及び児童の保護者に対する保育に関する指導を行うことを業とする者をいう」（18条の4），「保育所に勤務する保育士は，乳児，幼児等の保育に関する相談に応じ，及び助言を行うために必要な知識及び技能の修得，維持及び向上に努めなければならない」（48条の3第2項）と明記している。さらに，『保育所保育指針解説書』（以下，解説書）では，保育士の専門性を「①子どもの発達に関する専門的知識を基に子どもの育ちを見通し，その成長・発達を援助する技術，②子どもの発達過程や意欲を踏まえ，子ども自らが生活していく力を細やかに助ける生活援助の知識・技術，③保育所内外の空間や物的環境，様々な遊具や素材，自然環境や人的環境を活かし，保育の環境を構成していく技術，④子どもの経験や興味・関心を踏まえ，様々な遊びを豊かに展開していくための知識・技術，⑤子ども同士の関わりや子どもと保護者の関わり等を見守り，その気持ちに寄り添いながら適宜必要な援助をしていく関係構築の知識・技術，⑥保護者等への相談・助言に関する知識・技術」[1]としている。つまり，子どもの保育と共に保護者との関わりを通して，子育て支援をしていくことが求められている。特に，障害児と保護者にあたっては，障害に関する知識や援助技術にしたがって適切な判断や対応をしていくことが重要である。また，それらのスキルを裏づけるものとして特に備えておかなければならないことは，保育士としての価値観と高い倫理観である。

（2） 保育士における価値観と倫理観

　保育士に限らず，専門職に就く者は，その分野における専門的知識と技術を

第7章　保育所における保護者との連携

表7-1　保育所に入所している保護者に対する支援

(1) 保育所に入所している子どもの保護者に対する支援は，子どもの保育との密接な関連の中で，子どもの送迎時の対応，相談や助言，連絡や通信，会合や行事など様々な機会を活用して行うこと。
(2) 保護者に対し，保育所における子どもの様子や日々の保育の意図などを説明し，保護者との相互理解を図るよう努めること。
(3) 保育所において，保護者の仕事と子育ての両立等を支援するため，通常の保育に加えて，保育時間の延長，休日，夜間の保育，病児・病後児に対する保育など多様な保育を実施する場合には，保護者の状況に配慮するとともに，子どもの福祉が尊重されるよう努めること。
(4) 子どもに障害や発達上の課題が見られる場合には，市町村や関係機関と連携及び協力を図りつつ，保護者に対する個別の支援を行うよう努めること。
(5) 保護者に育児不安等が見られる場合には，保護者の希望に応じて個別の支援を行うよう努めること。
(6) 保護者に不適切な養育等が疑われる場合には，市町村や関係機関と連携し，要保護児童対策地域協議会で検討するなど適切な対応を図ること。また，虐待が疑われる場合には，速やかに市町村又は児童相談所に通告し，適切な対応を図ること。

出所：厚生労働省編『保育所保育指針解説書』フレーベル館，2009年，186-187頁。

　備えていることはいうまでもないが，それらと同様に大切なものとして価値観と倫理観がある。価値とは，社会において承認されるべき善・真などの基礎となる考え方に基づき目指すべき方向として期待するものであり，専門職者にとってはその職責を果たしていくための基盤となる。そして，倫理とは，善悪などの普遍的な判断の基準であり，価値を具現化していくために必要なモラルや行動規範の基準となるものである。このように，すべての専門職者において固有の価値観や倫理観が伴う。それらの集団がその職責を維持，向上していくために守るべき行動を規定した倫理綱領などが存在している。では，保育士の倫理観とはどういったものであろうか。

　前述のとおり，保育士は子育てに関する専門的知識と技術を有するスペシャリストであり，その言動は子どもや保護者に対して大きな影響を与える存在である。したがって，保育士は児童福祉法において，「保育士は，保育士の信用を傷つけるような行為をしてはならない」（第18条の21）といった信用失墜行為の禁止や「保育士は，正当な理由がなく，その業務に関して知り得た人の秘密を漏らしてはならない。保育士でなくなった後においても，同様とする」（第

第Ⅱ部 実 践 編

表 7-2　全国保育士会倫理綱領

すべての子どもは，豊かな愛情のなかで心身ともに健やかに育てられ，自ら伸びていく無限の可能性を持っています。
　私たちは，子どもが現在（いま）を幸せに生活し，未来（あす）を生きる力を育てる保育の仕事に誇りと責任をもって，自らの人間性と専門性の向上に努め，一人ひとりの子どもを心から尊重し，次のことを行います。
　　私たちは，子どもの育ちを支えます。
　　私たちは，保護者の子育てを支えます。
　　私たちは，子どもと子育てにやさしい社会をつくります。

（子どもの最善の利益の尊重）
1. 私たちは，一人ひとりの子どもの最善の利益を第一に考え，保育を通してその福祉を積極的に増進するよう努めます。

（子どもの発達保障）
2. 私たちは，養護と教育が一体となった保育を通して，一人ひとりの子どもが心身ともに健康，安全で情緒の安定した生活ができる環境を用意し，生きる喜びと力を育むことを基本として，その健やかな育ちを支えます。

（保護者との協力）
3. 私たちは，子どもと保護者のおかれた状況や意向を受けとめ，保護者とより良い協力関係を築きながら，子どもの育ちや子育てを支えます。

（プライバシーの保護）
4. 私たちは，一人ひとりのプライバシーを保護するため，保育を通して知り得た個人の情報や秘密を守ります。

（チームワークと自己評価）
5. 私たちは，職場におけるチームワークや，関係する他の専門機関との連携を大切にします。また，自らの行う保育について，常に子どもの視点に立って自己評価を行い，保育の質の向上を図ります。

（利用者の代弁）
6. 私たちは，日々の保育や子育て支援の活動を通して子どものニーズを受けとめ，子どもの立場に立ってそれを代弁します。
また，子育てをしているすべての保護者のニーズを受けとめ，それを代弁していくことも重要な役割と考え，行動します。

（地域の子育て支援）
7. 私たちは，地域の人々や関係機関とともに子育てを支援し，そのネットワークにより，地域で子どもを育てる環境づくりに努めます。

（専門職としての責務）
8. 私たちは，研修や自己研鑽を通して，常に自らの人間性と専門性の向上に努め，専門職としての責務を果たします。

出所：全国保育士会ＨＰ「全国保育士会倫理綱領」(http://www.z-hoikushikai.com/kouryou/kouryou.htm, 2014年2月3日)。

18条の22）といった秘密保持義務が規定されており，これらに違反すると保育士登録の取り消しや停止，保育士の名称使用の禁止といった措置を取られることもある。また，「保育所保育指針」（以下，指針）では，「保育所における保育士は，児童福祉法第18条の4の規定を踏まえ，保育所の役割及び機能が適切に発揮されるように，倫理観に裏づけられた専門的知識，技術及び判断をもって，子どもを保育するとともに，子どもの保護者に対する保育に関する指導を行うものである」（第一章総則）と明記されており，専門的知識や技術，判断は高い倫理観によって裏づけられるものであるとしている。なお，指針では保育所における保護者に対する支援の基本についても記されている（表7-1）。

　以上のようなことから，全国保育士会では保育士が専門集団であり続けるために守るべき共通倫理を定めた「全国保育士会倫理綱領」が示されている（表7-2）。このように，保育士における専門的知識や技術は高い倫理観によって裏づけられるものである。そして，保育士が保護者と連携しながら「質の高い保育」を行っていくためには，それらの倫理観を培っていく必要がある。保育士は常に子どもの最善の利益に考慮しながら，専門職としての職務と責任を自覚し，自己研鑽を積み重ねることが求められる。そして，それらを通して培われた高い倫理観を基盤とすることで，保育士としての専門性が発揮できるのである。

2　保護者理解

（1）保護者と障害受容

　障害児の保護者との関わりにおいて，理解しておくべき事柄の一つとして障害受容がある。保護者がわが子の障害を知った時，大きな喪失感に見舞われたり，将来に対する不安や心理的混乱が生じたりすることが考えられる。そうしたことを知らずして，「保護者が障害受容できていない」といった勝手な評価や，一方的にレッテルを貼るといった不適切な行為は避けなければならない。したがって，ここでは保育士が支援の道筋をつけるために，保護者の障害受容

について考え、保護者の思いに寄り添いながら適切に関わっていく必要性について学んでいくこととする。

(2) 障害受容

上田敏によれば、障害者自身の障害受容について「あきらめでも居直りでもなく、障害に対する価値観（感）の転換であり、障害をもつことが自己の全体としての人間的価値を低下させるものではないことの認識と体得をつうじて、恥の意識や劣等感を克服し、積極的な生活態度に転ずることである」[2]と定義している。これを障害児の保護者の障害受容に当てはめて考えると、障害が自分の子どもの人間的な価値を低めるものではなく、恥や劣等感を抱くことなく、わが子の障害という事実について、あるがまま受け止めることが障害受容であると言える。では、このような障害についての受容はどのような過程を辿り、あるがままの状態を受け入れるに至るのであろうか。

これまで、障害受容については数々のモデル（考え方）が示されてきているが、ここでは、取り上げられていることの多い段階説と慢性的悲哀説について紹介する。

1) 段 階 説

精神科医であるキューブラー・ロス（E. Kübler-Ross）は著書『死の瞬間』の中で、臨死患者の死の受容のプロセスには「否認と隔離、怒り、取引き、抑うつ、受容」の5段階のプロセスがあると提起している。そして、これは障害の受容についても同様の段階を経るとされている。

ドローター（D. Drotar）[3]らは、先天性の奇形をもつ子どもの親の心理的変化の過程を「ショック、否認、悲しみと怒り、適応、再起」の5段階に分けた。これによれば、子どもの障害が判明した時に親はショックを受ける。そして、障害という事実を否認する気持ちになり、時には医療機関を転々としたり、非科学的な迷信にすがったりする等の行動を起こすこともある。次に、なぜ自分の子どもが障害をもって生まれたのかという悲しみと怒りが生じ、その状態を抜けると、徐々に事実を受け入れられるようになる（適応）。その段階を経て、

表7-3　子どもの障害に対する親の受容の6段階+1

《段階0：ピリオド・ゼロ》 　子どもの障害（の可能性）を知り，強いショックを受ける瞬間。 《段階1：否認》 　自分の子どもに障害があるはずはないと考え，「障害はない」という証拠ばかり探そうとする段階。 《段階2：怒り》 　なぜ自分の子どもなのか，「犯人」がいるのではないか，といった怒りを周囲や自分にぶつける段階。 《段階3：取引》 　障害を「治そう」と手を尽くし，何かにすがりたいと考える段階。 《段階4：抑うつ》 　障害を「治す」ことはできないと悟るが，障害を受け入れることもできず，気分が落ち込んで何も手につかなくなる段階。 《段階5：受容》 　子どもの障害をあるがままに受け入れ，精神的な平静が取り戻される段階。 《段階6：充足》 　子どもの障害に取り組む人生に積極的な意義を見出し，高い精神的充足感が得られる段階。

出所：藤居学『自閉症の子どもと家族の幸せプロジェクト——お父さんもがんばる！「そらまめ式」自閉症療育』ぶどう社，2008年，12頁。

障害児と共に生きていこうという，再起の気持ちへと至るとされている。

　また，藤居学は自閉症児を育てる父親として，自身の体験等に基づき，先に紹介したキューブラー・ロスの「受容の5段階」を参考に，子どもの障害に対する保護者の受容を「ピリオド・ゼロ，否認，怒り，取引，抑うつ，受容，充足」の6段階+1として整理している。

　ここで示されている初期段階のピリオド・ゼロとは「まさにそれまで思い描いていた自分自身や家族の未来絵図が，少なくとも感情的には一瞬にしてゼロ，つまり『白紙に戻る瞬間』という意味をこめてつけた名前」であり，これは家族の未来絵図が白紙になることと共に，ここから家族が協力し，新しい将来像を造り上げていくための「出発点」でもあるとしている。そして，こうした障害受容の段階を進めるために特に重要なことは「子どもと接する・かかわる回数とその長さ」であるとし，さまざまな生活場面において子どもに積極的に関わっていくことの必要性について指摘している（表7-3）。

表7-4 障害児と親の危機的時期・状況

	危機的時期	危機的状況
Ⅰ	誕生(障害を受けた時期)～障害が予測された間の時期	
Ⅱ	生後3ヵ月～3歳	乳児健康診査等で専門病院を紹介された時 専門病院等を受診しようとする時・した時 障害がわかった時,診断・説明を受けた時
Ⅲ	3歳～4歳	集団生活,幼児教育を選ぶ時
Ⅳ	小学校入学時期	就学前検診,小学校選択
Ⅴ	中学校・高等学校入学時期	進級にあたっての学校選択(特に肢体不自由児等)
Ⅵ	学齢期修了時	高校卒業後の進路について
Ⅶ	成人式を迎える時期	その後の生活を選択する時期
Ⅷ	30～40歳代	親の加齢が進んでくる時期
Ⅸ	50歳以上	親が自分の死後を考える時期
Ⅹ	一生を終える時期	(親よりも先の時がある)

出所:佐鹿孝子「親が障害のあるわが子を受容していく過程での支援(第4報)——ライフサイクルを通した支援の指針」『小児保健研究』第66号,2007年,780頁。

以上,段階説について説明したが,このような段階的な変化はなぜ起こるのであろうか。このことについて中田洋二郎は,家族支援の未成熟さの他に,障害児を出産したということに対する喪失感が伴うのだという考えが一般には根強いと指摘している。そして,その考えに基づくと,障害児の誕生は親にとってはいわば「期待した子どもの死」として受け止められ,愛情を注ぐ対象とならず,そのために大切なものを失うといった喪失体験と喪失過程が生じる。さらに,それに引き続き生じる心理的な回復プロセスが,段階的な感情変化をもたらすと説明している[7]。

2) 慢性的悲哀説

段階説は,障害受容に至るまでの道筋を分りやすく示しており,障害児をもつ保護者の心理状況を把握し,適切な支援を行っていく上でも参考になるものである。しかし一方で,私たちの心の動きは段階説のような一方向的な道筋を辿っていくというよりも,波のように揺れが生じているとも考えられる。

ケースワーカーであるオーシャンスキー(S. Olshansky)は自身の援助経験から,知的障害児の保護者の多くが,絶え間なく悲しみ続けるといった「慢性的悲哀(chronic sorrow)」をもち続けて苦しんでいると述べている[8]。また,中田

洋二郎は「慢性的悲哀は，常に悲哀の状態にあるのではなく，健常児では当たり前の発達的な事象や社会的な出来事が障害児の家族の悲哀を再燃させるきっかけとして潜在的にあり，そのために周期的な表れかたを示すということである」(9)と述べている。つまり，子どもの成長やライフサイクルの中で幾度となく障害受容の危機的状況がくり返し生じていると考えられる(10)。これらの説を参考に佐鹿孝子らは，障害受容の危機的状況が，誕生から小学校入学時期，成人式を迎える時期等のライフサイクルのいくつかの時期において現れると考え，「障害児と親の危機的時期・状況」の10段階を提唱している（表7-4）(11)。

このように慢性的悲哀説は，段階説のような一方向へ向かって直進し，障害の受容へと辿りつくといったものではなく，障害のような一生共にしなければならない存在に対しては，悲哀の感情が常に内在しているという考えに基づいている。そして，そうした悲哀の感情が起こるということは，障害受容ができていないからではなく，むしろ正常な反応であるととらえている。

以上，障害受容について述べたが，いずれの説（考え方）においても障害受容については，さまざまな危機的状況に保護者は晒される可能性があるということを理解しておかなければならない。また，大切なことは保育士の役割は保護者の障害受容ではなく，保護者に寄り添いながら子育てを支えていくことである。したがって，保育士は保護者との適切な信頼関係のもとに，ありのままの感情を受容しながら，良好な関係を築き支援していく必要がある。

3　保護者との関わりの基本

（1）信頼関係の形成

障害児を育てる保護者に限らず，保護者との連携において必要となるのが，適切な信頼関係を築くことである。私たちの日常生活において悩みや困ったことがある時に相談する相手は，「この人なら自分の悩みを真剣に聞いてくれる」といった人物であろう。保護者の真のニーズを引き出すためにも，お互いが信頼し合える関係を築くことは何よりも欠かせないことである。では，信頼関係

表7-5 バイスティックの7原則

原則			利用者のニード
原則1	個別化	クライエントを個人として捉える	一人の個人として迎えられたい
原則2	意図的な感情表出	クライエントの感情表現を大切にする	感情を表現し解放したい
原則3	制御された情緒的関与	援助者は自分の感情を自覚して吟味する	共感的な反応を得たい
原則4	受　容	受けとめる	価値ある人間として受けとめられたい
原則5	非審判的態度	クライエントを一方的に非難しない	一方的に非難されたくない
原則6	自己決定	クライエントの自己決定を促して尊重する	問題解決を自分で選択し，決定したい
原則7	秘密の保持	秘密を保持して信頼感を醸成する	自分の秘密をきちんと守りたい

出所：F.P.バイスティック／尾崎新・福田俊子・原田和幸訳『ケースワークの原則——援助関係を形成する技法 新訳版』誠信書房，1996年，を基に筆者作成。

とはいったいどのようにして形成していくものであろうか。

　まず，信頼関係において大切なことはコミュニケーションである。コミュニケーションは大きく二つに分けられる。一つは，言葉を介して行われる言語的コミュニケーション（バーバルコミュニケーション）。もう一つは，顔の表情や身ぶり等を介して行われる非言語コミュニケーション（ノンバーバルコミュニケーション）である。「目は口ほどにものを言う」という諺があるが，お互いのコミュニケーションを図る上で，言葉と同じように，態度についても注意を払わなければならない。さらに，必要となってくるのが傾聴である。

　傾聴とは共感的，受容的な態度で耳と心を傾け熱心に聴くことである。まじめで仕事熱心な保育士ほど保護者から相談を受けた際，あれこれと一方的にアドバイスをしがちである。熱意があることは大切であるが，それでは保護者の求める本当のニーズを知ることができないままである。保育士は保護者の思いを受け止め，共に寄り添う姿勢が必要であり，このような関係のもとで初めて保護者に対する支援が成り立つのである。また，専門的支援を効果的に行うための原則として，バイスティック（F. P. Biestek）が示した7原則がある。

バイスティックによると，支援者とクライエントとの支援関係の形成には，個別化，意図的な感情表出，制御された情緒的関与，受容，非審判的態度，自己決定，秘密の保持の七つの原則を守る必要があると提唱している（表7-5）。保護者支援においてもこれらの原則は，保育士の行動規範として覚えておく必要があるだろう。

（2）受容的な関わり

受容とは，相手のあるがままの姿を受け入れるということである。これは，たとえ相手の思想や態度，行動が道徳的に逸脱したものであっても善悪を判断せず，ありのまま受け入れるということである。しかし，これは社会的に受け入れないことや非道徳的なことを容認したり，同意したりすることではない。私たちはそれらを容認や同意しなくても受容することができる。例えば，保護者がしつけと称して子どもに体罰を加えている行為や，それを許容する考えに対して，同意はしなくてもそのままを受容することはできる。つまり，受容において重要なことは，あくまで等身大のその人を，そのまま受け入れるということである。なお，解説書では「受容とは，不適切と思われる行動等を無条件に肯定することではなく，そのような行動も保護者を理解する手がかりとする姿勢を保つこと[12]」と明記している。

保育所において特にこのような関わりが必要となるのが，障害児の保護者対応においてである。特に，発達障害については障害の疑いの時期から診断・告知までの時間が長くかかることが多く，このような子どもを養育する保護者は，不安や焦り等で精神的に不安定で混乱した状況に陥っていることも少なくない。そのような状態の中で，例えば保育士から「発達障害があるのではないか」「発達検査を受けではどうか」等と言われれば一層の混乱につながり，保護者とともに子どもを支援する体制をとることが困難な状況に陥ってしまう。子どもの障害における保護者の障害受容には，多くの場合それなりの時間を必要とする。したがって保育士は焦らず，じっくりと時間をかけながら保護者に寄り添い，思いや感情を受け止め，受容していく姿勢が必要である。

第Ⅱ部　実　践　編

4　保護者との連携を円滑にするための実践例

(1) 多忙な保育業務の中での保護者支援

　障害児を育てる保護者は，当事者である子どものことや，兄弟の子育てについて，家族や地域との関係について等，さまざまな問題や悩みを抱いている場合が多い。そのような状況に保育士が対応するための一つの方法として，ソーシャルワークやカウンセリング等の専門的な知識と技術を活用していくことが考えられる。しかしながら，多忙を極める保育業務をこなしながら，保護者支援を行っていくことは，かなり困難であるのが実情であろう。

　ここでは，相談室における面接という形式だけではなく，送迎時の少しの立ち話の場面や連絡帳でのやりとり等，保育現場において幅広く活用することができる会話・対話の技法として，解決志向アプローチをあげ，その理論と実践例について紹介する。

(2) 解決志向アプローチ

　解決志向アプローチは，ソリューション・フォーカスト・アプローチ（ＳＦＡ）とも呼ばれるブリーフセラピー（短期療法）の一つであり，心理，医療，福祉，教育現場等において広く活用されている対人援助技法である。では，解決志向アプローチとはどのような技法なのであろうか。

　私たちは普段，何か問題が起きた時に，過去に遡り，その問題が生じている原因を探ることで解決を図ろうとすることが多い。これは，医療現場でよく用いられる医学モデルと同じである。医学モデルとは，患者の病因を見つけだすことで身体に生じている問題を治していこうとする考え方であり，例えばインフルエンザ等の感染症等において，原因菌を特定し，それを除去するという手段は有用な方法である。

　これに対して，解決志向アプローチは解決志向モデルと呼ばれる立場をとっている。つまり，相談者の抱える問題の「原因」（過去）を探るのではなく，

「解決」(未来) に焦点を絞り,話を進めていくことで,その人の持っている解決へつながるかけらやヒント (リソース) を拾い集め,それらを積み重ねながら「解決を構築」していく方法であり,未来志向型モデルともいえる。

では,なぜ問題の原因を求めないのか。それにはいくつかの明確な理由がある。例えば,心理的な問題の原因は一つとは限らず複数存在する場合もあり,さらにそれらが複雑に絡み合っていることが多い。また,原因が明確であっても,それを取り除くことが現実的に見て困難であったり,不可能であったりすることもある。つまり,問題の原因が解明されたからといって,必ずしも適切な解決策が講じられるとは限らないのである。これらの理由から,解決志向アプローチでは,相談者のもつ,解決につながるリソース (資源) に焦点を当てている。

ここで,解決志向アプローチの三つの基本原則について記しておく。これらの原則は,解決志向アプローチによる実践と経験により洗練されていった結果,導き出されたものであり,基本となる考え方である。

① うまくいっているのなら直そうとするな
② 何かやってうまくいったのなら,もっとそれをせよ (Do More)
③ うまくいかないのならば,何か違ったことをせよ (Do Something Different)

これらを簡単に整理すると,①うまく行っていることは,そのまま続ければ良いのであって,余計なことや無駄なことはしないように気をつけること。②そして,たとえなぜうまくいっているのか説明できないとしても,実際に効果があるのならば,それを続けること (Do More)。③一見,理にかなっていて効果がありそうなことでも,やってみてうまくいかないのであれば,何か違ったことを試してみよう (Do Something Different) ということである。また,具体的な会話・対話による支援展開の進め方としていくつかの質問法がある。ここでは,その一部を紹介する。

1) 例外探し

　解決志向アプローチにおける「例外」とは，「問題が起きていない状態」や「いつもよりもましな状態」を指す。日常生活において，私たちの生活は絶えず変化の中で暮らしている。つまり，環境に変化が生じているのならば，抱えている問題も多かれ少なかれ変化が生じていると考えるのが妥当である。いつもパニックを起こしたり，癲癇(かんしゃく)を起こしたりする子どもだと思っていても，よく観察してみると時と場合によっては，それらの行動がまったく見られない，軽減されているといった「例外」があることが多い。問題について焦点を当てて考えれば考えるほど，これらの「例外」を見過ごしている。この見過ごしている部分を探し出す作業が例外探しである。

　ここでは例として，保育所に通う発達障害児に関する「毎朝，身支度がなかなか進まない」という母親からの相談事例について考えてみたい。

母　親：「毎朝，Aの身支度が遅くて困っているんです。毎回，『歯磨きはした？』『早く着替えを済ませて！』という具合に促してもなかなかやろうとしなくて，テレビに集中してしまって。何度かテレビを消したこともあるんですが，その時は癲癇を起こして泣き叫んで，その日はずっと機嫌が悪くなるんです。いつもこんな調子で，私もイライラして，毎朝，憂鬱(ゆううつ)になるんです。」

保育士：「それは大変ですね。身支度が進まないとのことですが，もしAくんが身支度できるようになったら，今とどのよう違っているでしょうか？」

母　親：「そうですね…。Aに付きっきりにならなくて済むので，他の子どもの面倒を見ることや，自分の身支度や朝食の準備が余裕をもってできると思います。でも，Aにとって一番良いことは，私がイライラしてないことかな。いつも私が感情的になってガミガミ言ってしまうので」。

保育士：「そうなるとAくんにとっても家族にとっても，気持ちよい朝が迎えられそうですね。少し思い返して，今までで少しでも自分から身支度したたり，言わなくてもできたということはありませんでしたか。どんな些細なことでも結構ですので，あれば教えていただきたいのですが」。

母　親：「そうですね，そういえばこの前一度だけ自分から身支度ができていたことがありました」。

> **保育士**：「えっ，自分から何も言われずに身支度できたんですか。それは，すばらしいですね。そのことについて，もっと詳しく教えてくれますか？…どのような状況だったんですか？　身支度をしているのを見てどう思いましたか？身支度を終えたあとに何か声をかけましたか？…その他に，少しでも言われずに身支度ができたこと，やりかけたことはありませんでしたか？」。

　このように，例外探しは，原因や問題から離れて，相談者が見落として解決してしまっている「例外」の部分について焦点を当て，エンパワメント[14]を意識しながら，解決を構築していく質問法である。そして，質問によって得られた「すでに起こっている解決」を Do More することで解決へとつなげていくものである。子どもの問題点よりも，解決してしまっている良い点に注目していくため，保護者にも負担がかからず，保育士も保護者との会話の中で話題にしやすいという点で優れた質問法である。

　2）　コーピングクエスチョン

　この質問法は，問題があまりにも大きかったり，相談者の状況が深刻であったりする等，ポジティブな話を引き出すことが困難な場合に使われる質問法である[15]。危機的な状況下で，問題を乗り越えていけるように元気づけたり，勇気づけたりすることは非常に難しい。そこで，コーピングクエスチョンでは，「そのような中で，今までどうしてやってこれたのか」「どのような工夫や努力をしてきたのか」等といった形で尋ねることにより相談者がそれまでどのようにして（苦しい状況を）切り抜けてきたのか，乗り越えてきたのかを見つけだす質問法である。そして，それら努力してきたことを称賛し，エンパワメントの視点を踏まえながら解決策を構築していくのである。

　ここでは，例として，子どもが発達障害の診断を受けて，子育てに自信のなくなった保護者の相談事例について考えてみたい。

> 母　親：「私の何がいけなかったのでしょうか。後悔しても後悔しきれません。何よりもショックだったのが姑からの一言です。『障害をもって生まれたのは，あなたのせいじゃないか』って。それを言われた瞬間，私の中の何かが崩れ去って，何をどうしたら良いのかもわからなくなりました」。
> 保育士：「そんなつらい状況の中で，今までどのようにしてやってこられたのですか」。
> 母　親：「やってこれたとは思っていません。ただ，この子を見放すことはできません。だから，この子のためになると思うことはやってきたつもりです」。
> 保育士：「つらい状況を切り抜けてきただけでなく，Bくんのことを何よりも大事だと考え，行動されてきたようですね。『ためになること』とは実際，どのようなことをされてきたのか教えていただけますか？」

　これらのやり取りからわかるように，コーピングクエスチョンは「どのようにして，現在の状態までに至ったのか（がんばってきたのか）」を尋ね，今まで取り組んできたこと，努力・工夫してきたことを引き出し，適切に称賛したり，ねぎらいの言葉をかけたりすることで，相談者のエンパワメントを促すことができる。そして，これらの質問により，相談者自身から自分の長所や肯定的な部分を述べられるようにすることで，困難な状況においても立ち向かっていく意志を引き出すことができる効果的な質問法である。

5　「質の高い保育」を行うために

　本章では，保護者との連携にあたっての保育者の基本的姿勢や保護者理解，関わりの基本について学んできた。障害児保育において，保育者が保護者とつながるために大切なことは，子どもの障害を発見することでも，保護者に障害受容を促すことでもない。両者の向かうべき目標は，すべての子どもの最善の利益のために安心・安全な保育の場を確保し，子どもの心身の発達を保障していくことである。保育者がこのような「質の高い保育」を行っていくことは一朝一夕にできるものではない。したがって，日々の保育業務について常に省察

し，自己研鑽を積み重ねていく姿勢が必要である。

―― コラム／山本五十六から学ぶ「しつけ」の四つのポイント ――

　山本五十六といえば，太平洋戦争時に連合艦隊司令長官として真珠湾攻撃を指揮した人物で，先見の明があり，誰よりも戦争を反対していた者として有名である。彼は，人を育てることについても長けていたと言われている。そんな彼が遺した言葉で，「やって見せて，言って聞かせて，させてみて，ほめてやらねば，人は動かじ」というものがある。この言葉は，子どものしつけについて深く通じるものがある。つまり，子どもにやって欲しいことや新しいことを教える時には，まず「やって見せる」と言うことが大事である。これは，見本を見せることによってモデリングを促すことにもつながる。そして「言って聞かせて」は，見本を覚えるための補足説明を加えることであり，どのような手順を踏めばできるようになるのかを伝えることができる。「させてみて」は，子どもができるのかどうか，実際にさせてみることによって，教えていることがその子どもの年齢や能力に見合ったものかどうかを確認することができる。そして，最後の「ほめてやる」は，できたことに対して称賛することで，教えたことを定着させることに役立つ。
　言葉だけで教えるよりも時間のかかる方法だと思うかもしれないが，この四つのポイントを押さえることが，実は一番簡単なしつけの方法なのかもしれない。

注
(1) 厚生労働省編『保育所保育指針解説書』フレーベル館，2008年，19-20頁。
(2) 上田敏『リハビリテーションを考える――障害者の全人間的復権』青木書店，1983年，209頁。
(3) Drotar, D., Baskiewicz, A., Irvin, N., Kennell, J. & Klaus, M. "The adaptation of parents to the birth of an infant with a congenital malformation: A hypothetical model". *Pediatrics* 56（5），1975，pp. 710-717.
(4) 藤居学『自閉症の子どもと家族の幸せプロジェクト――お父さんもがんばる！「そらまめ式」自閉症療育』ぶどう社，2008年，11-14頁。
(5) 同前書，11頁。
(6) 同前書，14頁。
(7) 中田洋二郎『発達障害と家族支援――家族にとっての障害とはなにか』学習研究社，2009年，26頁。
(8) Olshansky, S. "Chronic sorrow: a response to having a mentally defective child."

第Ⅱ部　実　践　編

Social Casework 43, 1962, pp. 190-193.
(9)　中田洋二郎「親の障害の認識と受容に関する考察——受容の段階説と慢性的悲哀」『早稲田心理学年報』第27号, 1995年, 83-92頁。
(10)　佐鹿孝子・平山宗弘「親が障害のあるわが子を受容していく過程での支援——障害児通園施設に来所した乳幼児と親への関わりを通して」『小児保健研究』第6号, 2002年, 667-685頁。
(11)　同前書, 667-668頁。
(12)　厚生労働省編『保育所保育指針解説書』フレーベル館, 2009年, 184頁。
　　　E・キューブラー・ロス／川口正吉訳『死ぬ瞬間——死にゆく人々との対話』読売新聞社, 1971年。
　　　F. P. バイスティック／尾崎新・福田俊子・原田和幸訳『ケースワークの原則——援助関係を形成する技法　新訳版』誠信書房, 1996年。
(13)　宮田敬一編『ブリーフセラピー入門』金剛出版, 1994年, 104頁。
(14)　エンパワメントとは, その人が本来もつ, 問題や課題を解決していく力を引き出すことをいう。
(15)　宮田敬一編, 前掲書, 111-112頁。

参考文献

堀智晴・橋本好市編著『障害児保育の理論と実践——インクルーシブ保育の実現に向けて』ミネルヴァ書房, 2010年。
ピーター・デイヤング・インスー・キム・バーグ／桐田弘江・玉真慎子・住谷裕子訳『解決のための面接技法——ソリューション・フォーカストアプローチの手引き』金剛出版, 2008年。

読者のための参考図書

黒沢幸子編『ワークシートでブリーフセラピー——学校ですぐ使える解決志向＆外在化の発想と技法』ほんの森出版, 2012年。
　　────この本は, 解決志向の技法を活用し学校を元気にしていくためのメソッドがわかりやすく説明されており, 解決志向アプローチを初めて学ぶ者にとっては打って付けの本である。本書は2部構成になっており, 1部では「1時間で理解するブリーフセラピーの基礎・基本」と題して解決志向の発想とスタンス, 技法について理解し, 2部では「やってみよう！ワークシートでブリーフセラピー」と題して, 解決志向を実践している各先生が開発したワークシートやカード等を解説とともに紹介している。解決志向アプローチを保育現場等でぜひ活用したいと思っている人はぜひ一読をお勧めしたい。

奥田健次・小林重雄『自閉症児のための明るい療育相談室——親と教師のための楽しいABA講座』学苑社，2009年。
　————この本は，自閉症児の療育に長年携わってきた2人の著名な臨床家がQ＆A形式で読者の悩みに答えている。本書の特徴は，一つの質問に対して2名の著者がそれぞれ回答している点である。行動療法や応用行動分析（ＡＢＡ）の技法を基として，それぞれの実践経験から出される療育のアイディアは実に斬新であり，保育者を目指す学生のみならず現場職員にとっても大いに参考になるであろう。ぜひ一読していただきたい一冊である。

野口啓示『むずかしい子を育てるコモンセンス・ペアレンティング・ワークブック』明石書店，2012年。
　————この本は，アメリカで最大級の児童家庭福祉サービスを提供しているボーイズタウンで開発されたペアレントトレーニング（親訓練）である「コモンセンスペアレンティング」について紹介したものである。子育て中の保護者向けに書かれたもので，子どもを効果的にしつける方法について分かりやすく解説している。本書は六つのプログラムで構成されており，プログラムごとに記入欄が設けられ，具体的なしつけのスキルを身につけられるようになっている。さらにＤＶＤが付いており，より効果的に学習が進められるよう工夫がされている。保護者のみならず，保育現場で活用できる内容となっているので，ぜひ一読いただきたい。

第Ⅱ部 実 践 編

> スウェーデンの障害児保育・教育3

特別クラスのあるガムレビィプラン就学前学校

　ストックホルム郊外のリンケビィにある市立ガムレビィプラン就学前学校を訪ねた。この地域一帯はほとんど移民の人たちが住んでいるので，通ってくる子どもたちも大半が移民の子どもたちだ。
　2階建ての建物は大きくてモダンで，学習内容も現代っ子に合わせ，コンピューターやビデオをよく使う。親の中にはスウェーデン語ができない人もいるが，これらの映像機器はことばの通じない親とのコミュニケーションにもとても役立っており，職員は画像を見せながら学校のことを説明するという。
　特別クラスにアンナ先生が案内してくれた。特別クラスとは一般の学校の中にある障害児のためのクラスを指す。ちょうど外から戻ってきた5歳のイーニスが天井からぶらさがっているブランコへ直進した。職員がすぐブランコに乗せた。ブランコにさえ乗っていればごきげんなイーニス。普段は多動で目が離せない。4歳のカッレは玩具を手にとることもなく，「うーうー」といって床に座っている。2人とも自閉症と知的障害がある。
　昼食時になると，ランチをいっしょに食べるために普通クラスの子どもが3人やってきた。彼らは水族館に行く遠足のことをわたしたちに話してくれた。メニューは野菜スープとサンドイッチ，筆者もご馳走になった。
　イーニスが手を口にあてた。もっと食べたいという意思表示。「イーニスはこのごろいくつかの言葉を手であらわせるようになったのよ」とアンナ先生がうれしそうにいった。カッレとは絵のついたカードでコミュニケーションをはかる。コップの絵を先生が見せると，カッレはうなずいた。水がほしいのだ。その子どもに合わせた方法を用いる。職員たちは言語聴覚士や臨床心理士の指導を受けているという。
　アンナ先生が「親はたいてい普通クラスに障害児をいれたがります。でも特別クラスもあるので試してみますかといったことを親と十分話し合って決めてもらいます。選択できることが大切なのです」とも言った。

第8章 障害児保育実践における関係機関との連携
―― ネットワークとその重要性

1 共生社会におけるネットワークの重要性

　今日，我々の社会では，多様な文化，多様なニーズをもつ人々のあり方を認め，共生していくことが求められている。保育所や幼稚園（以下，園）においても，障害といった特別な保育（教育）的ニーズのある子どもや家族をどのように支え，共に育つ関係を育んでいくかが課題となっている。その際，障害児と健常児を，同一の場所において保育・教育するインテグレーションの理念を発展させたインクルーシブな支援システムの構築が目指されるべきである。

　では，個々の特別なニーズに対する適切な支援を保障するインクルーシブ保育を実現するためにはどのようにすればよいであろうか。一つの重要な取り組みとして，園だけの閉じた支援だけではなく，園がさまざまな関係機関と連携し，ネットワークを形成することがあげられる。ここでいうネットワークとは，園や地域の関係機関が障害の発見から保育・療育といった一貫した支援システムを構成し，子どもの保育・教育的ニーズに応える課題や目標を共有する取り組みを意味している。

　本章では，障害児を取り巻く人々それぞれが果たすべき役割を認識し実践することで，子ども一人ひとりの人格や個性を認め，その発達に応じた支援の大切さを述べていきたい。乳幼児期という生涯発達の基盤となる時期，保育者には，子どものより良い成長，発達のために積極的にネットワークを形成していくことが求められているのである。

第Ⅱ部 実 践 編

2 連携の際に保育者に求められる基本的な考え方

(1) 子どもや家族にとって連携することの意義や必要性

　実際の障害児や家族を取り巻く状況を考えると，乳児期から地域の専門機関との関わりを持っている場合が多い。例えば，保健センターの新生児訪問や健康診査，病院での治療や療育機関による指導などを経験していると考えられる。また，乳幼児期以降の成長のプロセスにおいても小学校への就学，進学，就労といったライフステージを通して関係する専門機関との関わりが生じてくる。図8-1に示したように，障害児と家族は，ライフステージに応じて直面する課題も変化し，複雑になっていく[(1)]。その中でも特に，生涯にわたる基礎づくりといえる乳幼児期にどのような支援を受けたかが，その後の生活の質を左右すると考える。乳幼児期に当事者として主体的にネットワークに参加できた家族は，その後の生活の中でもさまざまな機関や活動に積極的に関わっていける可能性が開かれるのではないだろうか。その意味で，保育者の役割は重要である。乳幼児期の子どもの生活を支援する保育者は，関係機関と家族を結ぶネットワークのキーパーソンとしての役割を担う場合が多いためである。では，保育者にはどのような姿勢が求められるであろうか。次に連携の際に求められる保育者の基本的な姿勢について述べていく。

(2) 保育者の基本的な姿勢

1) 子どもや保護者が主役となる連携の形をとること

　園と関係機関との連携を考える場合，何のための連携か，誰のための連携か，連携の目的を意識した取り組みが求められる。言うまでもなく，連携の目的は，子どもの幸せの実現が優先されるべきであろう。また，保護者の意向や事情を踏まえた連携であることも大切である。つまり，園と関係機関の2者が主体となる連携ではなく，子どもや保護者を含めた3者の連携になるようにすることが大切である。したがって，ネットワークの形成には，子どもの発達を支える

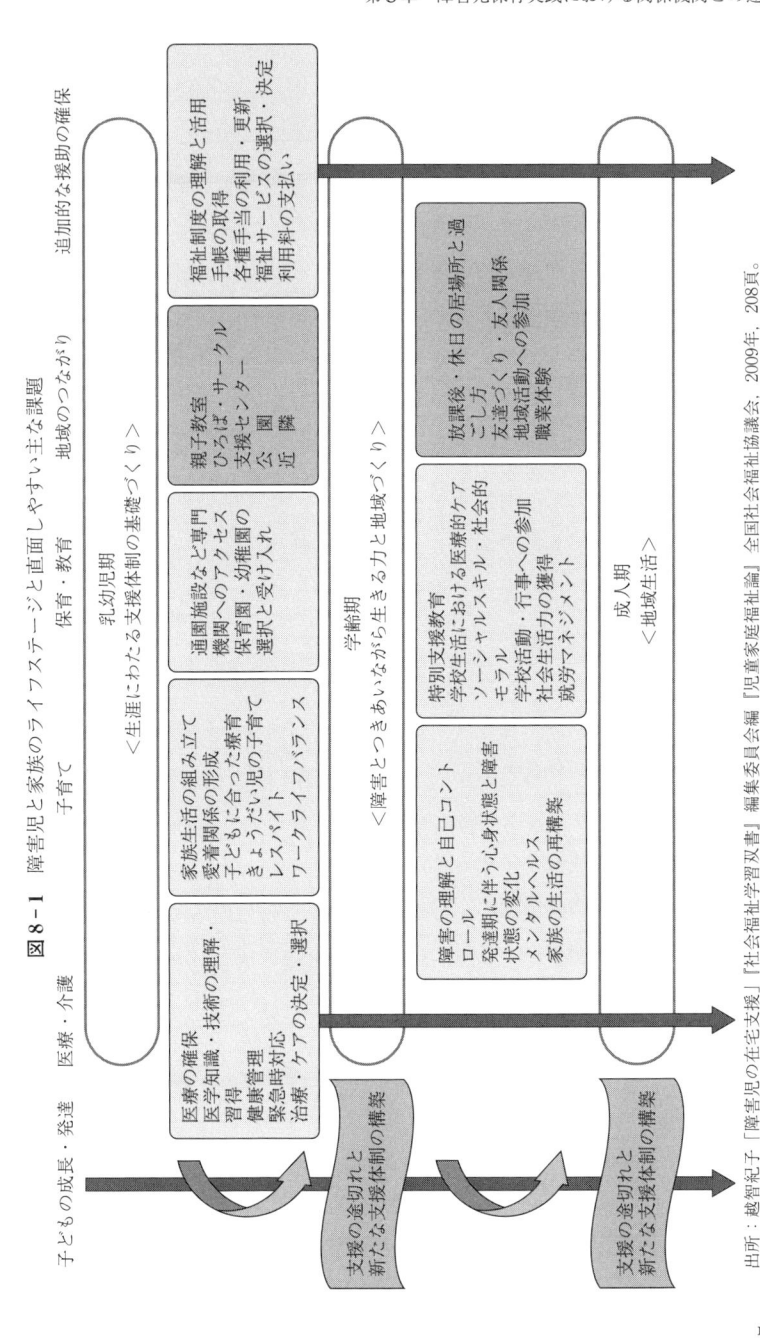

第8章 障害児保育実践における関係機関との連携

図8-1 障害児と家族のライフステージと直面しやすい主な課題

	子育て	保育・教育	地域のつながり	追加的な援助の確保
子どもの成長・発達	医療・介護			

〈生涯にわたる支援体制の基礎づくり〉

乳幼児期

- 医療の確保
- 医学知識・技術の理解・習得
- 健康管理
- 緊急時対応
- 治療・ケアの決定・選択

- 家族生活の組み立て
- 愛着関係の形成
- 子どもにあった療育
- きょうだい児の子育て
- レスパイト
- ワークライフバランス

- 通園施設など専門機関へのアクセス
- 保育園・幼稚園の選択と受け入れ

- 親子教室
- ひろば・サークル
- 支援センター
- 公園
- 近隣

- 福祉制度の理解と活用
- 手帳の取得
- 各種手当の利用・更新
- 福祉サービスの選択・決定
- 利用料の支払い

支援の途切れと新たな支援体制の構築

学齢期

〈障害とつきあいながら生きる力と地域づくり〉

- 障害の理解と自己コントロール
- 発達期に伴う心身状態と障害状態の変化
- メンタルヘルス
- 家族の生活の再構築

- 特別支援教育
- 学校生活における医療的ケア
- ソーシャルスキル・社会的モデル
- 学校活動・行事への参加
- 社会生活力の獲得
- 就労マネジメント

- 放課後・休日の居場所と過ごし方
- 友達づくり・友人関係
- 地域活動への参加
- 職業体験

支援の途切れと新たな支援体制の構築

成人期

〈地域生活〉

出所:茨木紀子「障害児の在宅支援」『社会福祉学習双書』『児童家庭福祉論』編集委員会編『児童家庭福祉論』全国社会福祉協議会、2009年、208頁。

役割を最も身近なところで担っている保護者の意向が重視され、その親子に即した柔軟な連携の形がとられるべきである。

2) 地域の資源（リソース）を知ること

地域には、子どもの育ちを支えるさまざまな専門機関や事業が存在している（表8-1）。保育者は、それぞれの役割や機能をある程度把握しておくことが求められる。保育者が専門機関を知る方法はいくつか考えられる。例えば、クラスの子どもが児童発達支援センターを併行して利用している場合、保育者が保護者の了解のもと、センターの実践を見学し、子どもの支援方法について意見交換をすることが考えられる。また、小学校に進学した子どもの授業を見学することもできる。たとえ訪問できなくても、市町村の役所やホームページから情報を得ることができる。何より保育者自らが、積極的に他機関のことを知ろうとする姿勢が大切である。そして、可能であれば、他の専門機関のスタッフとの関係は、必要な時には連絡できる顔の見える関係になっておくとよい。

3) 対等な立場での連携を行うこと

関係機関と連携する際、「専門家の先生にすぐに役に立つアドバイスをもらいたい」といったように、保育者が他機関の専門家に依存する場合がある。このような「指導する−される」といった関係では、子どものための有効な支援方法を導き出すことができない場合が多い。保育者の専門性や主体性が活かされる対等な立場での連携が求められる。

対等な立場での連携の形態の一つとして、コンサルテーションという方法が知られている。コンサルテーションとは、コンサルタント（助言する側）からコンサルティ（相談する側）への一方的な指導や助言を意味するのではなく、相互の対等な立場を前提としている。すなわち、お互いが別々の専門性をもつ存在であると認め合い、それぞれの専門性を活かした形で課題の解決が図られる。

4) 保育者自らが役割責任を自覚すること

言うまでもなく、保育者は、日々の生活や遊びを支援するプロである。連携の際には、自分たちにできることをしっかりと自覚した上で、関係機関と協力

第8章 障害児保育実践における関係機関との連携

表8-1 保育所・幼稚園が連携先とする主な機関・事業

機関・事業	職員の構成	援助の内容
小学校	教員・養護教諭・スクールカウンセラー，栄養士など	教科教育による学力の伸長だけでなく，学校生活における多様な経験を提供し，人格形成・社会性の発達・生活習慣の確立など，児童期の全体的な成長発達に関する教育と援助を行う。
障害児通所支援　児童発達支援センター　児童発達支援事業（福祉型・医療型）	児童指導員，保育士，作業療法士，言語聴覚士，心理技術職など	障害児や保護者の身近な療育の場である。あわせて，地域の教育・保育機関への援助・助言を行う。
医療機関（病院・クリニック等）	医師，看護師，心理技術職など	障害等に関する診断と治療，精神疾患の治療や自傷行為が見られるときの緊急介入が可能である。治療方法は投薬の他，精神療法，デイケアなど病院によって様々である。
保健センター（保健センター）	保健師，医師，心理技術職，保育士など	地域の住民の心身における保健サービスを行う。母子保健に関しては，乳幼児健診，母親・両親学級，訪問指導，発達相談，親子グループ活動など，継続的に見守りながら，必要な支援へとつないでいる。
教育相談室	教職経験者，臨床心理士など	主に幼児から高校生年代の子どもの育ちや学校教育にかかわる心理的な問題や発達の問題についての相談を行う。カウンセリング面接やプレイセラピー，心理検査等を用いて，保護者と子どもの相談を並行して行うことが多い。
児童相談所	児童福祉司，相談員，医師，児童心理司，保育士など	0歳から18歳未満の児童およびその家庭に関する問題についての相談，診断，判定，指導，保護などを行う。乳幼児健診後の精密健診・指導，療育手帳に係る判定事務などを行う。
地域子育て支援拠点（一般型・連携型）	保育士，子育て支援従事者，児童指導員など	子育てに関する相談，子育て親子の交流の場の提供などを行う。子どもと家庭を支援する関係機関のネットワークの窓口となり，情報集約，調整を図る。
民生委員・児童委員	都道府県知事が推薦し，厚生労働大臣が委嘱する民間ボランティア	地域の身近な相談役として，担当地域の住民の支援に当たる。地域の目として課題を抱えた子どもや家庭を見守り，住民と行政，地域の学校や園をつなぐパイプ役となる。

出所：武藤安子・上原貴夫編著『発達支援──ゆたかな保育実践にむけて』ななみ書房，2007年，104頁を，筆者が一部改変。

することが求められる。例えば，他機関の専門家が「○○君は音や視覚からの刺激に敏感なため，刺激を少なくしましょう」と助言された場合も，それを日々の保育の中で「どのような場面」で「どんな活動」で展開するかは，保育

者側の工夫に委ねられる。

また，連携の際の保育者の役割として，個人情報の管理の徹底があげられる。関係機関との連携の際，安易に子どもや保護者の情報を伝えることがないように注意しなければならない。原則として個人情報のやり取りは保護者の承諾が必要であり，機関の間で共有する情報の範囲や内容，管理する方法を明確に決めておく必要がある。

3 関係機関との連携の実際

ここでは，表8-1で示した園が連携先とする機関の中で，特に連携する頻度が高いと考えられる「障害児通所支援」「保健医療機関」「小学校」の連携について説明していく。

(1) 障害児通所支援との連携

2010（平成22）年の児童福祉法改正によって，障害児の支援体制が大きく変化した（施行は2012〔平成24〕年）。それまでの障害種別ごとに分かれていた通所施設体系（知的障害児通園施設，難聴幼児通園施設，肢体不自由児通園施設，重症心身障害児〔者〕通園事業，児童デイサービス）が，障害児通所支援に一元化された（第5・9章参照）。この改正の基本的な考え方は，どのような障害があっても身近な地域で支援が受けられる体制を整備することであった。新しい障害児通所支援には，「児童発達支援」「保育所等訪問支援」「放課後等デイサービス」がある。ここではまず，それぞれの支援内容を見ていく。

1）児童発達支援

児童発達支援は，身近な地域の障害児支援の専門施設（事業）として，通所利用の障害児への支援だけでなく，地域の障害児・その家族を対象とした支援や，保育所等の施設に通う障害児に対し施設を訪問して支援するなど，地域支援に対応するとされている。[2]対象児童は，手帳取得などの障害認定がなくても利用可能とされ，障害児とその周辺児にとっては敷居の低いサービスとなり早

期対応の可能性を広げられた[3]。さらに，身体障害児，知的障害児に加えて，新たに自閉症等の発達障害児が支援対象となっている。

支援を行う施設としては，「児童発達支援センター」と「児童発達支援事業」の2種類がある。センターと事業は，どちらも通所利用の障害児やその家族に対する支援を行うことは「共通」している。その違いとしては，「児童発達支援センター」は，施設の有する専門機能を活かし，地域の障害児やその家族への相談，障害児を預かる施設への援助・助言を合わせて行うなど，地域の中核的な療育支援施設と位置づけられている。一方，「児童発達支援事業」は，専ら利用障害児やその家族に対する支援を行う身近な療育の場とされている[4]。

2) 放課後等デイサービス

障害児の学童期における支援の充実を目的として創設された。支援の内容としては，学校（幼稚園・大学を除く）通学中の障害児に対して，放課後や夏休み等の長期休暇中において，生活能力向上のための訓練等を継続的に提供することにより，学校教育と相まって障害児の自立を促進するとともに，放課後等の居場所づくりを推進する。

3) 保育所等訪問支援

保育所・幼稚園・認定こども園，小学校・特別支援学校等に通う障害児に対して，集団生活への適応のための支援を図ることを目的として創設された。支援内容としては，障害児支援に関する知識及び相当の経験を有する児童指導員，保育士，理学療法士，作業療法士，心理担当職員等が，保育所や幼稚園，小学校等を直接訪問し，①障害児本人に対する支援（集団生活適応のための訓練等），②訪問先施設のスタッフに対する支援（支援方法等の指導等）を行う。

4) 園との連携の特徴

前述した「保育所等訪問支援」が創設されたことで，今後，児童発達支援センター等の療育機関のスタッフが園を巡回訪問し，障害児本人への支援や保育者に対する支援が行われることが多くなると考えられる。ただ，「保育所等訪問支援」を利用するには，保護者の申請と支給決定が必要となる。したがって，保護者自らがこの事業を実施している事業所と契約することが求められる。し

かし，多くの園では，契約以前の段階で保護者が子どもの障害や発達の遅れを受容するプロセスに寄り添うことに心を砕いている。保護者の思いにどのように寄り添うか，その方法を保育者と共に考える他機関からの支援も必要であると言えよう。また，「保育者の基本的な姿勢」の部分でも述べたが，このような療育機関と連携する際，保育者が受け身の姿勢にならないようにすることが大切である。専門家の助言をどのように保育現場に合うように工夫していくか，保育者の専門性が問われるところである。

（2）保健・医療機関との連携

　ここではまず，保健センターとの連携について記述する。保健センター（市町村に設置）は，地域において乳幼児に対する保健指導，訪問指導や乳幼児健康診査等，身近なサービスを提供している。母親の妊娠期から子どもの誕生，そして乳幼児期から成人後へと親子の生涯にわたる支援を行うことができるのが特徴である。現在，障害の早期発見の場として大きな役割を果たしているのが，母子保健法で定められている1歳6か月児健診，3歳児健診である（第5章参照）。健診で，医師や保健師，心理士などから「気になる子」としてフォローアップが必要となった場合，保健センターの親子教室や個別相談を受けることができる。さらに近年，乳児家庭全戸訪問事業（こんにちは赤ちゃん事業）によって，保健師等が生後4カ月までの乳児のいるすべての家庭を訪問している。乳児期の早期段階で，親子の心身の状況や養育環境等の把握や助言を行い，支援が必要な家庭に対しては地域の適切なサービス提供につなげることが目的である。

　園との連携に関しては，前述した乳児家庭全戸訪問事業や1歳6か月・3歳児健診は，ほぼすべての親子が経験，受診しており，保健センターは乳幼児期の家庭支援の中心的役割を担っているといってもよい。保護者の承諾を得ることはもちろんだが，保育者が直接，保健センターに情報共有を依頼することで，養育環境や親子のこれまでの育ちを理解することができる。また，直接的な連携ではないが，保育者が保護者と母子手帳の健診記録などを共有することによ

って，子どもの発達について共通理解を図ることが可能となる。このように園と保健センターが連携する意味は大きい。

さらに，「保育所保育指針解説書」には，保育所が子どもの健康及び安全を整備するための保健医療との連携について次のように記載されている。保育所は，保健センターや病院などから「保育現場で必要となる子どもの健康や安全に関する情報や技術の提供を受けることができる」とされ，「保育所の嘱託医や歯科医と密接に連携し，保育現場で発生した疾病や傷害の発生時における具体的な対応や助言を得るとともに，日頃から情報交換を行うことが必要であり，その際，子どもや家庭の個人的な情報に関しては，守秘義務の徹底が求められる[(5)]」とされている。

（3）小学校との連携

1） 保幼小の連携の取り組み

近年，幼児期の保育・教育と小学校教育との円滑な連携が問われるようになっている。この背景には，子どもの発達や学びの連続性を保障していこうとする考え方がある。このような保幼小の連携に関する規定として，2018（平成30）年から実施されている保育所保育指針，幼稚園教育要領では以下の内容が明記されている。

【保育所保育指針】
第2章保育の内容　4　保育の実施に関して留意すべき事項
（2）小学校との連携
　ア　保育所においては，保育所保育が，小学校以降の生活や学習の基盤の育成につながることに配慮し，幼児期にふさわしい生活を通じて，創造的な思考や主体的な生活態度などの基礎を培うようにすること。
　イ　保育所保育において育まれた資質・能力を踏まえ，小学校教育が円滑に行われるよう，小学校教師との意見交換や合同の研究の機会などを設け，第1章の4の（2）に示す「幼児期の終わりまでに育って欲しい姿」を共有するなど連携を図り，保育所保育と小学校教育との円滑な接続を図るよう努めること。
　ウ　子どもに関する情報共有に関して，保育所に入所している子どもの就学に際し，市町村の支援の下に，子どもの育ちを支えるための資料が保育所から小学校へ送付されるようにすること。

【幼稚園教育要領】
第1章総則　第3教育課程の役割と編成等
　5　小学校教育との接続に当たっての留意事項

第Ⅱ部　実　践　編

> （1）　幼稚園においては，幼稚園教育が，小学校以降の生活や学習の基盤の育成につながることに配慮し，幼児期にふさわしい生活を通して，創造的な思考や主体的な生活態度などの基礎を培うようにするものとする。
> （2）　幼稚園教育において育まれた資質・能力を踏まえ，小学校教育が円滑に行われるよう，小学校の教師との意見交換や合同の研究の機会などを設け，「幼児期の終わりまでに育ってほしい姿」を共有するなど連携を図り，幼稚園教育と小学校教育との円滑な接続を図るよう努めるものとする。

一方，小学校では小学校学習指導要領において，保育所・幼稚園との連携については，以下のように記述されている。

> 【小学校学習指導要領】
> 第1章総則　第2　教育課程の編成
> 4　学校段階等間の接続
> 教育課程の編成に当たっては，次の事項に配慮しながら，学校段階等間の接続を図るものとする。
> （1）幼児期の終わりまでに育ってほしい姿を踏まえた指導を工夫することにより，幼稚園教育要領等に基づく幼児期の教育を通して育まれた資質・能力を踏まえて教育活動を実施し，児童が主体的に自己を発揮しながら学びに向かうことが可能となるようにすること。…（中略）…特に，小学校入学当初においては，幼児期において自発的な活動としての遊びを通して育まれてきたことが，各教科等における学習に円滑に接続されるよう，生活科を中心に，合科的・関連的な指導や弾力的な時間割の設定など，指導の工夫や指導計画の作成を行うこと。

これらの改定を踏まえ，今後の保幼小の連携で重視されることは次の点である。

① 　第1に，連携のための体制づくりである。体制づくりは，施設・授業見学，幼児・児童の交流などの人的な連携から始まり，次第に両者が抱える教育上の課題を共有し，やがて教育課程の編成・実施へと発展していく場合が多い。その際，都道府県や市町村の教育委員会等があらかじめ連携・接続に関する基本方針や支援方策を策定し，各学校・施設はそれらの方針を踏まえて連携や接続の取り組みを進めることが望まれる。

② 　第2に，保育・教育の内容，方法の工夫である。保幼小接続を積極的に進めるためには，幼児期と児童期を一体的にとらえ，教育内容等がつながっていくように意識したカリキュラム編成が求められる。一例として，2017（平成29）年度に改訂された「小学校学習指導要領」では，特に小学校入学当初，「生活科」といった科目を中心に，保育所・幼稚園等で遊びや生活を通して育まれてきたことが小学校教育で円滑に接続されるよう，指導方法に工夫が

必要なことが述べられている。
③　第3に，保育者・教員の資質向上である。連携に求められる力として，「幼児期と児童期の保育課程・教育課程，指導方法等の違い，子どもの発達や学びの現状等を正しく理解する力」「異なる教育の方法・内容等を見通す力」「他の職員や保護者と連携・接続のために必要な関係を構築する力」等が考えられる。こうした資質の向上を図るべく，保育者と小学校教員の交流を増やすこと，関連する研修の機会や内容の充実を図るなどの研修体制を確立することが必要不可欠である。

2)　「小1プロブレム」への対応について

ここでは，近年，保幼小の連携に関する実際の課題として注目されている「小1プロブレム」について見ていく。「小1プロブレム」とは，小学校に入学した子どもたちが，教員の話を聞かなかったり，授業中に勝手に歩き回ったりするなどして，長期間にわたり授業が成立しないという，小学校への適応に関する問題をいう。

このような問題について研究も行われてきている。大規模な研究としては，2007（平成19）年に行われた東京学芸大学の「小1プロブレム研究推進プロジェクト」の調査報告がある。[6]この調査では，全国の教育委員会から1,156件の回答が得られ，「小1プロブレム」にあたる状況・様子として，「授業中に立ち歩く児童がいる」「学級全体での活動で各自が勝手に行動する」「よい姿勢を保つことができないで，机に伏せたり，椅子を揺らしたりする児童が多い」といったことが多く回答されている。

では，このような問題に対して，保幼小の連携の側面からはどのような対応がなされているであろうか。まず，前述した保育所保育指針，幼稚園教育要領，小学校学習指導要領の最近の改定では，園と小学校との積極的な連携を図ることが明記されるようになっている。また，文部科学省と厚生労働省が2009（平成21）年に園と小学校の連携事例集を公開している。[7]この事例集では「子ども同士の交流活動」「教職員の交流」「保育課程・教育課程の編成，指導方法の工夫」といった観点から，11の具体的な連携の事例が紹介されている。

今後，子ども一人ひとりが小学校の生活や学習に充実して取り組めるように，子どもの発達や学習の連続性を考慮した一貫性のある園と小学校との連携がますます求められるであろう。その際，注意しなければならないのは，小学校の準備教育としてのみ幼児期の保育・教育をとらえるべきではないということである。遊びを中心とした幼児期の教育と教科等の学習を中心とする小学校教育のどちらか一方に合わせるといったことでなく，それぞれの役割を尊重し，実情に応じた連携の取り組みが目指されるべきである。

3) 障害児の就学について

障害児の就学先決定に関しては，就学基準に該当する障害児は特別支援学校に原則就学するという仕組みが近年改められ，障害の状態，本人の教育的ニーズ，本人・保護者の意見，教育学，医学，心理学等専門的見地からの意見，学校や地域の状況等を踏まえた総合的な観点から就学先を決定する仕組みが整備されつつある。

図8-2は，障害児の就学に関する手続に関して，2012（平成24）年に提出された中央教育審議会初等中等教育分科会報告（「共生社会の形成に向けたインクルーシブ教育システムの構築のための特別支援教育の推進）等を踏まえて，文部科学省が作成した今後の手続きのイメージ図である。

主な改正点は，第1に，市町村の教育委員会が，就学基準に該当する子どもの障害の状態，本人・保護者の意見及び専門家の意見等を検討し，総合的な観点から就学先を決定する仕組みを整備することである。第2に，就学時又は転学時における保護者・本人からの意見を聞く機会が広がったことである。

今後の障害児の就学を考えると，就学先の決定にはますます本人の教育的ニーズや保護者の意見が尊重されるようになる。ただ，保護者の中には，就学相談を受けることがそのまま特別支援学校・学級への進学につながってしまうという誤解を持っている人が多いのも事実である。このような誤解を与えないためには，園や教育委員会が保護者に十分な情報を提供することが必要不可欠である。そして，就学に関する総合的判断をするためには，園と保護者が協力して個別の教育支援計画を作成し，活用することが求められている。

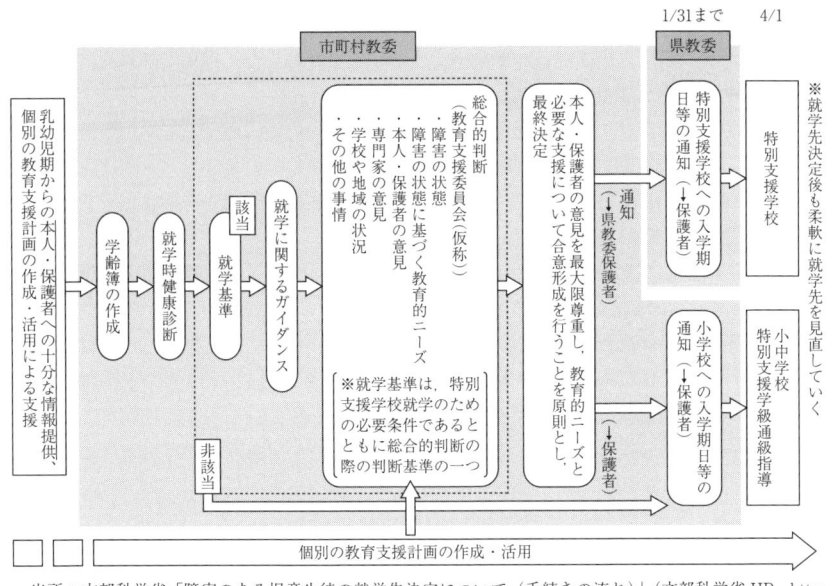

第8章　障害児保育実践における関係機関との連携

図8-2　障害のある児童生徒の就学先決定について（手続きの流れ）

出所：文部科学省「障害のある児童生徒の就学先決定について（手続きの流れ）」（文部科学省HP, http://www.mext.go.jp/component/b_menu/shingi/giji/_icsFiles/afieldfile/2012/06/26/1321665_7.pdf, 2013年12月）。

（4）園・保護者・関係機関の連携の実際——巡回相談の事例を通して

　本項では，連携の実際について，著者がI市で行っている巡回相談の事例を通して考えたい。巡回相談の形態は市町村によって異なるが，I市の巡回相談は，子ども本人に対する直接的な支援は行わず，保育者に対して子どもの発達理解や保育方法等について支援を行うことを目的としている。

　なお，ここで紹介する事例は，プライバシー保護のため，事例内容の中心的でない部分に変更を加えていたり，複数の事例を合成したりしたものである。

1）事例1　保護者に巡回相談を勧める——A男・3歳児クラス・4～6月
① 事例の概要

のびのび保育園3歳児クラスに通うA男君（2歳児で入園）とその母B子さん。

> A男は，3歳児クラスに進級した時からモジモジして常に動き，椅子から滑り落ちたりしていました。クラスの活動でも，お集りなどで離席が目立つ，些細なことですぐに泣く，気に入らないことや納得できないことがあると，言葉ではなく，手が出ることが目立ちようになりました。
> 　担任のC保育者は，昨年担任だったD先生に2歳児の時の様子を聞いたり，お迎えの際に母親のB子さんに家での様子を尋ねたりしました。しかし，B子さんは，「家では特に困ったことはありません。この時期の子どもって，そんなものですよね」とさらりと受け流す程度でした。
> 　3歳児クラスに進級して2カ月が経った6月上旬，クラスの他児が集団生活に慣れていく中，A男の落ち着きのなさや他児との関わりの課題は続いていました。ちょうどその頃，保育参観がありました。C保育者は，B子さんも参加した保育参観をきっかけに，市の巡回相談を勧めてみました。B子さんは，"自分の子に遅れがある!?"と思いつつ，園での様子を見たB子さんは心配になり，巡回相談を受けることを承諾しました。園と市との調整の結果，7月上旬に巡回相談が決まりました。

② 事例1の解説──園が関係機関の専門家と連携することを保護者にどのように説明するか。

　実際の保育の場では，保育者が保護者に関係機関を進めても，「うちの子は大丈夫です。心配ないです」と答え，保育者の思いと落差がある場合も多い。ではこのような場合，保育者はどのように保護者に接すればよいだろうか。大切なことは，無理に他機関を保護者に勧めるのではなく，まずは保護者の思いやニーズがどのようなものかを知ろうとする姿勢をもつことである。そのためには，日頃から保護者の人柄や保護者・家族を取りまく状況を気にかけ，連絡帳や園だよりなどで子どもの様子を細やかに伝えることが求められる。

　事例1では，保育参観をきっかけとして相談したいという意識が保護者に生じている。保育参観は，確かに保護者に園での子どもの様子を知ってもらう良い機会と考えられる。しかし，ただ様子を見てもらうだけでは効果は少ない。参観後に保護者が子どもの様子をどのように受け止めたのか，今後，園に対してどのような要望があるのかなど，話し合う機会をもつことが大切といえる。

　さらに，園の支援体制として，担任が2歳児クラスの担任に昨年の様子を聞き取ったり，職員会議でA男の育ちを他の保育者と共有したりすることなど，

園全体で保護者に関わる体制を作ることが大切といえる。

2) 事例2　巡回相談の実施・カンファレンスにて——A男・3歳児クラス・7月

① 事例の概要

> 　**巡回相談での観察**——9：30〜12：00　　7月上旬，巡回相談が行われました。朝，園長・C保育者・巡回スタッフとの話し合いでは，C保育者から，「子ども自身が自分から『貸して』や『できない』と言えるようになってほしい」「日々の保育においてどのような対応が適切なのか相談したい」という子どもの課題や保育者の主訴が語られました。
> 　巡回スタッフは，自由遊び，朝の会，園庭での活動を観察しました。自由遊びが終わる際，C保育者は，粘土で遊んでいるA男に「粘土片づけて」と個別にささやいた後，全体への片づけの声かけをしました。A男は担任の声かけによって，自分の粘土を片づけ，他児の片づけも手伝っていました。
> 　朝の会では，A男の課題として，呼名から手遊びに活動が切り替わる際，離席が目立ちました。また，トイレや手洗いの場面では，順番を守らず横入りが目立ちました。
> 　保育室から園庭への移動の際は，飼っているうさぎを触ります。C保育者の話では，園庭に出る前は必ずうさぎを触っているとのことです。園庭では，クラス全員でリレーを行いました。A男は，バトンを受け取ると逆走してしまいました。みんなが「戻って！戻って！」と大声で言うのが楽しいのか，笑顔で逃げます。C保育者が追いかけて連れ戻しました。このことがきっかけになったのか，その後もわざと逃げ出し，C保育者から追いかけられるのを楽しんでいるようでした。
> 　**カンファレンス**——13：30〜15：00　　カンファレンスには，担任のC保育者，園長，主任，時間が空いている数名の保育者が参加しました。話し合いを通してC保育者は，2カ月の園生活であっても，できるようになったことがいくつもあることに気づきました。例えば，個別に次に取り組むことを伝えれば行動できることがある，洋服の着脱が一人でできるようになった，手遊びやダンスといった自分の好きなこと・興味のあることなら，意欲的に取り組めるようになったことが話されました。
> 　一方で，A男には，二つや三つの指示を一度にすると戸惑ってしまう，活動の見通しが持てないといった理解面の課題や，本人の中に決まった定式（こだわり）があるではないかと考えられました。また，話し合いを通して，C保育者は，自分が示した「自分から『貸して』や『できない』と言えるようになってほしい」という目標が，A男の発達段階に合っていないのではないかと気づきました。

第Ⅱ部　実　践　編

表8-2　カンファレンスにおける検討の視点

視　点	キーワード
保育の視点	保育目標，クラスの課題，子どもの課題，人間関係，職員との関係，保護者間連携，保育環境の構成
発達臨床的視点	保護者の発達課題，子どもの発達（情緒，運動，認知，言葉，人間関係など）と課題，生活と発達環境
カウンセリング的視点	保護者の感情表現，特徴的な言動や行動，深層心理，親子関係，家族関係
ソーシャルワーク的視点	保護者の生活状況，就労，家族環境や地域環境（エコマッピング，ジェノグラム，地域のネットワーク），機関連携，リスク・マネジメント

出所：大嶋恭二・金子恵美編著『保育相談支援』建帛社，2011年，75頁。

② 事例2の解説──保育者と関係機関の専門家とのカンファレンスについて

　筆者が行っているⅠ市の巡回相談は，巡回スタッフ（著者を含めて2～3名，臨床発達心理士や保育士など）と保育者との朝の打ち合わせに始まり，午前中をかけて保育観察を行う。その後，カンファレンスを行う。カンファレンスは保育所では午睡時間，幼稚園では園児の降園後に行い，一人の子どもにつき1時間程度の時間を費やしている。参加者は，なるべく多くの保育者に参加してもらい，日々の保育をふり返る場や実践に根ざした支援方法を考える場となるように心がけている。

　事例2を見て分かるように，カンファレンスでは，保育者がこれまでの自分の保育をふり返っている。ふり返りの視点は，表8-2に示したようにさまざまである。担任の主訴に応じて的を絞った話し合いが行われる。事例2のC保育者は，A男が園生活を通してできるようになったこと，自分が示した保育目標がA男の発達段階に合っていないことなど，カンファレンスを通して気づきを得ている。保育者が有益な気づきを得られるのは，保育の専門家である保育者と巡回スタッフとの専門家同士の"対等な関係"を前提とした話し合いが行われているためである。

　巡回スタッフからは子どもの発達状態や保育者の関わり方に関する助言を行うが，それを「どのような場面」で「どんな活動」で展開するかは，保育者側

の実践に委ねられている。
3）事例3　巡回相談後の園と保護者の話し合い――A男・3歳児クラス・7月
① 事例の概要

　巡回相談から1週間後，降園後に園長，C保育者，母親のB子さんとの面談が行われました。この面談を行うにあたって，C保育者は，事前に職員全体でB子さんにどのような内容を伝えるか話し合いました。また，面談における園長とC保育者のおおよその役割分担を決めました。
　そして，面談当日になりました。B子さんには緊張した様子が見られます。まずC保育者から，A男がこれまでの園生活を通してできるようになったことが話されました。
　A男の成長を知ることができ，B子さんの表情も少し和らぎました。園長は，「今の話を聞いて，どう思われました？」と聞きました。B子さんは，「最近，朝，喜んで園に行くようになりました。今も園生活を楽しんでいることが分かりました」と感謝の言葉を口にしました。
　次に，C保育者がA男の課題について話しました。それは，一つひとつの活動はできることが増えましたが，全体に伝えたことが理解できない，室内から園庭に出るなどの活動が変わる際，その場から離れてしまうといった内容でした。ただ，C保育者が話す中で配慮したのは，これらのことを困ったこととしてのみ伝えるのではなく，「周りの音や見えるものが気になって集中できないのではないか」というA男の行動の原因や背景も合わせて話すようにしたことでした。
　それを聞いたB子さんは，表情を固くしました。ただ，C保育者がA男の行動の原因や背景を話したため，「そういえば，赤ちゃんの頃から音に敏感で，なかなか寝てくれませんでした。今も，買い物でスーパーに行くと，目が離せません」と家庭での関連する事柄を話しはじめました。園長は，「そんなとき，どうしているんですか」と聞きました。B子さんは，「スーパーでは，"一つ買ったらおしまい。約束ね"と言うと，前よりは落ち着いています」と答えました。園長は，「それはいい方法ですね。園でもお約束，A君に言ってみます」とB子さんの関わり方を認めました。
　最後に，園長からA男の課題に対して，まず3カ月という期間を区切って，保育の目標やどのように取り組みたいかを丁寧に説明しました。C保育者は，「園での様子をこれからもお話ししますので，お家での様子を教えてください」と話しました。園長は，「何か相談したことがあればいつでもお話くださいね」と伝え，

面談を終了しました。

② 事例3の解説──園と関係機関との連携の結果をどのように保護者と共有するか。

　園と関係機関との連携の結果を保護者と共有する際，まず，職員間で話し合いの場を持ち，どのような内容を保護者に話すかを確認することが必要不可欠である。それは，関係機関との専門家とのカンファレンスで話された内容をそのまま保護者に伝えるのではなく，園の実態に合うように「咀嚼」することが必要だからである。また，保護者との面談に出席する園長や保育者の役割分担を確認しておくことも大切である。事例3では，園長が"聞き役"，C保育者が"説明する役"とおおよその分担を決めている。

　保護者との面談の際には，事例3に示したように，子どもの気になることや課題を話すとともに，子どもの行動の理由や背景，今後の成長の見通しを話すことが大切となる。保護者が子どもの成長に希望をもてるようにするためである。また，保護者に否定的なことだけではなく，肯定的なこと（できるようになったこと）も交えて話をすることが配慮する点としてあげられる。さらに，このような面談で気をつけたいのは，保護者との関係についてである。保護者に対して一方的に話をするのではなく，子どもを共に育てるパートナーとして保護者をとらえることが求められる。事例3でも園長が保護者の関わりを認めている。「分かってもらえた」「自分のしていることには意味がある」という実感をもてるように保護者を支援することが，保育者と保護者との信頼関係の形成につながると考えられる。

　そして最も大切なこととして，連携の結果から今後の園での取り組みをどのようにしていくかを保護者に説明する必要がある。事例に示したように，目指される保育目標や内容を話す際は，期限を区切って話すことが大切となる。子どもの成長をいくつかの段階に分け，段階ごとに保育目標を見直し，子どもの実態に合う関わりをするためである。

　今回の事例1～3では触れることができなかったが，子どもの発達や家庭環

境によっては，保護者に障害児通所支援（児童発達支援センター・事業）を紹介するなど，さらなるネットワークを形成していく場合もある。

4）　A男のその後──3歳児クラス・8月〜

> C保育者は，A男の日々の様子をよく見て，A男が分からないこと，理解できていないことは，全体に働きかける前に個別に教えるように心がけました。一方で，A男が好きな動物の当番などを任せるなど，クラスの一員としての役割を担うように援助しました。A男自身も1日の活動の流れをある程度理解し，徐々にクラスの一員として生活できるようになりました。まだまだ落ち着きのなさは見られるものの，すぐに他児を叩くという問題行動は少なくなりました。
> 　C保育者は，A男の成長を"個別支援記録"として継続して記述しています。このような記録をもとに次年度の担任に引き継ぎをし，将来の就学への資料としたいためです。
> 　その後の巡回スタッフとの連携は，年に2回程度と頻度は少ないものの，保育観察，カンファレンスの機会をもっています。節目となる時期に保育をふり返り，明日の保育につなげる時間となっているようです。

　本事例では，C保育者には，A男の個人的な特徴，問題行動だけに目を向けるのではなく，子ども同士の関係，子どもと保護者の関係，保育者と保護者の関係，さらには保育者同士の関係が子どもにどのような影響を与えるかといった，認識の広がりが見て取れる。このような関係的認識がC保育者に育っていることが，関係機関との連携の大きな成果の一つと考えられる。

　園と関係機関との連携がうまく機能するかどうかは，子どもを取り巻く関係をダイナミックにとらえ，関係に働きかける姿勢にかかっているといってもよい。子どもを取り巻く関係の中で園や関係機関がどのようなことができるか，それぞれの役割をしっかりと考え，子ども・保護者が主体的となる連携を行っていくことが求められている。

第Ⅱ部 実 践 編

コラム／機関連携のカギを握るコーディネーターの養成

　近年，障害児への関わりや児童虐待への対応など，関係機関の連携が制度化されてきている。その際，子ども（保護者）のためにより良い取り組みができるかどうかのカギを握っているのが，コーディネーターである。つまり，関係機関の間の調整がうまくいかないと，それぞれがバラバラの方針で進んでしまい，連携の相乗効果が得られない結果になる場合がある。

　今後のインクルーシブ保育を考えると，機関連携のコーディネートする力をもつ人材をいかに養成するかが課題になると考えられる。現状では，経験のある保育者の中でも，地域の機関のことをよく知り，子どもの成長・発達の見通しをもってネットワークを形成できる人材は少ないであろう。「保育所等訪問支援」が創設されるなど，保育領域でもますます機関連携が進むことを考えると，現職者の研修の機会の拡充やプログラムの充実を図ることが急務であると考えられる。

注

(1) 越智紀子「障害児の在宅支援」『社会福祉学習双書』編集委員会編『児童家庭福祉論』全国社会福祉協議会，2009年，208頁。
(2) 厚生労働省『児童福祉法の一部改正の概要について』（厚生労働省HP，http://www.mhlw.go.jp/bunya/shougaihoken/jiritsushien/dl/setdumeikai_0113_04.pdf，2012年）。
(3) 日本発達障害連盟編集『発達障害白書2014年版』明石書店，2013年，60頁。
(4) 厚生労働省，前掲資料，2012年。
(5) 厚生労働省編『保育所保育指針解説書』フレーベル館，2008年，172-173頁。
(6) 東京学芸大学「小１プロブレム研究推進プロジェクト」編集『小１プロブレム研究推進プロジェクト報告書』2010年。
(7) 文部科学省・厚生労働省『保育所や幼稚園等と小学校における連携事例集』（厚生労働省HP，http://www.mhlw.go.jp/houdou/2009/03/dl/h0319-1a.pdf，2009年）。

参考文献

石塚謙二編著『気になる幼児の育て方――子どもに「寄り添う」ことでよりよい支援がわかる』東洋館出版社，2010年。
市川浩伸監修『発達障害者支援の現状と未来図――早期発見・早期療育から就労・地域生活支援まで』中央法規出版，2010年。
武藤安子・井上果子編著『子どもの心理臨床――関係性を育む』建帛社，2005年。

武藤安子・上原貴夫編著『発達支援――ゆたかな保育実践にむけて』ななみ書房，2007年。

読者のための参考図書

日本発達障害連盟編『発達障害白書 2014年版』明石書店，2013年。
　———近年，話題になることが多い「発達障害」ついて，教育・家族支援・福祉・国際動向などに関する最新の動向が記されている。

酒井幸子・田中康雄『発達が気になる子の個別の指導計画――保育園・幼稚園で今日からできる！』学研教育出版，2013年。
　———関係機関との連携や就学の際，障害児に対して作成が望まれる「個別の指導計画」について，参考となる書式や具体的な記入方法，それを使った指導実践例などを，現場のケースをもとに分かりやすく解説している。

第Ⅱ部 実 践 編

スウェーデンの障害児保育・教育 4

手話も母語教育──ビョルクバッカ就学前学校

　ストックホルム郊外にある白樺に囲まれた民営ビョルクバッカ就学前学校を訪ねた。ちょうどお昼休み，庭で遊ぶ元気な子どもたちの声が響いていた。
　でも今日はアルヴァ（4歳）は遊べない。毎週月曜日の昼食後，アリーナ先生から手話を習っているのだ。仲良しのエンマも一緒に来てくれるので手話の時間も楽しい。今日はビデオかな，お絵かきかなと思ったら，アリーナ先生が熊のプーさんのカードをとり出して，3人でトランプをして遊んだ。エンマが先生の手話がわからないでいると，アルヴァが口で素早く訳してあげる。アルヴァは健常児だが，お父さんが聴覚障害者であるため手話を習っているのだ。アルヴァは手話がとても上達し，父親との会話も増えたのよと後日アルヴァを自宅に訪ねた時にお母さんが満足そうにいった。
　スウェーデンでは手話は母語教育の一つ。家族も本人と同様，母語教育を受ける権利がある。アルヴァの他にも英語，トルコ語，スペイン語などの母語教育を受けている移民の子どもたちもいる。1981年スウェーデン議会は手話は1つの言語であることを決議した。ナショナルカリキュラムには「スウェーデン語以外の母語をもつ子どもには，スウェーデン語と母語の両方の言語を発達させるようにしなければならない」とある。
　ビョルクバッカには少し前に脊髄損傷の肢体不自由児がいた。1人でトイレに行けないので，職員を1人つけたことや，その子どものために特別な机を買ったが，余分にかかる費用については市から補助がおりた。障害児を受けいれることはそれぞれの就学前学校が決めるが，ここの建物はほとんどがバリアフリーなので，問題なく受け入れられたと主任のビルギッタが言った。また，こうも言った「障害児に対しての子どもたちの反応は他の子と付き合うのとまったく同じです。その子どもを通していろいろな人がいるのだということを子どもは自然に学ぶので，障害児と共に学ぶことはすばらしいことです」。

第9章 障害児・保護者への支援機関とその実際
——その概要と相談面接に見る児童発達支援

　障害児やその保護者への支援を行う施設・機関として，障害児が入所または通所して直接支援を行う施設と，主に保護者を対象とした相談支援活動を行う機関がある。前者は障害児入所施設，児童発達支援センター等があり，後者は児童相談所，児童家庭支援センター，相談支援事業所等があげられる。

　本章では，これらの施設・機関を例にとり，その概要と支援の実際を学ぶ。支援の実際については，障害児本人への支援と保護者支援に分けて示す。本人支援に関しては主に日課の流れを紹介し，保護者支援については施設の概要を示すとともに相談面接の事例をあげ，保育者として留意すべき点等について述べていきたい。

1 障害児施設における支援の実際

(1) 障害児関係施設種別の統合

　第5章でも示したように，2010（平成22）年の児童福祉法改正によって，障害児支援に関わる施策が強化された。その主な内容としては，①児童福祉法を基本として身近な地域での支援を充実させること，②放課後等デイサービス・保育所等訪問支援事業の創設，③在園期間の延長措置の見直し等があげられる。

　また，障害児施設体系の再編も行われた。従前の障害児施設は，知的障害児施設，知的障害児通園施設，盲ろうあ児施設，肢体不自由児施設，重症心身障害児施設といった障害種別ごとに施設が分かれて存在していた。しかし，この改正によって，障害種別による区別をなくし，入所施設を障害児入所施設という名称に，通所施設を児童発達支援センターという名称に統合し，利用支援の

第Ⅱ部　実　践　編

表9-1　ある医療型障害児入所施設の日課

時刻	内容	時刻	内容
6時	起床　洗面　歯磨き　更衣	15時	水分補給　おむつ交換　排泄
7時	朝食　経管栄養　予薬	16時30分	手洗い
8時	おむつ交換　排泄	17時	夕食　経管栄養　予薬　歯磨き
9時	検温　登校	18時	排泄　おむつ交換
10時	保育・療育活動（スヌーズレン等）	20時	消灯　検温
11時	手洗い　水分補給	23時	おむつ交換
12時	昼食　経管栄養　予薬　歯磨き	3時	おむつ交換
13時	検温　おむつ交換	5時	検温　検脈　おむつ交換
14時	保育・療育活動　入浴（月・水・金）		

出所：平均的な日課として筆者作成。

仕組みを一元化した（2012〔平成24〕年4月施行）。

（2）障害児入所施設

　障害児入所施設は，福祉型障害児入所施設と医療型障害児入所施設に分かれ，障害児に対して次のような支援を行う施設をいう。

　福祉型障害児入所施設は，保護，日常生活の指導，独立自活に必要な知識技能の付与といった支援を行い，医療型障害児入所施設はそれらに加えて治療を行う。

　医療型障害児入所施設は，重症心身障害児等(1)，重度の障害を有し，常時医療的ケアが必要な子どもを対象に，人工呼吸器や経管栄養(2)等を活用しながら，それぞれの障害に応じた生活面のサポート及び医療的ケアが行われている。表9-1のとおり，日課の中で検温や検脈等のバイタルチェック(3)が定期的に実施され，おむつ交換等の保健衛生面も重視される等，医療的ケアが必要な障害児が入所利用している。

　福祉型障害児入所施設では，知的障害児，自閉症児，盲ろうあ児等が家庭の事情や身体的状況等により入所して生活している。表9-2のとおり，医療型障害児施設に比べて生活面を重視した日課が組まれており，子どもの発達に応じた日常生活面での自立支援が行われている。就学児童は近隣の特別支援学校等に日中通っているが，未就学児は日中も施設内で過ごしており，保育士や児童指導員等が支援に当たっている。

表9-2 ある福祉型障害児入所施設の日課

6時	起床　洗面　歯磨き　更衣	15時	おやつ
7時	朝食　予薬	16時	入浴
8時	登校	18時	夕食　予薬　歯磨き　余暇
9時	体力作り	19時30分	夕べの会
10時	作業活動	20時	学習　余暇　個別支援
12時	昼食　予薬	22時	就寝（休前日は23時）　検温
13時	作業活動		

出所：表9-1と同じ。

（3）児童発達支援センター（通所型施設）

　児童発達支援センターは，福祉型児童発達支援センターと医療型児童発達支援センターに分かれ，障害児を日々保護者の下から通わせて支援を行う施設をいう。

　福祉型児童発達支援センターは，日常生活における基本的動作の指導，独立自活に必要な知識技能の付与または集団生活への適応のための訓練を行う施設（日課例は表9-3参照）をいい，医療型児童発達支援センターは，それらに加えて治療を行う施設をいう。これら発達支援センターは，市町村から障害保健福祉圏域に1〜2カ所設置がイメージされており，概ね人口10万人規模の地域に1カ所以上を目標としている。児童発達支援という通所機能にあわせて，地域支援としての保育所等訪問支援や障害児相談支援等を付加価値としたワンストップ対応を目指している。

　なお，保育所等訪問支援事業は，障害者自立支援法の一部改正に伴って新設された事業であり，保育所と障害児施設との連携によるインクルーシブ保育の具現化を目指したものともいえる事業である。この事業は，保育所等を現在利用中の障害児または今後利用する予定の障害児が，保育所等における集団生活の適応のための専門的な支援を必要とする場合に活用することにより，保育所等の安定した利用を促進するものである。つまり，障害児支援に関する知識及び相当の経験を有する専門職が保育所等を訪問し，障害児以外の児童との集団生活への適応のための専門的な支援その他の便宜を提供するものである。その

表9-3 ある福祉型児童発達支援センターの日課

9時30分	登園　健康状態のチェック　排泄　手洗い　衣類の着脱
10時	朝の会　感覚統合療法　自由遊び　学習
12時	手洗い　昼食　後片付け
13時30分	レクリエーション活動　設定遊び　（主に集団活動）
15時	手洗い　おやつ
15時30分	学習（宿題支援等）
16時	手洗い　排泄　衣類の着脱　帰りの会
16時30分	送迎

出所：表9-1と同じ。

際には，児童発達支援センターの専門スタッフも訪問する。実際の支援としては2週に1回程度を目安とされ，頻度は障害児の状況・時期によって変化する。[4]

2　児童相談所における支援の実際

(1) 児童相談所における役割と機能

　児童相談所は児童福祉法に基づく行政機関であり，各都道府県及び指定都市に設置が義務づけられている。全国に約200カ所あり，その名が示すとおり，児童家庭福祉分野において相談支援活動を行う最前線の行政機関といえる。その業務は，児童相談所運営指針に下記の通り定められている。[5]

　① 児童に関する各般の問題について，家庭等からの相談のうち，専門的な知識・技術を必要とするものに応じること
　② 必要な調査ならびに医学的，心理学的，教育学的，社会学的，精神保健上の判定を行うこと
　③ 調査，判定に基づき必要な指導を行うこと
　④ 児童の一時保護を行うこと
　⑤ 施設入所等の措置を行うこと
　⑥ 市町村への必要な助言

表9-4 障害児における児童相談所の業務

業務の種類	主な対象者	業務内容
相談業務	主に保護者	障害児に関する相談に応じる
調査・判定・指導業務	主に本人	障害児に関して，必要な調査ならびに医学的，心理学的，教育学的，社会学的，精神保健上の観点から，判定や判定に基づく指導を行う
一時保護業務	主に本人	一時保護（児童虐待の場合等）を行う
助言業務	主に市町村職員等	障害児に関して市町村（児童家庭支援センター等）への助言を行う（スーパービジョン）

出所：厚生労働省雇用均等・児童家庭局「児童相談所運営指針」（2009年）を参考に筆者作成。

　児童相談所の対象は児童家庭福祉全般であることから，障害児のみならず，子どもと子どもを取り巻く環境等への対応が求められる。障害児に対応する児童相談所の業務については表9-4の通りである。

　また，児童相談所における相談支援活動の全体像を俯瞰的につかむため，図9-1を確認してみたい。児童相談所においては，医療・保健・福祉・教育・司法等の関係機関，地域住民，子ども本人，保護者・家族等からといったように，広範囲にわたって，相談あるいは通報が寄せられ，対応している。それらには緊急度が高いものから家庭等からの一般的な悩み相談等多岐にわたる。

（2）児童相談所における相談内容

　厚生労働省「平成23年度福祉行政報告例の概況報告」[6]によると，2011（平成23）年度中に児童相談所が対応した相談件数は38万5,294件で，相談の種類別にみると「障害相談」が18万5,853件（構成割合48.2％）と最も多く，次いで「養護相談」が10万7,511件（同27.9％），「育成相談」が5万1,751件（同13.4％）となっている。

　また障害相談の内訳としては，肢体不自由，視聴覚障害，言語発達障害，重症心身障害（重度知的障害及び重度肢体不自由の重複障害），知的障害，自閉症等に関する相談があげられる（表9-5）。

　このような状況から見て，児童相談所における相談内容としては，主に障害児に関するものが多くなっており，また障害別で見ても多岐にわたっているこ

第Ⅱ部 実 践 編

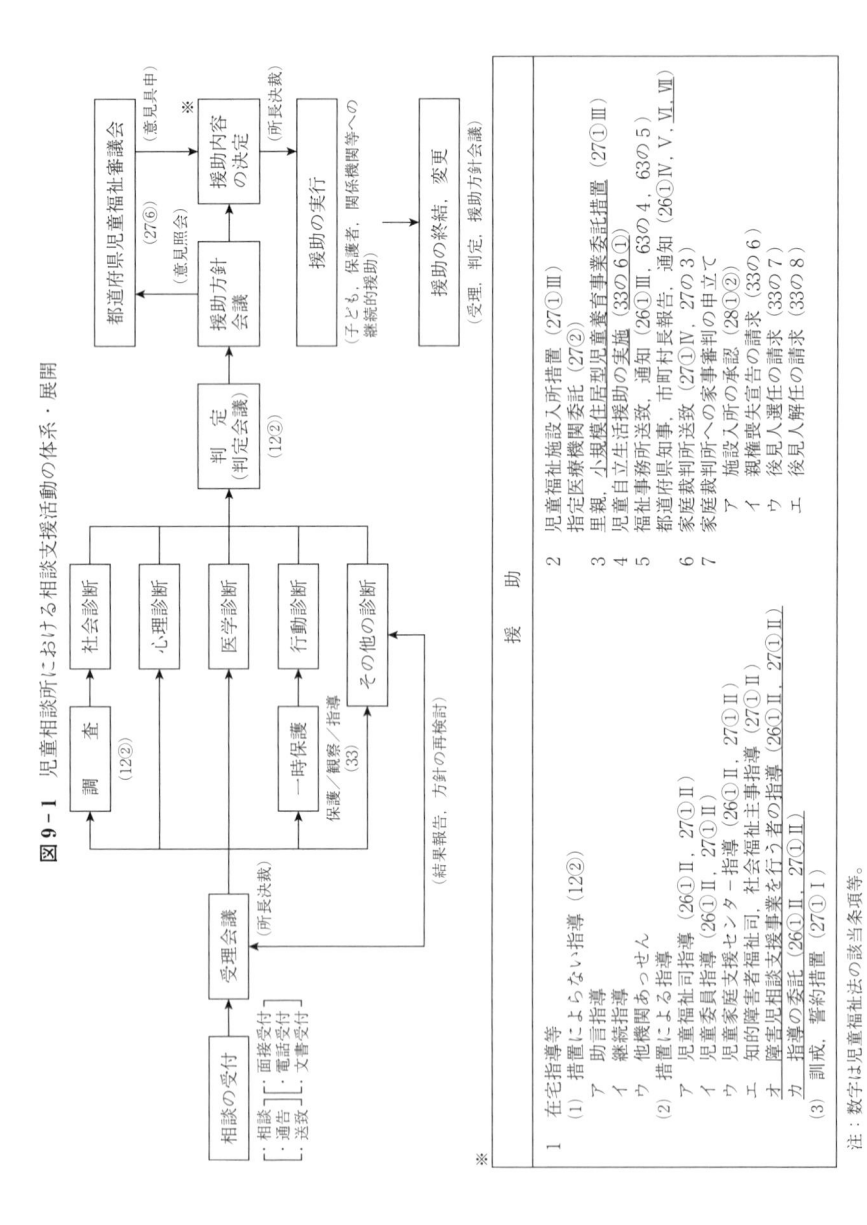

図9-1 児童相談所における相談支援活動の体系・展開

相談の受付
[相談][通告][送致]
・面接受付
・電話受付
・文書受付

↓

受理会議
(所長決裁)
(1②)

↓

調査 (1②②)
↓
社会診断
心理診断
医学診断
行動診断
その他の診断

一時保護
保護・観察/指導 (33)

(結果報告、方針の再検討)

↓

判定会議
(判定会議) (1②②)

↓

援助方針会議

都道府県児童福祉審議会 (27⑥)
(意見照会)
(意見具申) ※

↓

援助内容の決定
(所長決裁)

↓

援助の実行
(子ども、保護者、関係機関等への継続的援助)

↓

援助の終結、変更
(受理、判定、援助方針会議)

※ 援 助

1 在宅指導等
 (1) 措置によらない指導 (1②②)
  ア 助言指導
  イ 継続指導
  ウ 他機関あっせん
 (2) 措置による指導
  ア 児童福祉司指導 (26①Ⅱ、27①Ⅱ)
  イ 児童委員指導 (26①Ⅱ、27①Ⅱ)
  ウ 児童家庭支援センター指導 (26①Ⅱ、27①Ⅱ)
  エ 知的障害者福祉司、社会福祉主事指導 (26①Ⅱ、27①Ⅱ)
  オ 障害児相談支援事業を行う者の指導 (26①Ⅱ、27①Ⅱ)
  カ 指導の委託 (26①Ⅱ、27①Ⅰ)
 (3) 訓戒、誓約措置 (27①Ⅰ)

2 児童福祉施設入所措置 (27①Ⅲ)
 指定医療機関委託 (27②)
3 里親、小規模住居型児童養育事業委託措置 (27①Ⅲ)
4 児童自立生活援助の実施 (33の6①)
5 福祉事務所送致、通知 (26①Ⅲ、63の4、63の5)
 都道府県知事送致、通知 (26①Ⅳ、Ⅴ、Ⅵ、Ⅶ)
6 家庭裁判所送致 (27①Ⅳ、27の3)
7 家庭裁判所への家事審判の申立て
  ア 施設入所の承認 (28①②)
  イ 親権喪失宣告の請求 (33の6)
  ウ 後見人選任の請求 (33の7)
  エ 後見人解任の請求 (33の8)

注：数字は児童福祉法の該当条項等。
出所：厚生労働省雇用均等・児童家庭局「児童相談所運営指針」2009年。

表9-5 児童相談所における障害相談の種類と相談内容

肢体不自由相談	肢体不自由児，運動発達の遅れに関する相談
視聴覚障害相談	盲（弱視を含む），ろう（難聴を含む）等視聴覚障害児に関する相談
言語発達障害等相談	構音障害，吃音，失語等音声や言語の機能障害をもつ子ども，言語発達遅滞，学習障害や注意欠陥多動性障害等発達障害を有する子ども等に関する相談　ことばの遅れの原因が知的障害，自閉症，しつけ上の問題等他の相談種別に分類される場合はそれぞれのところに入れる
重症心身障害相談	重症心身障害児（者）に関する相談
知的障害相談	知的障害児に関する相談
自閉症等相談	自閉症若しくは自閉症同様の症状を呈する子どもに関する相談

出所：図9-1と同じ。

とが理解できる。児童家庭福祉の相談支援活動は，児童相談所が最前線となって，都道府県・市町村福祉事務所，保育所，幼稚園，児童家庭支援センター，民生・児童委員，里親，保健所，学校，警察，市町村保健センター，医療機関，司法機関，民間団体，地域住民等，広範囲な関係機関との連携の下で展開される（図9-2参照）。

　また，市町村における児童家庭福祉の相談支援体制の強化を図るために設置された要保護児童対策地域協議会がある。ここでは個別的にケース検討会議が行われ，情報交換や支援方針の協議，各関係機関の役割分担等が協議されている。ケース検討会議においても児童相談所の果たす機能・役割は大きいものがある。

（3）児童相談所における一時保護及び措置

　家庭等の生活上さまざまな事情により，子ども自身が保護を求めていたり，緊急に子どもを保護したりする必要があると判断される場合には，速やかに児童相談所や都道府県は一時保護を行うこととされている。特に，何らかの障害等の可能性があったり，気になる行動が目立ったりする子どもについては，適切な方針を立てるために一時保護を行い，行動観察や判定を実施する場合もある。

　一時保護は，原則として児童相談所にある一時保護所を活用することとされ

第Ⅱ部 実践編

図9-2 市町村・児童相談所における相談支援活動の系統図

児童相談所
・相談
・調査
・診断
・判定
・一時保護
・受理会議
・判定会議
・援助方針会議
・援助
　・助言指導
　・継続指導
　・他機関の紹介
　・訓戒、誓約措置
　・児童福祉司等指導

・児童委員指導
・児童家庭支援センター指導
・里親等委託
・児童福祉施設入所
・指定医療機関委託
・児童自立生活援助の実施
・福祉事務所送致
・その他の措置

（措置）（措置中指導）
（報告）（施設長意見等）

・家庭裁判所への家事審判の申立て
・家庭裁判所送致

都道府県福祉事務所

（送致等）（支援等）

市町村
・相談
・調査
・診断
・援助
　・助言指導
　・継続指導
　・他機関の紹介
　・子育て支援コーディネート
・ケース検討会議

（送致等）（支援等）（紹介）（通告等）（送致・通告等）（紹介・通知等）

要保護児童対策地域協議会（調整機関）
ケース検討会議
（情報交換 支援内容の協議等）

一般住民
民間団体
児童委員
保育所
幼稚園
児童家庭支援センター
里親等
保健所
学校
警察
市町村保健センター（注）
医療機関
司法機関
他の関係機関等

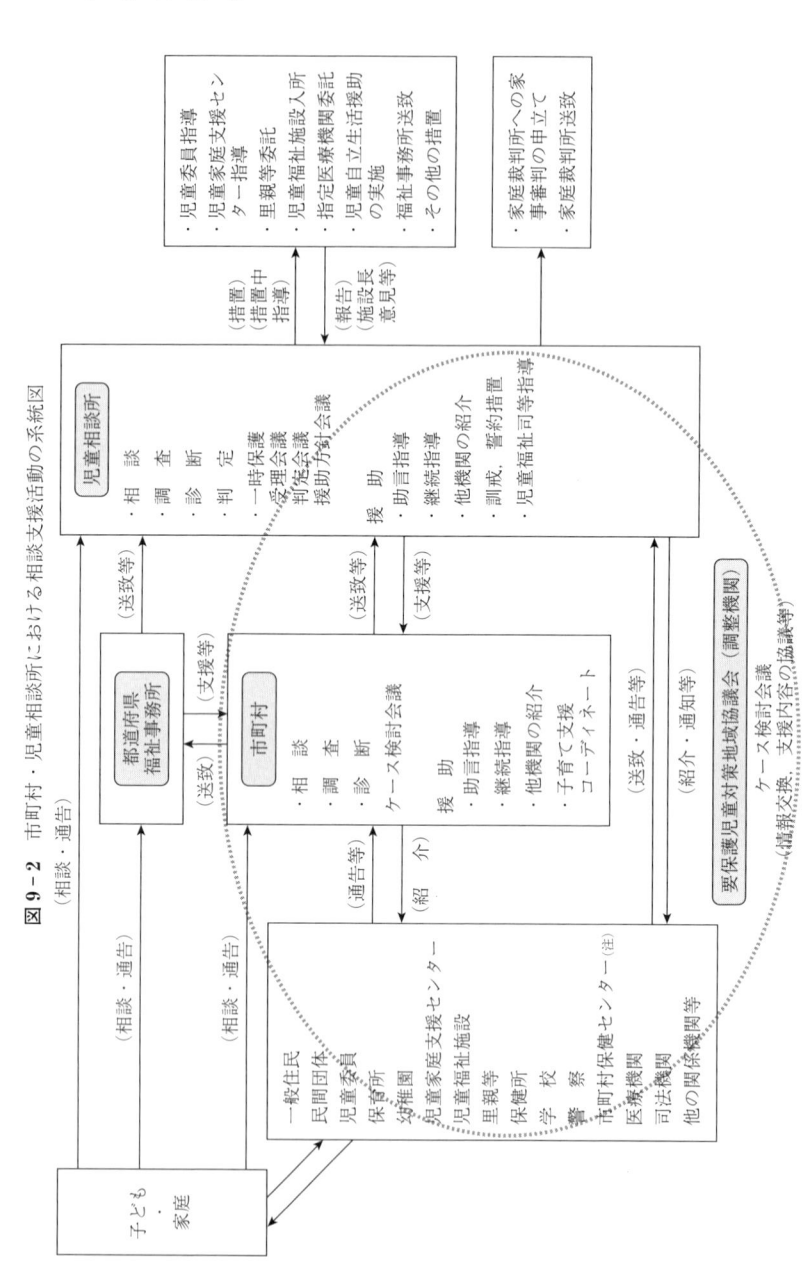

（相談・通告）（相談・通告）（相談・通告）

子ども・家庭

注：市町村保健センターについては、市町村の児童家庭相談の窓口として、一般住民等からの通告等を受け、相談援助業務を実施する場合も想定されている。

出所：図9-1と同じ。

表9-6 ある一時保護所の日課（平日：未就学児の場合）

7時	起床　洗面　歯磨き　更衣　掃除　運動
8時	朝食
10時	自由遊び
12時	昼食
13時	学習
15時	おやつ　掃除　グループ活動　自由遊び
18時	夕食
20時	就寝

※年齢や成長に応じたしつけや生活習慣が身に付くように努めている。
　休みの日は，午後から近隣の公園等に散歩を行う。
　月に1回は，野外活動（ハイキング等）や季節に合わせた行事を行う。
出所：表9-1と同じ。

ている（一時保護所での子どもの日課例については表9-6参照）が，例えば子どもの心身の状況（障害等）といった理由から，医療機関や児童養護施設等での一時保護も行われている。これらを委託一時保護という。「一時保護」という名称のとおり保護される期間は限られており，原則として2カ月間とされている。ただし，必要と認められる場合には延長することが可能である。

　なお，現在の一時保護をめぐる状況として，虐待・保護者の養育能力・非行・障害等さまざまな理由で保護をする，いわゆる「混合処遇状況」にあることから，一時保護所等において，子どもの安全，個別的かつ専門性の高いケア，教育を受ける権利をいかに保障できるかといった点等が今後の課題としてあげられる。

　このような一時保護の他，児童相談所では，障害の状況や家庭の状況等，緊急性を要する場合には児童相談所長の権限のもとで児童養護施設等への入所措置を行う場合もある。

3 児童家庭支援センターにおける支援の実際——その機能と役割

　児童家庭支援センターは，1997（平成9）年の児童福祉法改正により設置された地域（市町村）の児童福祉施設であり，入所型の児童福祉施設に附置されることが多い。児童虐待，不登校，発達障害等，問題が多様化する児童家庭福

表9-7 児童家庭支援センターの役割

事業名	事業内容
地域・家庭からの相談に応ずる事業	24時間365日相談を受け付けており，休日・夜間も対応
市町村の求めに応ずる事業	乳幼児検診・家庭訪問事業への職員派遣，発達障害児の教室への職員派遣等
都道府県又は児童相談所からの受託による指導	継続的な指導措置が必要な児童及び家庭に対する支援等
関係機関との連携・連絡調整	児童相談所，福祉事務所，市町村，児童福祉施設，要保護児童対策地域協議会等，地域の社会資源とのきめ細やかな連携・連絡調整

出所：厚生労働省「児童家庭支援センター設置運営要綱」を参考に筆者作成。

祉において，その高い専門性と地域の社会資源との連携によって，支援を行う役割を担っている。児童福祉法では，「地域の児童の福祉に関する各般の問題につき，児童に関する家庭その他からの相談のうち，専門的な知識及び技術を必要とするものに応じ，必要な助言を行うとともに，(中略)あわせて児童相談所，児童福祉施設等との連絡調整その他厚生労働省令の定める援助を総合的に行うことを目的とする施設とする」と定められている。

なお，児童家庭支援センター設置運営要綱では，その事業内容について下記のとおり定められている（表9-7）。

① 地域・家庭からの相談に応ずる事業
② 市町村の求めに応ずる事業
③ 都道府県又は児童相談所からの受託による指導
④ 関係機関との連携・連絡調整

児童家庭支援センターは，地域における身近な児童相談機関であるため，都道府県・指定都市単位での児童相談所ではカバーしきれない，きめ細やかな相談支援体制と関係機関との連携体制が可能になる。こういった児童家庭支援センターの利点を活かしていくことが重要となる。

設置当初は，児童相談所の補完的な機能・役割を果たす施設として位置づけ

られてきたが，2004（平成16）年の児童福祉法改正により，地域における一義的な窓口が市町村に移行したことを受けて，関係機関への技術的助言等を行ったり，児童相談所からの委託による要保護性の高い児童を受け入れたりする等，児童家庭支援センターの機能・役割は強化されつつあり，今後もさらに充実していくことが期待できる。

4 相談支援事業所等における支援の実際

児童相談所や児童家庭支援センターとともに，相談支援事業所もまた相談機関として位置づけられる。元々は障害者自立支援法（現：障害者総合支援法）をはじめとする障害児・者福祉関連法の下で整備された事業所であり，障害児・者福祉に専門特化した相談業務を担っている。児童相談所や児童家庭支援センターと異なり，運営主体は，社会福祉法人等が中心である点に特徴がある。設置数も，これらに比して多く，各事業所の特色を活かした対応が図られている。

（1）障害児相談支援

指定障害児相談支援事業者（障害児相談支援事業を行う相談支援事業所）となるためには，市町村による指定を受ける必要がある[7]。

障害児相談支援とは，障害児支援利用援助及び継続障害児支援利用援助を行うことをいい，障害児相談支援事業とは，障害児相談支援を行う事業を指す。障害児の保護者（障害児相談支援対象の保護者）への相談支援が児童福祉法に位置づけられている。

1）障害児支援利用援助

障害児支援利用援助とは，障害児の心身の状況，その置かれている環境，当該障害児またはその保護者の障害児通所支援の利用に関する意向その他の事業を勘案し，利用する障害児通所支援の種類及び内容その他の厚生労働省令で定める事項を定めた計画（障害児支援利用計画案）を作成する。

また，通所給付決定や変更の決定が行われた後に指定障害児通所支援事業者等その他の者との連絡調整その他の便宜を供与するとともに，当該給付決定等にかかる障害児通所支援の種類及び内容，これを担当する者その他の厚生労働省令で定める事項を記載した計画（障害児支援利用計画）を作成することとされている。これは，障害者総合支援法でいうサービス等利用計画の作成及びそれにかかる活動の対象に，障害児もなっていることを意味している。

２）　継続障害児支援利用援助

　継続障害児支援利用援助とは，通所給付決定の有効期間内において，継続して障害児通所支援が適切に利用することができるよう，当該通所給付決定に係る障害児支援利用計画の適切性について，厚生労働省令に定める期間ごとに，当該通所給付決定保護者の障害児通所支援の利用状況を検証し，その結果及び障害児の心身の状況，その置かれている環境，当該障害児またはその保護者の障害児通所支援の利用に関する意向その他の事情を勘案して障害児支援利用計画の見直しを行い，その結果に基づき，次のいずれかの便宜の供与を行うこととされている。

　　①　障害児支援利用計画を変更するとともに，関係者との連絡調整その他の便宜の供与を行うこと。
　　②　新たな通所給付決定または通所給付決定の変更の決定が必要であると認められる場合において，当該給付決定等にかかる障害児の保護者に対し，給付決定等にかかる申請の勧奨を行うこと。

　つまり，継続障害児支援利用援助とは，障害児相談支援におけるモニタリングを行うことと言い換えることができる。

（２）相談支援事業所・基幹相談支援センター

　相談支援事業所は子どもに対する直接的な支援を行っている事業所ではなく，あくまでも相談機関の一つとして位置づけられており，主に来所した障害児の

保護者や家族の相談に応じたり、アウトリーチにより家庭を訪問したりする機関である。障害者総合支援法に基づき、障害者の自立生活を支援するにあたって、個々の抱える課題を解決することや自立した快適な暮らしを提供するため、ケアマネジメント手法を用いてサービス等利用計画書や個別支援計画書を作成する役割を担っている。さらには、児童福祉法に基づいて、障害児にかかるサービス等利用計画（障害児支援利用計画）の作成も行っている。

　また、相談支援事業所の他、地域における障害児・者の相談支援の中核的な役割を担う施設（機関）として基幹相談支援センターがある。元々は障害者自立支援法の一部改正に伴い創設された施設（機関）で、現在は、障害者総合支援法に規定された相談支援事業等の業務を総合的に行うことを目的としている。市町村もこれを設置することができるとされ、障害児・者の保護者、家族からのさまざまな相談に応じ、生活上の問題に関する必要な情報の提供や助言を行うとともに、地域の相談支援事業所や関係機関との連携の中で、スーパービジョンを行う役割も担っている。

5　保護者支援と相談面接

　保護者支援といっても実にさまざまなものがある。例えば、児童福祉法には子育て支援事業が規定されており、これも保護者支援の一つとして考えられる。同法に定められた子育て支援事業の種類は、大きく以下の三つに分けられる。

①　児童及びその保護者またはその他の者の居宅において保護者の児童の養育を支援する事業
②　保育所その他の施設において保護者の児童の養育を支援する事業
③　地域の児童の養育に関する各般の問題につき、保護者からの相談に応じ、必要な情報の提供及び助言を行う事業

　これら以外にも、保護者支援は、経済的支援である各種手当の支給や就労支

第Ⅱ部 実 践 編

援等，多岐に渡る。
　このように，保護者支援というものは広範囲にわたってとらえることができる。実際の保護者支援においては，さまざまな方法が用いられているが，その中の主な方法の一つに相談面接が挙げられる。相談面接は，一般的に上記①の居宅，②の保育所等の施設，③の地域，どの場面での保護者支援においても共通して活用されているものである。そこで本節では，まずは保護者支援のとらえ方について整理し，その上で相談面接を取り上げ，事例を踏まえながら解説をしていく。

（１）保護者支援

　保護者への対応と支援について，寺見陽子は「今直面している課題をどう乗り越えるかを考える視点と，その課題の背景を探りながら保護者の課題と，子どもの発達課題を見据えたかかわりの支援が必要[12]」と指摘している。また，「今の保護者の気持ちを受け止め，その気持ちに寄り添いながら，保護者の気持ちへの共感的理解と子どもへの対処に向けた『保護者対応』と，経過を見ながら課題の要因を探り，長期的な展望に立って援助する『保護者支援[13]』」に分けて整理し，保護者支援はあくまでも長期的展望に立った援助を指すものと述べている。以下，保護者支援について，各施設・機関別にその特徴等を述べていく。

　第1に，障害児入所施設では子どもが入所中であることから，保護者と継続的に関わることが可能である。ソーシャルワークでいうレジデンシャル・ソーシャルワークを進めるにあたり，フィールド・ソーシャルワークとの対比でいえば[14]，家族支援としては利用者の保護者・家族が中心となる分，深く関わっていくことが多い。
　留意点としては，保護者・家族と離れて入所しているため，保護者と子どもとの関係性について，より意識して見守りを行うことが求められる。保護者・家族は，物理的に距離が離れていることから，その関係性が希薄になりがちな

場合もあるため,保護者・家族との絆を深めたり,家族関係を再構築(家族関係の再統合)(15)させたりしていくための取り組みも重要である。

施設によっては,月1回程度面会日を設けて子どもと保護者とのふれあいの機会を作っている場合も多い。その際には保護者との面接を行うこともあるが,机を挟んだ形のいわゆる構造化された面接だけではなく,ベッドサイドでの雑談,物干場で洗濯物を共に干しながら,居室での洗濯物畳みをしながら等といったように,保護者が気の許せる環境であれば,さまざまな所で生活場面面接を行うことが重要である。そのような中でこそ,構造化された面接では決して表出されなかったであろう保護者の本音や情報を読み取ることができる。

また,虐待による入所の場合等,子どもと保護者との関係性を修復していく支援も必要である。子ども側には虐待を受けた心の傷が残っている場合も多く,その取り組みには医療機関や心理職をはじめとする専門的なチーム体制を整えておくことが求められる。このような場合には,子どもや保護者のプライバシーに配慮し,面接を行う場所にも細心の注意を払う必要がある。

なお,虐待を受けた児童の受け皿としては,一般的には,児童養護施設をイメージされる場合が多い。しかし,日本知的障害者福祉協会の調べによると,2007(平成19)年度に虐待が理由で知的障害児施設に入所した子どもは全体のうち約4割を占めており,児童相談所による措置入所が多いことが明らかとなった。(16)したがって,近年では障害児施設においても,被虐待児やその保護者への支援が急務となってきている。

第2に,通所施設である児童発達支援センターは,日中の時間以外は基本的に在宅での生活であり,保護者支援においては,送迎時での表情や何気ない会話から言動の変化等に気を配る必要がある。送迎時の保護者への引き継ぎも,単にその日にあった状況を伝えるだけではなく,日頃気になっている質問を保護者ごとに事前に用意しておいて,送迎時の短時間に機会を見つけ,確認する等の工夫をすることが求められる。

第3に,児童相談所,児童家庭支援センター,相談支援事業所等は,広く一般住民を対象としている点に特徴がある。ソーシャルワークでいうフィール

ド・ソーシャルワークを進めるにあたり，支援の継続性が保障されにくい点もあることから，日々の面接には，十分な配慮が求められる。さらには，アウトリーチや定期的なモニタリングを行う必要のある場合も多い。

（2）相談面接

1）相談面接の方法

相談面接では，対面式の面接や電話による面接等がある。対面式の場合，面接専用の部屋で行う方法と生活場面で行う方法に分かれ，前者を「構造化された面接」，後者を「生活場面面接」という。

「構造化された面接」は，相談内容を他人に聞かれる心配もなく，利用者が集中してじっくりと話をすることができるが，その反面，時間と空間の確保の問題や「生活場面面接」に比べて利用者が緊張しやすい等のデメリットがある。一方，「生活場面面接」は，利用者が慣れた空間でリラックスして自分のペースで話ができる反面，面接を遂行するにあたって他の要因からも影響を受けてしまい，集中できない等のデメリットがある。どちらにも一長一短があり，話題の内容や緊急度，保護者の性格，当該ケースの流れ等を総合的に判断し，両者をうまく使い分けることも重要となる。

障害児入所施設や児童発達支援センター等の施設の場合には，設置されている面接室に加えて，さまざまな生活空間が広がっており，そのどちらも選択できるといった点を最大限有効活用することが求められる。

また，児童相談所，児童家庭支援センター，相談支援事業所等の相談機関の場合には，自宅訪問の場合を除き，「生活場面面接」よりも「構造化された面接」が中心となる。しかし，「生活場面面接」が不可能というわけではない。例えば敷地内にあるベンチやソファ，花壇，喫煙室，喫茶コーナー等の空間を利用することも有効であり，相談機関であっても工夫した面接が可能である。

2）相談面接事例——Aさんの場合

① 事例の概要

第9章　障害児・保護者への支援機関とその実際

> **登場人物**
> ・Aさん（相談者：母，30歳，パート職員，夫は現在無職，生活保護世帯）
> ・B君（福祉型児童発達支援センター利用者：4歳，自閉症，Aさんの息子）
> ・C保育士（30歳：福祉型児童発達支援センター保育士，保育士歴10年）
>
> **相談内容：会話形式**
> C保育士：「Aさん，こんにちは。今日はちょっとお話があるのですが……」。
> A さ ん：「ええ，なんでしょう？　時間は空いてますから」。
> C保育士：「それではお庭のベンチでお花でも見ながらお話ししましょうか？」
> A さ ん：「はい」。
> 　　　　　　　　　　庭に移動
> C保育士：「センターに通ってから1カ月になりますねえ。今日はB君のことと言うよりも，お母様のことで最近少し気になることがあって……」。
> A さ ん：「何でしょうか？」
> C保育士：「お母様の元気がないように感じまして。何か悩んでいることがありましたらおっしゃっていただけませんか？　お話を聴くことくらいしかできないかもしれませんが……」。
> A さ ん：「……実は，最近夫から言葉の暴力を受けているんです。今まである程度は協力的だった夫も最近は『Bの障害を治せ』『あいつをなんとかしろ』だとか『お前の親戚に障害者がいるからあいつは生まれたんだ，だからお前の責任だ』等と言われたりして……（涙）。でもBのためにも，我慢しなければ，と思ってなんとか生活を続けているんです……」。
> C保育士：「そうだったんですね，B君のために我慢なさっているんですね。それはさぞお辛かったでしょうねえ……」
> A さ ん：「……そうなんです……（泣）……」
> C保育士：「……いいんですよ，ここはあまり人が来ませんから……」
>
> その後も過去の体験やB君の子育ての苦労等を切々と語り，C保育士は沈黙の時間を大切にしながら，バイスティックの7原則（第7章参照）やうなずき・繰り返し・要約技法等の面接技法を用いて共感的理解で受容した。
>
> A さ ん：「先生，今日はたくさん聴いていただき，ありがとうございました。こんなに聴いてもらえるところがあるなんて考えもしてなかったです」。
> C保育士：「私はお母様の支援も含めてのB君の保育だと考えておりますので，お母様の幸せを支援していきます。緊急の場合には，関係機関とのネッ

> トワークを利用してお母様やB君を守り，助けるような支援を行いますので，安心して私たちを頼って下さいね」。
> Aさん：「先生，これからもまた聴いてくださいね。よろしくお願いします。」

② 事例の解説

C保育士が行った面接において，工夫していた点を以下に挙げておく。

① 保護者であるお母さんの様子の変化を見逃してはいなかったこと。

保育者としては，保護者を単なる子どもの様子を伝える相手としてではなく，支援の対象として見ていかなければならない。

② 生活場面面接をうまく利用したこと。

保護者に聞きたい内容をあらかじめ想定したうえで，面接室での構造化された面接よりも心を開くことができ，また他人に聞かれることも少ない庭のベンチを面接場所にしたことは事前によく練られた支援上の工夫といえる。この面接場所の選定がその後の内容を聴くことにつながったと思われる。

③ 保護者との面接のタイミングを考えたこと。

保護者との面接のタイミングを見逃すと，聴きたい情報が得られない場合がある。保育者としての業務上の都合よりも，その場の様子を最優先にして面接を導入しなければならない場合があり，そのタイミングのズレは保育者と保護者との信頼関係（ラポール）の深さに影響をもたらす。

④ 対人援助職としての専門性を発揮したこと。

バイスティックの7原則やさまざまな面接技法を使いこなすことで，保護者の心の内側まで把握し，次への支援につなげるきっかけを得たことは大きな成果である。

⑤ 保護者支援を保育の一部として認識していること。

保育全般を狭い意味での保育内容5領域や保育活動として考えるのではなく，ソーシャルワークの活用も含めて広くとらえている点が評価できる。人と環境との交互作用を意識した支援を今後も実践していくことが求められる。

保護者支援において、相談面接をはじめとする保護者との関わりは、相手のある作業であることから専門職の想定通りに進むとは限らない。

しかし、上記事例に見られるような①専門職としての気づき、②事前の戦略的な工夫、③専門職としての対人援助技術、④保護者の有する生活課題に応じた知識と支援方法等といった点を総合的能力として有しておくことが重要であり、子どもと家庭への最前の利益につながっていく実践としての意義を有するのである。

6 環境調整としての保護者支援——エコロジカル（生態学的）・アプローチ

本章では、障害児支援と共に、保護者支援について述べてきた。

近年、保育者が保護者支援を進める上で、ソーシャルワークを活用することが求められている。これにはさまざまな方法・種類があり、時代の変遷等により分化・統合をくり返しているが、これからの障害児保育においても、時代の要請・変遷に応じた最新の支援法（方法論）を取り入れつつも、その実践の場に適した支援法を確立・活用することが重要である。そのためには、保育者一人ひとりが社会福祉・保育における本質的な眼力を持ち、「大切な理念・価値」を感じ取る感性が必要となる。

ソーシャルワークの方法の一つとして、利用者を家族・職場等の集団や家族の一員としてとらえ、環境との関係性を考えて支援を行う「エコロジカル（生態学的）・アプローチ」がある。障害児保育においてこの方法を活用し、「大切な理念・価値」を考える上で一つのヒントになるであろう、ある保育者の言葉を示す。

> 「障害児保育の対象として、子どもばかりに目を向けてはいけないよ！」
> 「子どもを取り巻く環境にも着目し、支援してみようよ！」
> 「子どもを取り巻く環境の中で子どもが最も影響を受けるのは保護者だね！」

第Ⅱ部　実　践　編

　障害児のみならず，乳幼児期の子どもは特に環境から影響を受けやすい。したがって，子どもだけを対象として支援していくのではなく，「家庭・家族・保護者」等との関係性の中で問題をとらえ，適切な方法を考えていく必要がある。保育者が実践に携わる上で，そのことを忘れてはならない。

―― コラム／時が過ぎてもブレない！　本人支援・保護者支援双方の実践から学ぶ ――

　障害児・虚弱児に関する治療教育を1910年代から実践し，研究してきた三田谷啓は，「泣いて子どものために不幸を訴えて来る母親に対し，涙の二等分をするのが私の授かった転職の職分である」[*1]と述べ，「母と涙の二等分」という名文句を用いて，保護者支援としての相談面接の重要性を説いた。
　また，ある障害児入所施設における主な業務として，①子どもの収容，②子どもの相談，③母親の教育，の３事業を掲げ，「この３事業は永年の経験より生み出した結論であって相互に不可欠のものである」[*2]として，子ども本人への支援と保護者支援とを切り離さずに双方を支援していく重要性を説き，その理念，設立から90年近く経った現在の法人理念にもしっかりと受け継がれている。

*1　三田谷啓「治療教育に就きて」『日本学校衛生』第18巻第８号，1931年。
*2　同上。

注
(1)　重症心身障害とは，重度の知的障害と重度の肢体不自由を併せ持つ障害をいう。
(2)　経管栄養とは，鼻から通した細い管（チューブ）を胃に通して摂取する栄養補給法をいう。
(3)　バイタルチェックとは，生命や健康状態のチェックをいう。
(4)　訪問担当者の主な業務は，①障害児本人に対する支援（集団生活適応のための訓練等）と②訪問先施設のスタッフに対する支援（支援方法等の指導等）である。つまり保育所保育士等に対するスーパービジョン機能を有していることから，障害児施設で障害児に対する指導経験のある児童指導員・保育士が想定されている。このことから，障害児支援に専門特化した保育士の養成が今後期待されている。
(5)　厚生省児童家庭局長「児童相談所運営指針について」平成２年３月５日児発第133号，直近改正通知：平成24年３月21日雇児発第0321第２号
(6)　厚生労働省大臣官房統計情報部「平成23年度福祉行政報告例の概況」厚生労働省，(http://www.mhlw.go.jp/toukei/saikin/hw/gyousei/11/，2013年10月15日)。

(7) 障害児については，障害者総合支援法に基づく障害福祉サービス及び児童福祉法に基づく障害児通所支援のサービスについて一体的に判断することが望ましいという観点から，指定特定相談支援事業所及び指定障害児相談支援事業所の両方の指定を受けることが基本となっている。

(8) アウトリーチとは，支援機関が潜在的に支援を必要とする人々に手を差し伸べるべく，自宅を訪問する等の積極的な取り組みを行うことをいう。社会福祉に関する援護を必要とする方々は，支援を受けたいと自ら希望したり，自主的に相談機関に出向いたりする方々ばかりではない。そういった実情から，アウトリーチは重要な手法であるといえる。

(9) 障害児・者分野でいうサービス等利用計画書や個別支援計画書は，高齢者（介護保険）分野でいう居宅サービス計画書や介護サービス計画（ケアプラン）とほぼ同義語であり，どちらもケアマネジメント手法に則った形で支援上の根拠（エビデンス）を示しているといえる。

(10) 一般相談支援事業，特定相談支援事業は障害者総合支援法に基づき，障害児相談支援事業は児童福祉法に基づいている。これらの事業を実施するには，指定を受けることが必要であり，どの事業を行っているかは，事業所によって異なる。

(11) スーパービジョンとは，スーパーバイザー（専門技能を向上させるために相談や助言指導を行う人）がスーパーバイジー（相談や助言指導を受ける人）に適切な助言指導等を行う過程をいう。スーパービジョンには，教育的機能，支持的機能，管理的機能，評価的機能という四つの機能がある。

(12) 本郷一夫編著『シードブック　障害児保育』建帛社，2008年，152頁。
　　寺見陽子は，第11章「保護者対応と保護者支援」を執筆し，その中で保護者対応と保護者支援との違いを述べている。

(13) 同前書，152頁。

(14) レジデンスとは「住む場所・暮らす場所」という意味であり，転じて施設（特に入所施設）を指すことから，レジデンシャル・ソーシャルワークとは，施設（特に入所施設）におけるソーシャルワークをいう。また，フィールド・ソーシャルワークとは，地域での相談機関等で実施されている地域の社会資源を調整することによって利用者支援を行うソーシャルワークをいう。

(15) 家族再統合とは，親子がさまざまな支援を通して子どもと保護者・家族との関係を再構築していく過程の中で子どもと保護者・家族が安全で安心できる状態となり，お互いを受け入れ合えるようになることを指す。家族再統合は，必ずしも親子が一緒に住み暮らすことだけを指すものではない。

(16) 日本知的障害者福祉協会編『全国知的障害児者施設・事業実態調査報告書（平成20年度）』日本知的障害者福祉協会，2010年。

第Ⅱ部　実　践　編

参考文献

江草安彦監修，岡田喜篤・末光茂・鈴木康之責任編集『重症心身障害療育マニュアル第2版』医歯薬出版，2005年。

小野澤昇・田中利則・大塚良一編著『子どもの生活を支える社会的養護内容』ミネルヴァ書房，2013年。

社会福祉士養成講座編集委員会編『障害者に対する支援と障害者自立支援制度　第4版』中央法規出版，2013年。

庄司順一・鈴木力・宮島清編『施設養護実践とその内容』福村出版，2011年。

高松鶴吉『療育とは何か──障害の改善と地域化への課題』ぶどう社，1990年。

道中隆『生活保護の面接必携──公的扶助ケースワーク実践Ⅰ』ミネルヴァ書房，2012年。

宮田広善『子育てを支える療育──〈医療モデル〉から〈生活モデル〉への転換を』ぶどう社，2001年。

読者のための参考文献

橋本好市・直島正樹編著『保育実践に求められるソーシャルワーク──子どもと保護者のための相談援助・保育相談支援』ミネルヴァ書房，2012年。
　───この本は，保育士養成科目『相談援助』『保育相談支援』に準拠して作成されているため，障害児に限定して記述されているわけではないが，ソーシャルワークの本質を押さえている書である。そのうち第5章「保育相談支援の実際」における保護者支援の事例は本章を理解する上で参考になり，第6章「保護者との関係構築」では，保護者をモンスターペアレントと見ていた保育者の視点を変えることで保護者のニーズを読みとることができる良書となっている。

鶴宏史『保育ソーシャルワーク論──社会福祉専門職としてのアイデンティティ』あいり出版，2009年。
　───筆者自身が保育士と社会福祉士を取得していることもあってか，社会福祉専門職としてのアイデンティティを有する保育士を養成したいという想いにあふれた良書である。保育ソーシャルワークという言葉は歴史的に浅く定義付けもまだ未成熟状態ではあるが，保育分野におけるソーシャルワーク機能の必要性を疑う余地はなく，先駆的役割を持つ書物といえる。本章を理解する上では，子どもへの支援としては第5章，保護者支援としては第6章が参考になるであろう。

土田玲子監修・石井孝弘・岡本武己編『感覚統合Q&A 改訂第2版――子どもの理解と援助のために』協同医書出版，2013年。
　───感覚統合療法は子どものリハビリテーション，つまり治療教育（療育）の実践として発展してきた。子どもの学習，行動，情緒あるいは社会性の発達を脳における感覚間の統合という観点から構築したものであり，本書は多くの支援者の支持を集めてきたガイドブックである。感覚統合と脳のしくみや感覚統合療法の概要と実践に加え，改訂版では家庭・保育所・幼稚園・学校での支援を追加している。保育・教育関係者，保護者・家族にも読みやすい内容となっている。

おわりに——インクルーシブ保育への広がりと期待

　インクルーシブ保育とは，単に障害のある子どもと障害のない子どもとの場を統合した保育実践のみを意図するものではない。世界的視野に立った場合，社会階層をはじめ民族や人種などの多様な状況の相違から，保育を受けることから排除されている子どもや保護者が多く存在する。このような状況下にある子どもたちすべてをインクルージョン（包摂・包含）した保育を保障していくことを目指す実践及び概念である。「障害者の権利に関する条約（2014年1月，日本批准）」にある通り，これからの保育現場及び教育現場は，障害の有無や個人・家族の背景等に関わりなくすべての子どもをインクルージョンし，共にその育ちを支えていく実践を拡充していくこととなろう。そこで，本書では近い将来当たり前になると期待するソーシャルインクルージョン時代におけるインクルーシブ保育のあり方を問うているのである。

　加えて，一人の子どもも排除されないインクルーシブ保育を鍵概念に，本編を「理論編」と「実践編」に分類し，子どもたちの生活・育ち，保護者を支援していく保育士などの専門職に求められる知識・実践スキルといった内容に配慮し，各章テーマに即したコラム・事例・海外情報の記載に加え，読者向け参考文献とその解説も付した。本書が，保育所をはじめとする保育機関での実践者，将来そのような実践現場での活躍を目指す人たちに役立つ書籍となれば幸甚である。

　最後に，執筆者の皆さまには業務で忙しい中，ご協力を頂きましたことに感謝申し上げるとともに，出版にあたってはミネルヴァ書房編集部の音田潔様から筆舌に尽くせないご指導とご尽力を賜りました。この場をおかりして心より御礼申し上げます。

　　　2014年3月

編　者

索　引

あ　行

アウトリーチ　211
アスペルガー，ハンス　38
アスペルガー症候群　36, 37, 38
アメリカ精神医学会　33
アメリカ知的・発達障害協会　33
医学モデル　27, 168
生きづらさ　72
育成相談　203
委託一時保護　207
一時保護　205
1歳6か月児健康診査　109, 124
医療型児童発達支援センター　201
医療型障害児入所施設　200
医療モデル的な障害観　69
インクルーシブ　16
　——教育　i, 97, 100
　——保育　i, 28, 55, 97, 100, 153, 222
インクルージョン　i, 1, 16, 28, 54, 81, 85, 86, 88, 222
インテグレーション　54, 81, 84, 85, 88
ウィング，ローナ　38
ヴォルフェンスベルガー，W.　82
エクスクルージョン　2
エコロジカル（生態学的）・アプローチ　217
エレベーター　146
エンパワメント　171
応益負担　57, 110
応能負担　57
親との関係　9
音声障害　50

か　行

解決志向アプローチ　168
解決志向モデル　168

学習障害　36, 37, 41
家族　70, 71, 73, 74
　——関係の再統合　213
価値観　158
学校教育法　107
活動（activities）　23
　——制限　26
家庭環境　61
加点評価　27
カナー，レオ　38
構音障害　50
感音性難聴　49
環境　217
　——因子　26
　——的側面の不備　63
関係機関との連携　205, 208, 211
関係論的な障害観　69
カンファレンス　191, 192
基幹相談支援センター　210
吃音　50
気になる子ども　157
機能・形態障害（impairment）　21
機能障害　21, 26
虐待　213
給食　138
教育委員会　188
教育支援計画　188
教材　144
共生社会　3
筋無力症　136
グッドサイクル　77
ケアマネジメント手法　211
経済的支援　120
継続障害児支援利用援助　210
形態障害　21
ケースカンファレンス　143
言語障害　49
言語的コミュニケーション　166

高機能自閉症　37
構音障害　50
降所　139
構造化された面接　213, 214
広汎性発達障害　36, 38
　　――児　149
合理的配慮　29, 92
国際障害者年　19
　　――行動計画　19, 20
国際障害分類　→ ICIDH
国際生活機能分類　→ ICF
個人因子　26
個人的レベル　21
午睡　139
言葉の発達の遅れ　50
子どもの権利条約　→児童の権利に関する条約
子どもの最善の利益　89 1, 57
子どもへの願い　5
子ども理解　5
この子　4, 6
コーピングクエスチョン　171
混合性難聴　49
コンサルタント　180
コンサルティ　180
コンサルテーション　180

さ　行

サービス等利用計画　211
最善の利益　18
差別　29
サラマンカ宣言　28, 90
参加（participation）　23
　　――制約　26
3歳児健康診査　125
3者の連携　178
支援の継続性　76
視覚障害　46
試行錯誤　11
自己肯定観　73
自己実現　70
自尊感情　73
肢体　43

　　――不自由　43
疾患・変調（disease or disorder）　21
失語症　50
実践研究　5, 13
児童家庭支援センター　207
　　――設置運営要綱　208
児童憲章　114
児童相談所　115, 202
　　――運営指針　202, 204, 206
児童の権利に関する条約　89
児童発達支援　119, 182
　　――事業　183
　　――センター　183, 201
児童福祉法　107
児童扶養手当　120
児童養護施設　59, 207
自分史　8
自閉症　36-38
　　――スペクトラム障害　51
　　――の定義　37
自閉的　7
社会参加　64
社会的不利（handicap）　21
社会的包摂　→ソーシャルインクルージョン
社会的養護　98
社会的レベル　22
社会福祉基礎構造改革　56
社会モデル　22
弱視　46
就学相談　188
重症心身障害児（者）通園事業　119
主体性　61, 70, 72
受容　167
巡回相談　188
小1プロブレム　187
障害学　64
障害観　18
障害支援区分　111
障害児支援　199
　　――の見直しに関する検討会　59
　　――利用援助　209
　　――利用計画　211
障害児施設　199

224

索 引

障害児相談支援 209
障害児通所支援 119, 209
障害児入所支援 119
障害児入所施設 200
障害児福祉手当 121
障害児保育円滑化促進事業 112
障害児保育事業実施要綱 56, 109
障害者基本法 110
障害者権利条約 →障害者の権利に関する条約
障害者自立支援法 57, 110
　──の一部改正 116
障害者総合支援法 110, 210
障害者に関する世界行動計画 23
障害者に関する世論調査 29
障害者の権利に関する条約 2, 16, 91, 222
障害者の社会参加促進等に関する国際比較調査 29
『障害者白書』 17
障害者プラン──ノーマライゼーション7カ年戦略 110
障害受容 71, 161
障害相談 203
小学校学習指導要領 186
小学校との連携 150
衝動性 40
障壁 17
自立 70
　──支援給付 120
視力障害 46
進行性筋ジストロフィー症 44
心身機能・身体構造（body function and structures） 23
新生児マス・スクリーニング 125
人生レベル 23
身体障害者手帳 121
身体障害者福祉法 121
信頼関係（ラポール） 216
心理的障壁 64
スーパービジョン 211
生活 60
　──機能 23
　──のしづらさ 62, 93
　──の質 →QOL

　──の主体者 72
　──場面面接 213, 214, 216
　──レベル 23
省察 11
精神障害者保健福祉手帳 121
精神遅滞 33
精神薄弱児基本要綱 108
精神保健及び精神障害者福祉に関する法律 123
精神保健福祉法 →精神保健及び精神障害者福祉に関する法律
生存 61
制度的環境 61
制度的障壁 64
生物学的レベル 21
生命レベル 23
脊髄性小児まひ 44
セグリゲーション（隔離・分離） 81, 84
設定保育 133
専門職間のネットワーク 75
相談支援事業所 209
相談面接 211, 213
ソーシャルインクルージョン ⅰ, 1, 85, 101, 222
ソーシャルワーク 217
育ち合い 3
措置 205, 213
ソリューション・フォーカスト・アプローチ 168

た 行

ダウン症候群 35
高木憲次 107
滝乃川学園 107
他者との交流 66
「多」職種連携 74
多動 7
　──性 40
段階説 162
タンデムマス・スクリーニング法 126
地域の環境 61
知的障害 33

知能検査　34
知能指数　34
注意欠陥多動性障害　36, 37, 40
聴覚障害　47
聴力障害　47
通所　138
ティーチプログラム　145
手すり　146
手だて　5
「──」の構造図　9
手帳制度　120
伝音性難聴　48
統合保育　55, 84
特別支援学校　96, 188
特別支援教育　2, 75, 95
特別児童扶養手当　121
特別保育事業　112

な 行

難聴　48
ニィリエ, B.　82
２次的情緒障害　73
ニーズ　67
日本国憲法　61
乳幼児健康診査　124
人間観　6
人間存在の尊重　62
認定こども園　113
ネットワーク　177
脳性まひ　44
能力障害（disability）　21
ノーマライゼーション　23, 81, 88
ノンバーバルコミュニケーション　→非言語的コミュニケーション

は 行

バーバルコミュニケーション　→言語的コミュニケーション
背景因子　26
バイスティック, F.P.　166
バイスティックの７原則　166, 215, 216

発達課題　66
発達障害　36, 76, 167
発達障害者支援法　94
バリア　22
　──フリー　23, 83, 145
バンク-ミケルセン, N.E.　81
非言語的コミュニケーション　166
人と環境との交互作用　216
フィールド・ソーシャルワーク　212, 213
福祉型児童発達支援センター　201
福祉型障害児入所施設　200
福祉事務所　115
不注意　40
物理的障壁　64
プランニング　140
ペアレントトレーニング　76
並行通園　113
平成23年度福祉行政報告例の概況報告　203
保育課程　132
保育観　8, 11
保育環境の整備　13
保育計画　140
保育士間の連携　148
保育指針の告示化　132
保育士における専門性　158
保育士の加配　58
保育所児童要録　132
保育所等訪問支援　58, 118, 183
　──事業　201
保育所保育指針　113, 161, 185
　──解説書　185
保育対策等促進事業　112
放課後等デイサービス　118, 182
保健所　115
保健センター　184
保護者　134
　──支援　211, 217
母子保健法　123
保幼小の連携　185
ポリオ　→脊髄性小児まひ

索　引

ま　行

マズロー　67
慢性的悲哀説　162
メインストリーミング　85, 88
面接技法　215
盲　46
　——学校及聾唖学校令　106

や　行

ユニバーサルデザイン　23, 83
養護相談　203
幼稚園教育要領　113, 185
要保護児童対策地域協議会　205
吉本充賜　18
四つの障壁　17
四つの手だて　4

ら　行

ライフステージ　65, 178
リソース　169
療育手帳　121
　——制度について（療育手帳制度要綱）　122
利用契約制度　110

倫理観　158
例外探し　170
レジデンシャル・ソーシャルワーク　212
ろう（聾）　48
ロービジョン　46

欧　文

a child with a disability(disabilities)　ii
a disabled child　ii
AAIDD　→アメリカ知的・発達障害協会
ADHD　→注意欠陥多動性障害
APA　→アメリカ精神医学会
CP　→脳性まひ
DSM-5　32, 51
DSM-Ⅳ-TR　33
ICD-10　33
ICD-11　52
ICF　17, 23
ICIDH　17, 19, 20
IQ　→知能指数
LD　→学習障害
PDCA　141
QOL　61, 62
SFA　→ソリューション・フォーカスト・アプローチ
WHO　17

227

執筆者紹介（所属，執筆担当章，執筆順，＊は編者）

＊堀　　智　晴（編著者紹介参照：はじめに，序章，おわりに）

＊橋　本　好　市（編著者紹介参照：はじめに，第1章，おわりに）

　三　浦　主　博（東北生活文化大学短期大学部生活文化学科教授：第2章）

　直　島　克　樹（川崎医療福祉大学医療福祉学部講師：第3章）

＊直　島　正　樹（編著者紹介参照：第4章）

　古　野　愛　子（日本文理大学経営経済学部准教授：第5章）

　ビヤネール多美子（ジャーナリスト：スウェーデンの障害児保育・教育1〜4）

　野　島　千恵子（幼保連携型認定こども園聖愛園教育保育担当参事：第6章）

　河　野　清　志（大阪大谷大学教育学部准教授：第7章）

　小　原　敏　郎（共立女子大学家政学部教授：第8章）

　武　藤　大　司（ゆらり総合福祉センター代表：第9章）

編著者紹介

堀　智晴（ほり・ともはる）
　1947年　三重県四日市市に生まれる。
　1974年　東京教育大学大学院教育学研究科博士課程中退。
　現　在　インクルーシブ（共生）教育研究所・所長。
　主　著　『保育実践研究の方法』川島書店，2004年。『障害のある子の保育・教育』明石書店，2004年。『ちがうからこそ豊かに学び合える』（共著）明治図書，2004年。『子どもの生き方が育つ教育へ』（共著）黎明書房，2008年。

橋本好市（はしもと・こういち）
　1967年　神戸市に生まれる。
　1999年　大阪市立大学大学院生活科学研究科人間福祉学専攻修了。
　現　在　神戸常盤大学教育学部教授。社会福祉士。
　主　著　『本当に知りたいことがわかる！保育所・施設実習ハンドブック』（共編）ミネルヴァ書房，2016年。『保育実践に求められる子ども家庭支援』（共編）ミネルヴァ書房，2019年。『障害者福祉論』（共編）みらい，2021年。

直島正樹（なおしま・まさき）
　1974年　堺市に生まれる。
　2005年　関西学院大学大学院社会学研究科社会福祉学専攻修了。
　現　在　相愛大学人間発達学部教授。社会福祉士。
　主　著　『保育実践に求められるソーシャルワーク』（共編）ミネルヴァ書房，2012年。『社会福祉 第5版』（共著）ミネルヴァ書房，2017年。『障害者への支援と障害者自立支援制度』（共編）みらい，2013年。

ソーシャルインクルージョンのための
障害児保育

| 2014年4月20日　初版第1刷発行 | 〈検印省略〉 |
| 2022年1月10日　初版第6刷発行 | |

定価はカバーに表示しています

編著者　　堀　　　智　晴
　　　　　橋　本　好　市
　　　　　直　島　正　樹

発行者　　杉　田　啓　三

印刷者　　中　村　勝　弘

発行所　　株式会社　ミネルヴァ書房
　　　　　607-8494 京都市山科区日ノ岡堤谷町1
　　　　　電話代表（075）581-5191
　　　　　振替口座 01020-0-8076

© 堀・橋本・直島ほか，2014　　中村印刷・藤沢製本

ISBN978-4-623-07057-2

Printed in Japan

保育実践に求められる子ども家庭支援

橋本好市・直島正樹編著
A5判／232頁／本体2500円

保育実践に求められる子育て支援

小原敏郎・三浦主博編著
A5判／236頁／本体2500円

子どものニーズをみつめる児童養護施設のあゆみ

大江ひろみ・山辺朗子・石塚かおる編著
A5判／304頁／本体3000円

主体性を引き出すOJTが福祉現場を変える

津田耕一著
A5判／232頁／本体2500円

――――― ミネルヴァ書房 ―――――
https://www.minervashobo.co.jp/